高等职业教育物业管理专业规划教材
GAODENG ZHIYE JIAOYU
WUYE GUANLI ZHUANYE GUIHUA JIAOCAI

物业管理应用文写作教程

WUYE GUANLI YINGYONGWEN XIEZUO JIAOCHENG

主　编　杨汉瑜 王永红
副主编　陈广根 黄云峰 毛良敏
主　审　刘小桃
参　编　（以姓氏笔画为序）
付海鸿 伏　斐 陈祥磊
陈　静 张云华 张　黎

重庆大学出版社

内容提要

《物业管理应用文写作教程》是根据教育部提出的"开发和编写反映新知识、新技术、新工艺、新方法,具有职业教育特色的课程和教材"的精神而编写的专业应用文写作教材。本教材严格遵循"面向行业、立足现实、学以致用、注重实效"的原则,紧扣物业管理岗位工作,设计了公文、事务文书、制度文书、礼仪文书、经济文书、调研文书、新闻7个模块,进行了详细的讲述并附有翔实的案例,在编写体例、内容选择、案例设置、技能训练等方面进行了大胆的创新,在很大程度上避免了以往教材理论偏深、内容针对性不强的问题,具有专业性、高等性、实践性等特点。

本教材不仅可以作为大专院校物业管理专业学生系统学习应用文的教材,还可作为广大物业管理工作人员随用随查的应用文写作工具书。

图书在版编目(CIP)数据

物业管理应用文写作教程/杨汉瑜,王永红主编.
—重庆:重庆大学出版社,2013.7(2023.7重印)
高等职业教育物业管理专业规划教材
ISBN 978-7-5624-7338-1

Ⅰ.①物… Ⅱ.①杨…②王… Ⅲ.①物业管理—应用文—写作—高等职业教育—教材 Ⅳ.①H152.3

中国版本图书馆CIP数据核字(2013)第083871号

高等职业教育物业管理专业规划教材
物业管理应用文写作教程
主 编 杨汉瑜 王永红
主 审 刘小桃
策划编辑:王 婷
责任编辑:杨 敬 版式设计:黄俊棚
责任校对:任卓惠 责任印制:赵 晟
*
重庆大学出版社出版发行
出版人:饶帮华
社址:重庆市沙坪坝区大学城西路21号
邮编:401331
电话:(023) 88617190 88617185(中小学)
传真:(023) 88617186 88617166
网址:http://www.cqup.com.cn
邮箱:fxk@cqup.com.cn(营销中心)
全国新华书店经销
POD:重庆新生代彩印技术有限公司
*
开本:787mm×1092mm 1/16 印张:22.75 字数:535千
2013年7月第1版 2023年7月第5次印刷
ISBN 978-7-5624-7338-1 定价:48.00元

编委会名单

特别鸣谢（排名不分先后）：
上海市房地产科学研究院
重庆经济技术开发区物业发展有限公司
重庆融侨锦江物业管理有限公司
重庆新龙湖物业管理有限公司
重庆华新锦绣山庄网络物业服务有限公司
重庆大正物业管理有限公司
重庆科技学院
三峡联合职业大学物业管理学院
成都航空职业技术学院
四川建筑职业技术学院
昆明冶金高等专科学校
成都电子机械高等专科学校
黑龙江建筑职业技术学院
重庆社会工作职业技术学院
湖北黄冈职业技术学院
武汉职业技术学院
贵州大学职业技术学院
广东建设职业技术学院
广东白云职业技术学院
福建工程学院
重庆市物业管理协会
解放军后勤工程学院
重庆教育学院
重庆邮电学院
重庆大学城市学院
西安物业管理专修学院
四川外语学院南方翻译学院
西南师范大学
宁波高等专科学校
成都大学
成都市房产管理局物业管理处

前言

物业管理作为一个行业、一门学科，虽然在我国发展的历史不长，但是涉及的领域很广，因此，其文书种类繁多、专业性强。作为物业管理人员，常常会接触到多种类型的应用文，因此，掌握应用文写作的基本知识、具备一定的专业应用文写作能力是很有必要的。当前，各大中专院校物业管理专业选用的应用文写作教材大多为通用版本，缺乏物业管理的案例、范文，更缺乏物业管理特点的写作内容，针对性不强；而物业管理行业、企业也没有专门的应用文写作工具书或范式。因此，编写一本物业管理专业应用文写作实操教程是十分必要的。

《物业管理应用文写作教程》是根据教育部提出的“开发和编写反映新知识、新技术、新工艺、新方法，具有职业教育特色的课程和教材”的精神而编写的专业应用文写作教材。该教材严格遵循“面向行业、立足现实、学以致用、注重实效”的原则，紧扣岗位工作特点，在编写体例、内容选择、案例设置、技能训练等方面进行了大胆的创新，在很大程度上避免了以往教材理论偏深、内容疏散、针对性不强的问题，使其不仅可以作为高职院校学生系统学习物业管理应用文的教材，还可作为广大物业管理工作人员随用随查的物业管理应用文写作工具书。

归纳起来，该教材主要有以下几方面的特点：

(1)内容选择紧扣行业、企业工作，具有专业性特点。

在内容选择上，按照物业管理行业、企业中高层岗位能力要求和国家物业管理师执业资格考试模块，构建物业管理岗位应用文写作的7大模块：公文、事务文书、制度文书、礼仪文书、经济文书、调研文书、新闻。各个模块以理论介绍为知识点，以来源于现场的物业管理写作案例、范本为训练内容，内容符合实际、案例真实生动。本书不仅介绍了物业管理工作中所涉及的应用文的写作技巧，而且要求每一范例、每一个习作训练尽可能选自当今物业管理工作中的具体而真实的文本，尽量为每位读者提供较多的文体或文种样本，对物业管理写作实践有一定的参考和借鉴价值。

此外，作为新编教材，就应追踪一些新的理念、新的实务和新的信息资料，站在新的角度更好地认识和把握这一领域。本书在编写时加入了目前物业管理领域的最新知识和方式方法，保证了其新鲜性。比如，国家《物业管理条例》修改后，原来的“业主公约”改为“管理规约”，在案例内容上编者注意了及时更新。

(2)从实践中总结、提炼理论，以理论指导写作实践，具有高等性特点。

本教材既考虑到每一文体或文种的基本理论知识，又避免出现编写教材时长篇大论地阐述理论的传统模式。在构思写作体系时，编者力求把理论观点蕴含在全书体系中，贯穿于实际操作环节中。因此，在理论知识选择上，注意突出重点，对普遍存在的问题予以分析和指点，引导学生掌握写作诀窍；在阅读实例、写作训练中，通过范例、病例分析，帮助学生理解知识、印证理论，促使学生以积极的心态和活跃的思维学习，培养他们的实践能力与探究能力。通过以上两方面的结合，使理论源于实践、理论不脱离实践、理论服务于实践，突出了本教材的高等性特点。

(3)写作案例与工作情景相结合，具有实践性和可操作性特点。

在教材内容编排方面，本教材创设了不断变化的、与物业管理现实活动高度相似的任务与情景。通过案例、情景的设置以及范本的展示，创建师生互动、生生互动、学校学习与社会实践学习相结合的学习模式，使学生在现实或模拟的物业管理任务情景中进行阅读、析评和模仿练习，在一个比较接近实际的背景下感知、分析和理解所面对的各种问题。做到知识性与趣味性相结合、写作案例和工作情景相结合，易于实现学生自主、有效地学习和开展任务驱动教学。

本教材总体理论框架和编写体例的确立以及统稿、初审工作由杨汉瑜(重庆城市管理职业学院)负责，定稿审核由刘小桃教授(重庆工商大学)负责。具体编写工作分工如下：

杨汉瑜(重庆城市管理职业学院)：模块1“公文”；模块4“礼仪文书”中的“演讲词”；模块5“经济文书”中的“招标书”、“投标书”。

王永红(重庆城市管理职业学院)：模块6“调研文书”。

陈广根(重庆城市管理职业学院)：模块3“制度文书”；模块5“经济文书”中的“担保书”。

黄云峰(重庆城市管理职业学院)：模块7“新闻”；附录“日常应用文范例”。

伏斐(重庆城市管理职业学院)：模块5“经济文书”中的“委托书”、“合同”。

张云华(重庆城市管理职业学院)：模块2“事务文书”。

张黎(三峡联大物业管理学院)：模块3“礼仪文书”中的“贺信(电)”“感谢信”

“慰问信”“开幕词”“闭幕词”。

陈祥磊(三峡联大物业管理学院):模块4“礼仪文书”中的“欢迎词”“欢送词”“讣告”“求职信”“主持词”。

付海鸿(重庆城市管理职业学院):模块4“礼仪文书”中的“悼词”。

部分案例由深圳市之平物业发展有限公司毛良敏、陈静提供和整理。

本教材还开发有与教材配套的课程标准、参考习题供教师免费下载(重庆大学出版社教育资源网,网址:http:www.cqup.net/edusrc)。

在本教材编写过程中,得到重庆城市管理职业学院、三峡联大物业管理学院、深圳市之平物业发展有限公司、重庆大学出版社的领导和专家的大力支持,得到了杨洪杰教授的悉心指导,得到陈之平先生的大力支持和帮助。同时参阅了大量公开出版的教材,借鉴了部分教材的经验和研究成果,登录中国文秘资源网、中国物业管理教育网、重庆物业管理协会等网站,查阅了大量的案例和资料,在此一并表示衷心感谢。

由于编者的水平有限,加之又是一种全新的尝试,编写中问题和不足一定很多,还望同仁们多多批评指正,以便我们今后进一步修订、完善。

编 者

2013 年 3 月

“慰问信”“开幕词”“闭幕词”。

陈祥军（[illegible]）编写[illegible]管理学[illegible]，模块4“礼仪文书”中的“[illegible]”“欢迎词”

“[illegible]”“欢送词”“答谢词”。

付[illegible]（[illegible]）编写[illegible]，模块4“礼仪文书”中的“[illegible]”

[illegible]，[illegible]。

本教材还配有[illegible]教材[illegible]，[illegible]教师免费下载（[illegible]大学

出版社教育资源[illegible]：http://www.cqup.net/edusrc）。

在本教材[illegible]，[illegible]管理[illegible]，[illegible]

[illegible]

[illegible]

[illegible]

[illegible]

谢。

[illegible]

[illegible]

[illegible]

2013

目 录

模块1 公 文

学习目标

知识目标：

- 了解党政机关公文的含义、种类、行文基本规则等基本知识。
- 掌握公文写作的基本格式和写作方法。
- 掌握通知、通告、通报、报告、请示、函、纪要等常用公文的适用范围、类型、特点、结构。
- 理解通知与通告、通报，报告与请示的区别。

能力目标：

- 能说明通知、通告、通报、报告、请示、函、纪要的结构。
- 能在具体工作中正确使用通知、通告、通报、报告、请示、函、纪要。
- 能撰写规范的通知、通告、通报、报告、请示、函、纪要。

重点与难点

- 公文的种类及行文规范。
- 公文写作的基本格式。
- 通知、报告、请示、函、纪要的写法。

知识框架

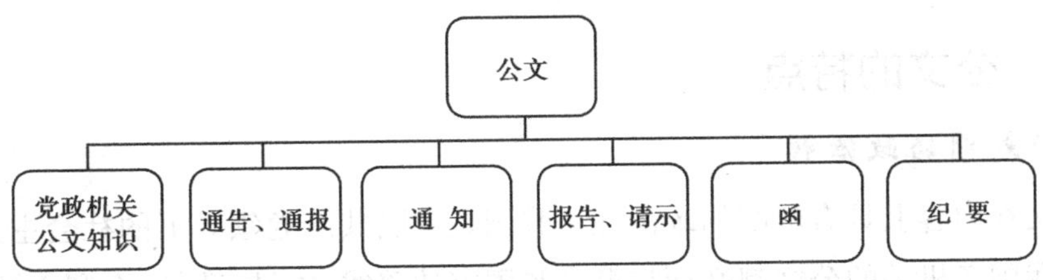

1.1 党政机关公文知识

问题思考:

某物业管理公司新来的蔡秘书对主任说,《党政机关公文处理工作条例》中规定的党政机关公文是党政机关单位在党政管理过程中使用的,物业管理公司是企业,不适用,应该自己制定一套公文处理办法。

对此观点,你是否赞同?为什么?

1.1.1 公文的含义

广义的公文是“公务文书”的简称。它是指党政机关、社会团体、企事业单位等组织在开展公务活动中,为实现一定的目标而形成的体式完整、内容系统、程序规范的各种书面材料。

狭义的公文是党和国家在党政管理过程中所形成的具有法定效力和规范体式的公务文书。具体指中共中央办公厅、国务院办公厅2012年4月联合印发,2012年7月1日起施行的《党政机关公文处理工作条例》(中办发〔2012〕14号)规定的15类文书。《党政机关公文处理工作条例》指出:党政机关公文是“党政机关实施领导、履行职能、处理公务的具有特定效力和规范体式的文书,是传达贯彻党和国家方针政策,公布法规和规章,指导、布置和商洽工作,请示和答复问题,报告、通报和交流情况等的重要工具。”

1.1.2 公文的特点

(1)鲜明的政治性

公文在内容上具有鲜明的政治性。我国是中国共产党领导下的社会主义国家,运行于我国各机关的公文都必须贯彻党和国家的路线、方针、政策,有利于社会主义制度,维护人民的利益。

(2)有法定的作者和权威性

公文的法定作者是合法的制发机关单位及其负责人,而非执笔者个人。特定情况下,机关领导人也可以以个人名义制发公文,那是代表领导人所在的单位行使职权,仍是公事,不是私事。公文是代表机关单位发言的,具有执法机关的法定权威。公文一经制发,具有一定的强制性和约束力,有关的受文机关和人员就必须严肃、认真地对待。

(3)有现实的时效性

公文皆为解决现实问题而制发,一般要求限期传达执行。紧急公文更强调了它的现实执行性。公文总是在规定的空间范围内和时间效力范围内生效,一旦工作完成了、问题解决了,或新的有关公文制发出来了,原公文的效用也就结束了。

(4)有特定的体式

公文是一种高度程式化的应用文体。公文在长期实践中形成了独特的写作格式和一套制发规范,并用党和国家法规予以规定,任何机关都不得另搞一套、各行其是。公文的规范化对提高行政机关工作效率、推动文书工作现代化有着重要的作用。

1.1.3 公文的作用

①发布政令,传达决策。党的各项方针、政策,国家的各项政令、法规、决定,各级各类机关的决策意图,需要发布开来、推行下去,报告上来、传递出去,这就要借助于公文运行渠道来实现。从发布最高一级机关制定的大政方针,到传递最低一级机关的报告、请示,无不依靠公文这个工具来实现。

②指导、推动工作。由于公文是一种具有权威性的特殊文体,因而各级机关常常运用公文手段来推行决策意图。领导机关用它来组织和指导各系统、部门、地区的具体工作;下级机关用它来汇报情况或求得批准支持,以开展工作。公文是推动党政机关工作的一项不可缺少的重要工具。

③工作依据,检查凭证。依据和凭证作用是公文的基本作用。上级依据上报的公文审批、答复或做决定,下级依据下发的公文开展工作。离开了公文,各组织的工作便失去了依据,必然各行其是。上级的决策是否正确、下级的情况反映是否属实,

公文是最好的凭证。工作开展后,评价其效绩,也要以公文为检查凭据。

④沟通信息,联系公务。各机关在公务活动中,用公文与上下左右的机关进行联系,相互告知情况、交换情报、交流思想、接洽工作、协调工作。随着公文在其间的往复运行,整个机关系统由此联成一体,使各项工作能高效率、有秩序地开展起来。

⑤宣传教育,统一思想。公文不仅要传达决策意图、布置任务,还要解释原因、说明情况,让人们知道为什么要这样做,从思想上弄清问题、提高认识。可见,充分发挥公文的宣传教育作用,可以使广大干部、群众明确目标,统一思想,以积极的态度对待工作,提高工作的自觉性。

1.1.4 公文的文种规范

公文的文种规范主要包括公文的类别规范、文种选用规范和违反公文文种规范的混乱现象等几个方面的内容。

(1)*类别规范*

1)按使用范围分

按使用范围,公文可分为通用公文和专用公文两大类。通用公文通行于各机关、企事业单位、社会团体,使用范围很广。《党政机关公文处理工作条例》中规定的公文均属于此类。专用公文是指由具有专门职能的机关,根据特殊需要而制订和使用的具有特定格式和内容的公文,如军事机关、外交机关、司法机关的公文,俱属此类。它们只能在一定的范围和领域使用,如外交机关制发的国书、照会、备忘录、条约、白皮书等,普通机关就不能使用。

2)按行文方向分

按行文方向,公文可分为上行文、平行文、下行文。行文关系不同,公文流动传递的方向就不同。

①上行文,是按照垂直组织系统下级机关向上级机关的行文。上行文主要有报告、请示两种。

②平行文,是指同级机关和不相隶属机关之间的行文。平行文主要有函、议案和部分通知。

③下行文,是按照垂直组织系统上级机关向下级机关的行文。下行文主要有命令(令)、决定、决议、公报、公告、通告、通报、批复、纪要,还包括多数通知。

其中“意见”这一文种既可用于上行文、下行文,也可用于平行文。

(2)文种选用规范

当机关领导的意图要形成书面材料的时候,首先遇到的问题就是选用什么公文文种才最适合表达这一意图。为此,公文文种的选用问题,就成为每个机关工作人员从事公文写作一系列活动中的第一个重要环节。公文文种的选用十分讲究,选用不当,内容的表达就必然受到制约,轻则闹出笑话,重则影响工作。为此,我们必须弄清公文文种的功能及适用范围。根据《党政机关公文处理工作条例》的规定,党政机关公文有以下15种。

①决议:适用于会议讨论通过的重大决策事项。

②决定:适用于对重要事项作出决策和部署、奖惩有关单位和人员、变更或者撤销下级机关不适当的决定事项。

③命令(令):适用于公布行政法规和规章、宣布施行重大强制性措施、批准授予和晋升衔级、嘉奖有关单位和人员。

④公报:适用于公布重要决定或者重大事项。

⑤公告:适用于向国内外宣布重要事项或者法定事项。

⑥通告:适用于在一定范围内公布应当遵守或者周知的事项。

⑦意见:适用于对重要问题提出见解和处理办法。

⑧通知:适用于发布、传达要求下级机关执行和有关单位周知或者执行的事项,批转、转发公文。

⑨通报:适用于表彰先进、批评错误、传达重要精神和告知重要情况。

⑩报告:适用于向上级机关汇报工作、反映情况,回复上级机关的询问。

⑪请示:适用于向上级机关请求指示、批准。

⑫批复:适用于答复下级机关请示事项。

⑬议案:适用于各级人民政府按照法律程序向同级人民代表大会或者人民代表大会常务委员会提请审议事项。

⑭函:适用于不相隶属机关之间商洽工作、询问和答复问题、请求批准和答复审批事项。

⑮纪要:适用于记载会议主要情况和议定事项。

(3)违反公文文种选用规范的混乱现象

尽管《党政机关公文处理工作条例》规定的正式文种是管用和够用的,文种之间的职能与分工也是清楚明确的，然而，目前我国各机关、企事业单位中，乱用文种的现象仍然较为普遍。概括起来，主要表现在以下三个方面。

①混用文种：指的是不按照《党政机关公文处理工作条例》中有关正式文种的功能和适用范围去选用文种，而造成邻近文种相互混用的现象。这种现象常常出现在“公告”与“通告”“决议”与“决定”“请示”与“报告”“请示”与“函”等几组邻近文种之间。

②自制文种：指的是超出《党政机关公文处理工作条例》规定的正式文种之外，生造出一些非公文文种并以正式公文行文的现象。一些机关单位常见的自制文种有多种，比如《××公司关于内部改革的思路》《××公司关于要求减免部分工商税的请求》中的“思路”“请求”，就属于自制文种。此外，“汇报”“构想”“思考”等自制文种也很常见。

③误用文种：指的是把属于机关其他应用文，特别是事务文书中的文种，误作为正式公文文种直接加以使用的情况。主要表现在：把计划类文种“要点”“打算”“安排”“设想”等误作为正式公文文种使用，如《××公司2012年工作要点》。把总结类文种“小结”“体会”“总结”“回顾”等误作为正式公文文种使用，如《××公司2012年第二季度工作小结》。还有把属于规章制度类的文种“办法”“规程”“须知”“实施细则”等以及简报类文种“情况反映”“快讯”“动态”等误作为正式公文文种使用的现象。

1.1.5 公文的行文规范

(1)行文关系的确定

行文关系根据隶属关系和职权范围来确定。一般不得越级行文，特殊情况需要越级行文的，应当同时抄送被越过的机关。

(2)向上级机关行文应当遵循的规则

①原则上主送一个上级机关，根据需要同时抄送相关上级机关和同级机关，不抄送下级机关。

②党委、政府的部门向上级主管部门请示、报告重大事项，应当经本级党委、政府同意或者授权；属于部门职权范围内的事项应当直接报送上级主管部门。

③下级机关的请示事项，如需以本机关名义向上级机关请示，应当提出倾向性

意见后上报，不得原文转报上级机关。

④请示应当一文一事，不得在报告等非请示性公文中夹带请示事项。

⑤除上级机关负责人直接交办事项外，不得以本机关名义向上级机关负责人报送公文，不得以本机关负责人名义向上级机关报送公文。

⑥受双重领导的机关向一个上级机关行文，必要时应抄送另一个上级机关。

(3)向下级机关行文应当遵循的规则

①主送受理机关，根据需要抄送相关机关。重要行文应当同时抄送发文机关的直接上级机关。

②党委、政府的办公厅(室)根据本级党委、政府授权，可以向下级党委、政府行文，其他部门和单位不得向下级党委、政府发布指令性公文或者在公文中向下级党委、政府提出指令性要求。需经政府审批的具体事项，经政府同意后可以由政府职能部门行文，文中须注明已经政府同意。

③党委、政府的部门在各自职权范围内，可以向下级党委、政府的相关部门行文。

④涉及多个部门职权范围内的事务，部门之间未协商一致的，不得向下行文；擅自行文的，上级机关应当责令其纠正或者撤销。

⑤上级机关向受双重领导的下级机关行文，必要时抄送该下级机关的另一个上级机关。

(4)同级行文的规则

同级党政机关、党政机关与其他同级机关必要时可以联合行文。属于党委、政府各自职权范围内的工作，不得联合行文。

党委、政府的部门依据职权可以相互行文。部门内设机构除办公厅(室)外不得对外正式行文。

1.1.6 公文的格式规范

在长期的工作实践中，为了能用最少的语言表达最多的内容和信息，机关公文逐渐形成了固定的格式和运行传递的制度。掌握公文的格式和运行要求，是做好公文处理工作的一个基本条件。

根据《党政机关公文格式》(GB/T 9704—2012)规定，党政机关公文格式主要有如下规范。

(1)公文用纸及排版

公文用纸采用 A4 型纸,其成品幅面尺寸为:210 mm×297 mm。

公文用纸天头(上白边)为:37 mm±1 mm。

公文用纸订口(左白边)为:28 mm±1 mm。

版心尺寸为:156 mm×225 mm(不含页码)。

如无特殊说明,公文格式各要素一般用 3 号仿宋体字,特定情况可以作适当调整。一般每面排 22 行,每行排 28 个字,并撑满版心,特定情况可以作适当调整。

(2)公文的普通格式

根据《党政机关公文处理工作条例》规定,公文一般由份号、密级和保密期限、紧急程度、发文机关标志、发文字号、签发人、标题、主送机关、正文、附件说明、发文机关署名、成文日期、印章、附注、附件、抄送机关、印发机关和印发日期、页码等组成。

一份完整的公文,通常分为眉首、主体、版记三部分。

1)眉首

①份号。指公文印制份数的顺序号。份号是将同一文稿印制若干份时每份公文的顺序编号。如需标识份号,一般用 6 位 3 号阿拉伯数字标识在版心左上角第一行。编份号的目的是准确掌握公文的印制份数、分发范围和对象,所以,涉密公文应当标注份号。

②秘密等级和保密期限。公文如需标识秘密等级和保密期限,一般用 3 号黑体字,顶格编排在版心左上角第二行,两字之间空一字;秘密等级和保密期限之间用"★"隔开,保密期限中的数字用阿拉伯数字标注。

秘密等级有三种:"绝密""机密"和"秘密"。

保密期限是对公文密级的时效加以规定的说明。在此需要说明的是,如不标注保密期限,秘密等级两字之间应空一字距离;如需标注保密期限,则秘密等级的两字间则不空一字距离,以使该字段不致过长。

③紧急程度。如需标识紧急程度,一般用 3 号黑体字,顶格编排在版心左上角,两字之间空一字。如需同时标注份号、密级和保密期限、紧急程度,按照份号、密级和保密期限、紧急程度的顺序自上而下地分行排列。

紧急程度是对公文送达时限的要求,分"特急""急件""限时送达"三种。

④发文机关标志。由发文机关全称或者规范化简称加“文件”二字组成，也可以使用发文机关全称或者规范化简称。联合行文时，发文机关标志可以并用联合发文机关名称，也可以单独用主办机关名称。

发文机关标志居中排布，上边缘至版心上边缘为 35 mm。推荐使用小标宋体字，颜色为红色，以醒目、美观、庄重为原则。

联合行文时，如需同时标注联署发文机关名称，一般应当将主办机关名称排列在前。如有“文件”二字，应当置于发文机关名称右侧，以联署发文机关名称为准，上下居中排布。如联合行文机关过多，必须保证公文首页显示正文。

发文机关标识即人们通常所称的“红头”。发文机关全称应以批准该机关成立的文件核定的名称为准，规范化简称应由该机关的上级机关规定。

⑤发文字号。由发文机关代字、年份、发文顺序号组成。联合行文时，使用主办机关的发文字号。发文字号编排在发文机关标志下空二行位置，居中排布。

机关代字一般由两个层次组成。第一个层次是发文机关代字，第二个层次是发文机关主办文件的部门的代字。如铁道部文件的机关代字有“铁办”“铁财”等，“铁”代铁道部，“办”“财”代主办这份铁道部文件的铁道部的办公部门、财务部门。

序号是发文的流水号。一般都是按文件的形式统一编，即是哪个部门主办的，只要是同一发文形式，就要统一按顺序编号。年份、发文顺序号用阿拉伯数字标注，年份应标全称，用六角括号“〔〕”括入；发文顺序号不加“第”字，不编虚位（即 1 不编为 01），在阿拉伯数字后加“号”字。

上行文的发文字号居左空一字编排，与最后一个签发人姓名处在同一行。发文字号与红色分隔线相距 4 mm。

⑥签发人。上报的公文需标识签发人姓名，签发人由“签发人”三字加全角冒号和签发人姓名组成，编排在发文机关标志下空二行位置，平行排列于发文字号右侧。发文字号居左空一字，签发人姓名居右空一字；签发人用 3 号仿宋体字，签发人后标全角冒号，冒号后用 3 号楷体字标识签发人姓名。

如有多个签发人，签发人姓名按照发文机关的排列顺序从左到右、自上而下依次均匀编排，一般每行排两个姓名，回行时与上一行第一个签发人姓名对齐。

签发人标识仅是在上报的公文中才出现。在上报的公文中标识签发人姓名，主要目的是让上级单位的领导人了解下级单位谁对上报事项负责。

2）主体

①标题。一般用2号小标宋体字，编排于红色分隔线下空二行位置，分一行或多行居中排布。回行时，要做到词意完整、排列对称、长短适宜、间距恰当，标题排列应当使用梯形或菱形。

②主送机关。编排于标题下空一行位置，居左顶格，回行时仍顶格，最后一个机关名称后标全角冒号。如主送机关名称过多，导致公文首页不能显示正文时，应当将主送机关名称移至版记，标识方法同抄送。

标识主送机关时应标明主送机关的全称、规范化简称或同类型机关的统称。所谓同类型机关的统称如"各省、自治区、直辖市人民政府"等。

③正文。公文首页必须显示正文。正文一般用3号仿宋体字，编排于主送机关名称下一行，每个自然段左空两字，回行顶格。文中结构层次序数依次可以用"一、""（一）""1.""（1）"标注；一般第一层标题用黑体字、第二层标题用楷体字、第三层标题和第四层标题用仿宋体字标注。

④附件说明。如有附件，在正文下空一行、左空两字编排"附件"二字，后标全角冒号和附件名称。如有多个附件，使用阿拉伯数字标注附件顺序号，如"附件：1. ×××××"，附件名称后不加标点符号。附件名称较长需回行时，应当与上一行附件名称的首字对齐。

⑤发文机关署名、成文日期和印章。

◆加盖印章的公文

成文日期一般右空四字编排，印章用红色，不得出现空白印章。

单一机关行文时，一般在成文日期之上、以成文日期为准居中编排发文机关署名，印章端正、居中下压发文机关署名和成文日期，使发文机关署名和成文日期居印章中心偏下位置，印章顶端应当上距正文（或附件说明）一行之内。联合行文时，一般将各发文机关署名按照发文机关顺序整齐排列在相应位置，并将印章一一对应、端正、居中下压发文机关署名，最后一个印章端正、居中下压发文机关署名和成文日期，印章之间排列整齐、互不相交或相切，每排印章两端不得超出版心，首排印章顶端应当上距正文（或附件说明）一行之内。

◆不加盖印章的公文

单一机关行文时，在正文（或附件说明）下空一行、右空两字编排发文机关署名，在发文机关署名下一行编排成文日期，首字比发文机关署名首字右移两字，如成文日期长于发文机关署名，应当使成文日期右空两字编排，并相应增加发文机关署名右空字数。联合行文时，应当先编排主办机关署名，其余发文机关署名依次向下编排。

◆加盖签发人签名章的公文

单一机关制发的公文加盖签发人签名章时，在正文（或附件说明）下空两行、右空四字加盖签发人签名章，签名章左空两字标注签发人职务，以签名章为准上下居中排布。在签发人签名章下空一行、右空四字编排成文日期。联合行文时，应当先编排主办机关签发人职务、签名章，其余机关签发人职务、签名章依次向下编排，与主办机关签发人职务、签名章上下对齐；每行只编排一个机关的签发人职务、签名章；签发人职务应当标注全称。

签名章一般用红色。

成文日期用阿拉伯数字将年、月、日标全，年份应标全称，月、日不编虚位（即1不编为01）。

当公文排版后所剩空白处不能容下印章或签发人签名章、成文日期时，可以采取调整行距、字距的措施解决。

⑥附注。如有附注，居左空两字加圆括号编排在成文日期下一行。附注一般是对公文的发放范围、使用时需注意的事项加以说明，如“此件发至县团级”“此件可见报”等，不是对公文的内容作出解释或注释。对公文的注释或解释一般在公文正文中采取句内括号或句外括号的方式解决，这一点在使用附注时要加以注意。

⑦附件。附件应当另面编排，并在版记之前，与公文正文一起装订。“附件”二字及附件顺序号用3号黑体字顶格编排在版心左上角第一行。附件标题居中编排在版心第三行。附件顺序号和附件标题应当与附件说明的表述一致。附件格式要求同正文。

如附件与正文不能一起装订，应当在附件左上角第一行顶格编排公文的发文字号并在其后标注“附件”二字及附件顺序号。

3）版记

版记中的分隔线与版心等宽，首条分隔线和末条分隔线用粗线（推荐高度为0.35 mm），中间的分隔线用细线（推荐高度为0.25 mm）。首条分隔线位于版记中第一个要素之上，末条分隔线与公文最后一面的版心下边缘重合。

①抄送机关。如有抄送机关，一般用4号仿宋体字，在印发机关和印发日期之

上一行、左右各空一字编排。“抄送”二字后加全角冒号和抄送机关名称，回行时与冒号后的首字对齐，最后一个抄送机关名称后标句号。

如需把主送机关移至版记，除将“抄送”二字改为“主送”外，编排方法同抄送机关。既有主送机关又有抄送机关时，应当将主送机关置于抄送机关之上一行，之间不加分隔线。

②印发机关和印发日期。印发机关和印发日期一般用4号仿宋体字编排在末条分隔线之上，印发机关左空一字，印发日期右空一字，用阿拉伯数字将年、月、日标全，年份应标全称，月、日不编虚位（即1不编为01），后加“印发”二字。

版记中如有其他要素，应当将其与印发机关和印发日期用一条细分隔线隔开。

4）页码

页码一般用4号半角宋体阿拉伯数字编排在公文版心下边缘之下，数字左右各放一条一字线；一字线上距版心下边缘7 mm。单页码居右空一字，双页码居左空一字。公文的版记页前有空白页的，空白页和版记页均不编排页码。公文的附件与正文一起装订时，页码应当连续编排。

5）公文中的表格

A4型纸的表格横排时，页码位置与公文其他页码保持一致，单页码表头在订口一边，双页码表头在切口一边。

（3）公文的特定格式

公文的特定格式包括信函式格式、命令式格式、会议纪要格式。

1）信函式格式

发文机关标志使用发文机关全称或者规范化简称，居中排布，上边缘至上页边为30 mm，推荐使用红色小标宋体字。联合行文时，使用主办机关标志。

发文机关标志下4 mm处印一条红色双线（上粗下细），距下页边20 mm处印一条红色双线（上细下粗），线长均为170 mm，居中排布。

如需标注份号、密级和保密期限、紧急程度，应当顶格居版心左边缘，编排在第一条红色双线下，按照份号、密级和保密期限、紧急程度的顺序自上而下分行排列，第一个要素与该线的距离为3号汉字高度的7/8。

发文字号顶格居版心右边缘，编排在第一条红色双线下，与该线的距离为3号汉字高度的7/8。

标题居中编排，与其上最后一个要素相距两行。

第二条红色双线上一行如有文字，与该线的距离为3号汉字高度的7/8。

首页不显示页码。

版记不加印发机关和印发日期、分隔线，位于公文最后一面版心内最下方。

2）命令（令）格式

发文机关标志由发文机关全称加“命令”或“令”字组成，居中排布，上边缘至版心上边缘为20 mm，推荐使用红色小标宋体字。

发文机关标志下空两行居中编排令号，令号下空两行编排正文。

签发人职务、签名章和成文日期的编排与普通公文格式相同。

3）纪要格式

纪要标志由“×××××纪要”组成，居中排布，上边缘至版心上边缘为35 mm，推荐使用红色小标宋体字。

标注出席人员名单，一般用3号黑体字，在正文或附件说明下空一行、左空两字编排“出席”二字，后标全角冒号。冒号后用3号仿宋体字标注出席人单位、姓名，回行时与冒号后的首字对齐。

标注请假和列席人员名单，除依次另起一行并将“出席”二字改为“请假”或“列席”外，编排方法同出席人员名单。

纪要格式可以根据实际制定。

公文格式见图1-1至图1-11。

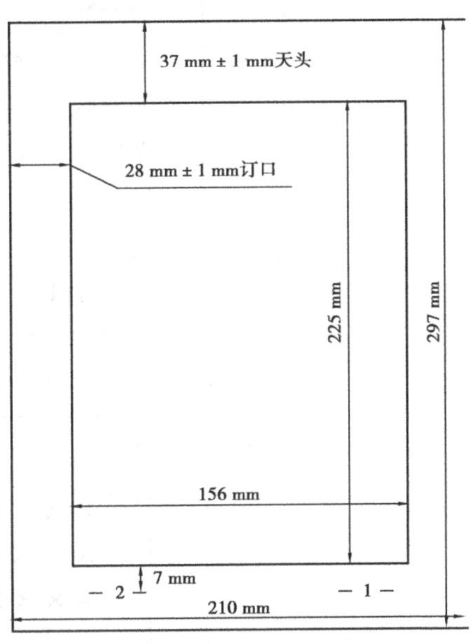

图1-1 A4型公文用纸页边距及版心尺寸

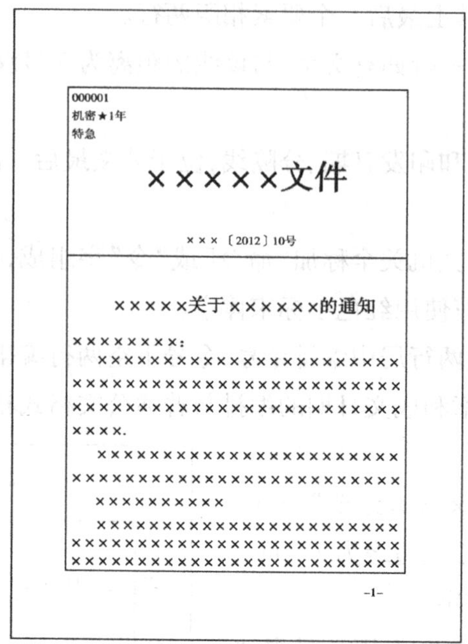

图 1-2　公文首页版式

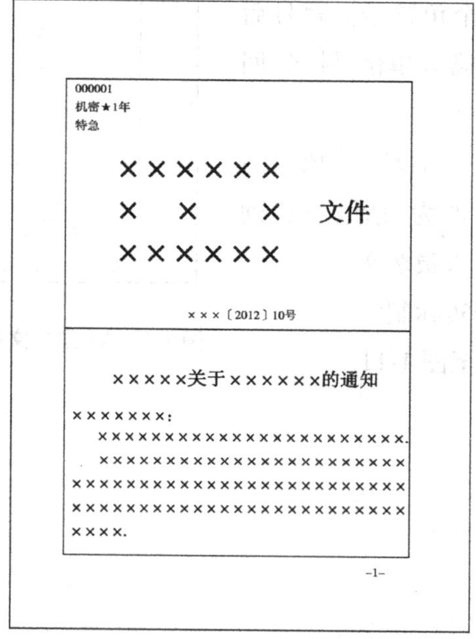

图 1-3　联合行公文首页版式

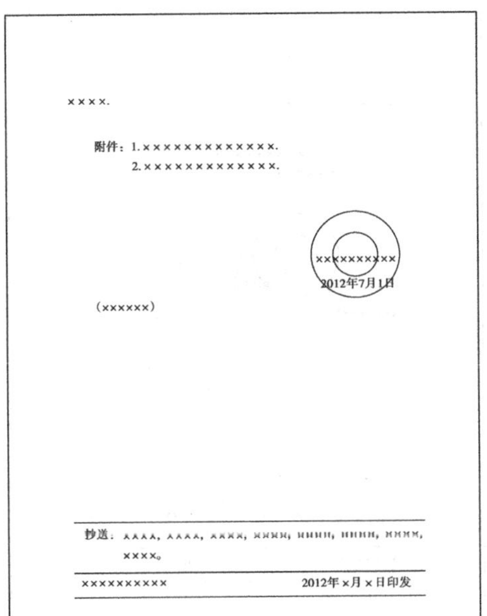
××××.

附件：1.×××××××××××××.

2.×××××××××××××.

××××××××××

2012年7月1日

（××××××）

抄送：××××，××××，××××，××××，××××，××××，××××，

××××。

×××××××××× 2012年×月×日印发

图 1-4　公文末页版式 1

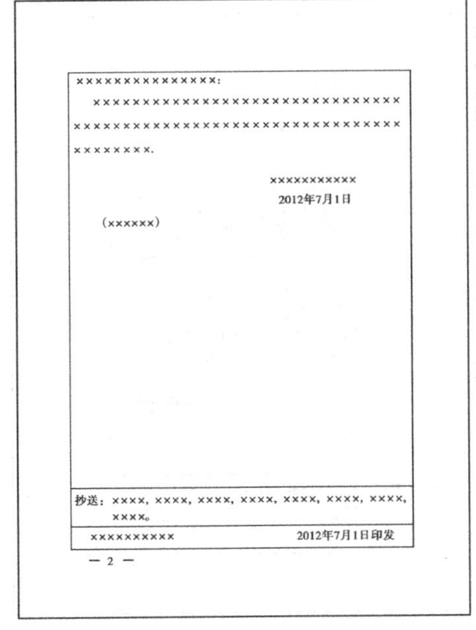
×××××××××××××××:

××××××××××××××××××××××××××××××××

××××××××××××××××××××××××××××××××

××××××××.

×××××××××××

2012年7月1日

（××××××）

抄送：××××，××××，××××，××××，××××，××××，××××，

××××。

×××××××××× 2012年7月1日印发

— 2 —

图 1-5　公文末页版式 2

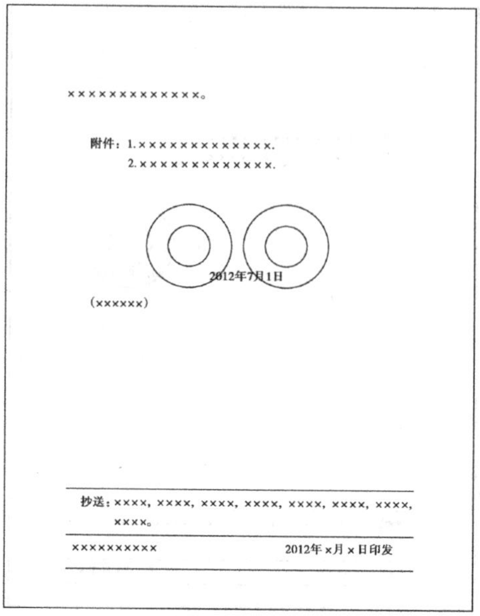

××××××××××××××。

附件：1.××××××××××××××.

2.××××××××××××××.

2012年7月1日

（××××××）

抄送：××××，××××，××××，××××，××××，××××，××××，××××。

××××××××××　2012年×月×日印发

图 1-6　联合行文公文末页版式 1

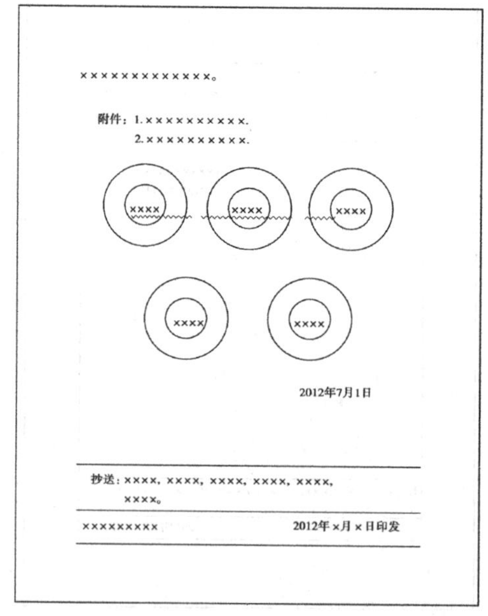

××××××××××××××。

附件：1.×××××××××××.

2.×××××××××××.

××××　××××　××××

××××　××××

2012年7月1日

抄送：××××，××××，××××，××××，××××，××××。

×××××××××　2012年×月×日印发

图 1-7　联合行文公文末页版式 2

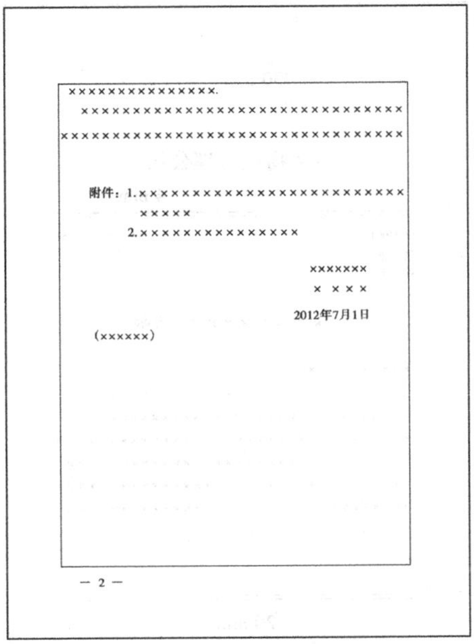

×××××××××××××××.
　×××××××××××××××××××××××××××××××
×××××××××××××××××××××××××××××××××

附件：1.×××××××××××××××××××××××××
　　　×××××
　　2.×××××××××××××××

×××××××
× ×××
2012年7月1日
（××××××）

— 2 —

图 1-8　附件说明页版式

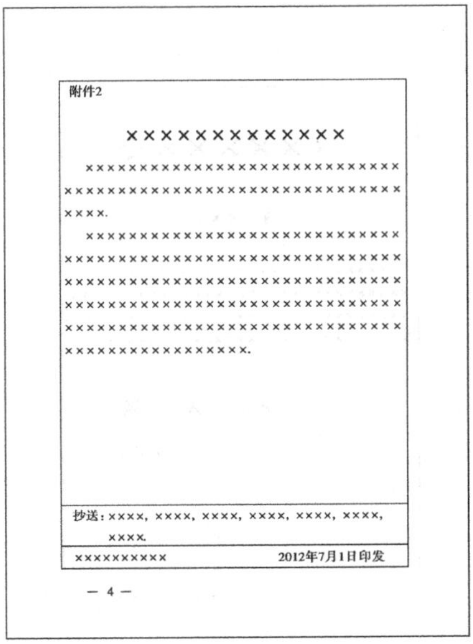

附件2

×××××××××××××

　×××××××××××××××××××××××××××××
××××××××××××××××××××××××××××××
××××.
　×××××××××××××××××××××××××××××
××××××××××××××××××××××××××××××
××××××××××××××××××××××××××××××
××××××××××××××××××××××××××××××
××××××××××××××××××××××××××××××
××××××××××××××××.

抄送：××××，××××，××××，××××，××××，××××，
　　××××.
××××××××××　2012年7月1日印发

— 4 —

图 1-9　带附件公文末页版式

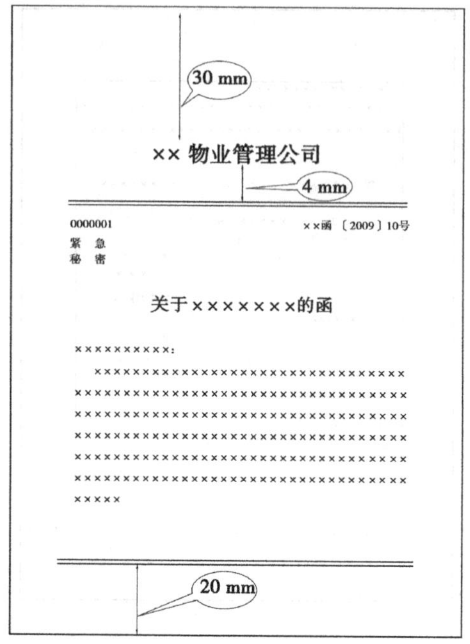

图 1-10 信函版式

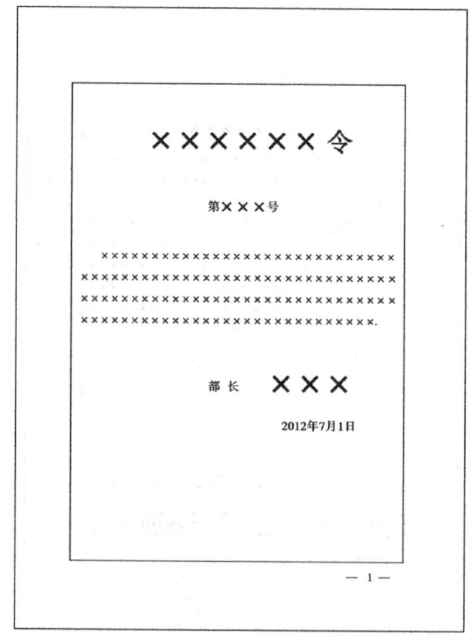

图 1-11 命令版式

1.1.7 公文的语言规范

公文的语言虽然只是一个形式的问题,但却能影响公文的内容,对公文整体起到举足轻重的作用。哪怕是一个小小的文字或标点错误,都有可能影响对公文的理解和执行。因此,我们必须注意公文撰制过程中的语言问题。千百年来,在公文的形成和发展中、在人们办理实际公务的过程中,逐步形成了公文语言运用的特殊语体,这就是公文语体。公文语体与其他各类文章的语体相比,风格迥异,个性特点十分鲜明。概括起来,其特点和要求主要有八个字:准确、朴实、简明、庄重。

①准确。公文的语言要求准确,是指公文的用字用词要恰当、语句段落要通顺、数字标点要规范。例如,《党政机关公文处理工作条例》规定,公文中的数字写法应严格遵守我国 1987 年 2 月 1 日颁布的《关于出版物上数字用法的试行规定》的要求。只有准确用语,才能如实反映客观事物,如实传达发文意图,使公文得以更好地被理解和执行。

②朴实。公文具有政治性和严肃性的特点,因此公文的语言应当力求质朴无华,少用描写和抒情的手法。要直话直说,不可拐弯抹角或以含蓄的笔法委婉地表达意思。

③简明。公文语言的简明是快速、高效地传递信息的需要。冗长的公文不仅会让人望而生厌,而且不利于主旨的突出和重点的把握。简明扼要是公文写作的一项基本要求。要使公文语言简要,就须开门见山,尽快道出主题,紧扣主题、摒弃套话,并学会熟练地使用一套常用的事务性词汇,能简要地对事物进行表达。

④庄重。公文的语言要郑重、严肃、认真、客观,不用戏谑语,不追求诙谐与幽默,一般不用口语和方言土语。要客观地叙述、阐明和评价,要尽量使用书面语和公文专用语。

这里需要特别强调的是,公文专用语是人们在长期的公文写作实践中形成的,它既保留了某些古汉语的特色,又使公文有言简意赅的效果,相对固定、十分简洁,因此长期沿用、经久不衰。这些公文专用语主要分为以下六类。

(1)称谓用语

即表示称谓关系的词。

①第一人称:“本”“我”,后面加上所代表的单位简称。如“部”“委”“办”“厅”“局”“厂”或“所”等。

②第二人称:“贵”“你”,后面加上所代表的单位简称。

③第三人称:“该”。此人称在应用文中使用广泛,可用于指代人、单位或事物。如“该厂”“该部”“该同志”“该产品”等。

(2)引叙用语

引叙词是用以引出应用文撰写的根据、理由或应用文的具体内容的词。常用的有“根据”“按照”“为了”“接……”“前接或近接……”“遵照”“敬悉”“惊悉……”“收悉……”“查”“为……特……”“……现……如下”等。

(3)祈请用语

祈请用语又称期请词、请示词,用于向受文者表示请求与希望。主要有“希”“即希”“敬希”“请”“望”“敬请”“烦请”“恳请”“希望”“要求”等。

(4)征询用语

征询用语又称询问词,用于征询对方意见和反映,具有探询语气。主要有“是否可行”“妥否”“当否”“是否妥当”“是否可以”“是否同意”“意见如何”等。

(5)表态用语

表态用语又称回复用语,即针对对方的请示、问函,表示明确意见时使用的词语。如“应”“应当”“同意”“不同意”“准予备案”“特此批准”“请即试行”“按照执行”“可行”“不可行”“迅即办理”等。

(6)结尾用语

结尾词即置于正文最后,表示正文结束的词语。如“此布”“特此报告”“通知”“批复”“函复”“函告”“特予公布”“此致”“谨此”“此令”“此复”“特此”“为要”“为盼”“为荷”等。

1.1.8 情景训练

运用计算机技术,分别设计正式公文格式模版、信函格式模版、会议纪要格式模版。设计时要注意纸张大小、边距和行距尺寸、字号等的安排。

1.2 通 告

常常有一些业主不交物管费,请看下面的报道并结合该报道思考:物业管理通告写作应注意什么问题?如何才能符合规范?

"史上最牛物管"告诫业主:不要变成孤魂野鬼……

"有些不法业主论年龄,半截都已经入土了""不要变成孤魂野鬼"。最近,重庆市巴南区某小区的物业公司为催收物业费,在小区的门岗墙上、张贴栏、楼道处等地张贴含有"郑重告诫"业主的咒语式"告全体业主书",被业主们称为"史上最牛物业公司"。据悉,该物管公司7月末已停止服务。①

1.2.1 基础知识

(1)通告的适用范围和特点

通告适用于在一定范围内公布应当遵守或者周知的事项。通告虽然面向社会发布,但多是限定在一个特定范围内,内容多是要求一个特定的人群遵守或者知晓。通告主要有以下特点。

1)规定性

通告常用来对某些事项、行为作出规定和限制,特定范围内的部门、单位和民众都必须遵守、执行。例如,《××省无线电管理委员会办公室关于清理整顿无线电通信秩序的通告》,对有关事宜作出规定;《××市人民政府关于坚决清理非法占道经营的通告》,为改善交通秩序和市容环境作出规定。

2)周知性

通告的内容,要求在一定范围内的人们或特定的人群普遍知晓,以使他们了解有关政策法令,遵守某些规定事项,共同维护社会公务管理秩序。

---

① 引自2011年10月25日《重庆晚报》,并作删节。

3)务实性

所有的公文都是实用文,从根本性质上说都应该是务实的。但它们之间还是有一些区别,有的公文只是告知某事或者宣传某些思想、政策,并不指向具体事务;而通告则是一种直接指向某项事务的文种,务实性比较突出。

4)行业性

不少通告都具有鲜明的行业性特点,如税务局关于征税的通告、机动车管理部门关于机动车辆年度检验的通告、银行关于发行新版人民币的通告、房产管理局关于对商品房销售面积进行检查的通告等,都是针对其所负责的那一部分的业务或技术事务发出的通告。因此,通告行文中要时常引用本行业的法规、规章,也免不了使用本行业的术语、行话。

(2)通告的分类

通告有规定性通告和周知性通告两大类型。

1)规定性通告

规定性通告也称制约性通告,主要向受文者交代需要遵守、执行的政策、措施以及其他行为规范,具有政策性和法律性,要求有关人员必须遵照执行。

2)周知类通告

周知性通告主要是使受文者了解重要情况、重要消息,主要用于维修道路、电路、输水管线,工商、税务、卫生、城建、交通管理等部门要求有关人员在一定期限内登记、换证、检疫、拆迁、报考等。

当然,这两种通告的区分是以法规性的强弱不同为标准的,二者之间没有绝对的界限。法规性的通告不可能没有知照性,知照性的通告完全没有法规内容的也不多见。但二者在性质上毕竟有所区分,如《关于坚决清理非法占道经营的通告》,强制性措施较多,属于法规性通告;而关于因施工停水、停电的通告,主要起告知事项的作用,没有强制性措施,属于周知性通告。

1.2.2 阅读与分析

【例文1】

关于加强居民住宅区和住宅楼消防安全的通告

为了加强居民住宅区和住宅楼消防安全管理,预防和减少火灾隐患,保障人民群众生命财产安全，根据《中华人民共和国消防法》《××省消防条例》等有关法律、法规和规章规定，现通告如下：

一、社区居民应严格遵守消防法律、法规和规章，提高消防安全意识和消防安全素质，确保社区消防安全。

二、任何单位和个人不得损坏、挪用或擅自拆除、停用消防设施、器材，不得埋压、圈占、遮挡消火栓或者占用防火间距，不得占用、堵塞、封闭疏散通道、安全出口、消防车通道。

三、居民住宅楼内疏散楼梯、消防通道必须保持畅通，不得在疏散楼梯、消防通道上设置障碍或堆放杂物。

四、居民住宅区消防车通道必须保持畅通，不得在消防车通道上随意停放车辆、堆放杂物；不得在消防车通道出入口处设置石墩、隔栏等影响消防车通行的障碍物，确需设置的，应当有专人值班，随时开启，确保发生火灾事故时消防车顺利通行。

五、不得在居民住宅楼内开设公共娱乐场所和从事具有火灾危险性的生产加工活动以及生产、储存、经营易燃易爆物品。

六、居民住宅区的物业管理单位应当履行消防安全职责，提供消防安全防范服务，确保消防车通道、疏散通道、安全出口畅通，确保住宅区内公共消防设施、器材及消防安全标志完好有效。

七、居民委员会应当协助人民政府和公安机关等部门开展群众性的消防工作，确定消防安全管理人，组织制定防火安全公约，开展防火检查，建立志愿消防队等多种形式的消防组织。

八、法律责任。对损坏、挪用或擅自拆除、停用消防设施、器材的个人，根据《中华人民共和国消防法》有关规定，责令改正，处警告或500元以下罚款；

对埋压、圈占、遮挡消火栓或者占用防火间距，占用、堵塞、封闭疏散通道、安全出口、消防车通道或其他妨碍安全疏散或妨碍消防车通行的个人，根据《中华人民共和国消防法》有关规定，责令改正，处警告或500元以下罚款，对经责令改正拒不改正的，强制执行，所需费用由违法行为人承担；

对未履行保持管理区域内公共消防设施、器材完好有效职责的物业管理单位，根据《中华人民共和国消防法》有关规定，责令改正，处五千元以上五万元以下罚款。

对不符合消防安全要求的经营场所，责令停止经营活动，并按照《中华人民共和国消防法》和有关法律、法规予以查处。

对违反上述规定造成火灾事故,构成犯罪的,依法追究刑事责任。

本通告发布后,各社区居委会、居民住宅区物业管理单位以及居民住户,应当按照规定对本辖区住宅区、住宅楼的消防安全自行组织检查和整改。凡违反本通告者,由公安、消防、房产管理、城管执法部门依法予以查处。

特此通告。

××市公安局　××市国土资源和房屋管理局　××市城市管理行政执法局

二〇一二年五月十二日

评析:

这是一篇法规性通告。主要向居民住宅区和住宅楼居民交代需要遵守、执行的消防安全政策和规范,要求有关人员必须遵照执行,具有政策性和法律性。由于通告涉及的内容较多,正文部分采取列条款的方式,既写了应当遵守的事项,还写了违反政策的法律责任,便于执行。

【例文2】

关于住宅区和社会公共停车场加装新能源汽车充电桩的通告

为加快我市新能源汽车充电设施建设,营造良好的新能源汽车使用环境,促进新能源汽车推广试点工作,推动节能减排,建设低碳先锋城市,现通告如下:

一、自2010年10月起,我市将在住宅区和社会公共停车场分批加装新能源汽车车用普通充电桩。具体安装地点由市发展改革委分批发布。

二、各住宅区普通充电桩按住宅区现有停车位的5%进行基本配置,若住宅区新能源汽车保有量超过此数目,充电桩数量将随之增加。

三、鉴于社会公共停车场车辆集中、流动性大,社会公共停车场暂按现有停车位的10%进行基本配置。

四、各住宅区和社会公共停车场内车用普通充电桩的设计安装必须符合××市《电动汽车充电系统技术规范》的要求。

五、各住宅区和社会公共停车场内车用普通充电桩投资、安装、维护与管理主体为××供电局。

六、××供电局委托各住宅区和社会公共停车场物业服务企业负责车用普通充电桩的日常管理,并由委托方支付必要的费用。

七、各住宅区购买新能源汽车的车主,可向所在小区的物业服务企业提交充电车位申请,并由小区物业服务企业根据实际情况,统筹安排相应的充电停车位。

八、为鼓励新能源汽车车主充分利用谷期电时段充电,从即日起至2012年年底,利用当日23:00至次日7:00时间段在住宅区和社会公共停车场车用普通充电桩充电,可享受我市蓄冷空调谷期电价(0.249 5元/千瓦时)。

九、各有关业主委员会、物业服务企业应积极配合××供电局安装车用普通充电桩。

特此通告。

二〇一〇年十月十二日

评析:

这是一篇周知性通告,目的是让广大群众了解新能源汽车充电设施建设情况。前言部分简单地交代通告的目的,正文部分分条款介绍加装新能源汽车充电桩的时间、配置比例、安装标准、管理、使用等内容,条理清晰,一目了然。

1.2.3 病文修改

开展居民小区消防安全通道整治的通告

××大街5号居民小区住户及相邻单位:

××大街5号、6号小区居住有近400户居民,小区内消防设施落后、消防通道狭窄。现只有唯一的消防安全通道通往××大街。

我公司将于即日起,组织××派出所、社区居委会,对上述消防通道进行集中整治。为了保障广大群众的生命财产安全与社区的和谐稳定,同时也为了各车主的私人财产安全和车辆安全,请有车的住户及相邻用车单位将车辆停放在规范的停车场内。

对于2008年12月1日以后,仍然停放在消防安全通道和小区通道上的车辆,我公司将对其采取强制措施，由此产生的一切后果由车主自行承担！

特此通告。

××物业管理有限公司

评析：

①内容残缺，多处有语病。

②因主送对象比较宽泛，所以不必写主送对象。

③思路不够清晰。通告缘由不清、目的不明，时间和措施不具体。

④发文主体不当。物业管理公司不能组织安排政府部门的工作，也没有采取强制措施的权力。

⑤没有成文时间。

1.2.4 通告的结构和写法

通告由标题、正文和落款三部分组成。

(1) **标题和发文字号**

1) 标题

通告的标题主要有两种写法。

①全题写法，也是公文标题的常规写法，它由发文机关、事由、文种三者共同构成。如《河南省地方税务局关于认真落实〈事业单位、社会团体、民办非企业单位企业所得税征收管理办法〉的通告》《广西工商行政管理局 广西国有资产管理局关于办理20××年度企业法人年检及国有资产产权登记的通告》等。

②省略主要内容的写法，它由发文机关、文种组成。如《中华人民共和国公安部通告》《××市房地产管理局通告》等。

通告也可以由主要内容和文种构成标题，有的通告标题只有文种“通告”两字。

通告标题还有一种特殊的写法，即将标题分为两个部分，第一部分是发文机关加文种，如“×××通告”；第二部分是通告的主要内容。例如《中国人民银行通告 明日起发行1990年版壹圆券人民币》。

2) 发文字号

通告的发文字号不像一般公文那样只用常规方式，在实践中有多种情况并存的现象。

如果是政府发布通告，要有正规的发文字号，如《××市人民政府关于坚决清理非法占道经营的通告》，发文字号就是"市政告字〔1997〕6号"。

如果是某一行业管理部门发布通告，则可采用"第×号"的方式，标识在标题之下的正中位置。

一些基层企事业单位发布的通告，也可以没有字号。

（2）**正文**

正文采用公文通用结构模式撰写，分缘由、事项和结语三部分。

1）通告缘由

作为开头部分，通告缘由主要用来表达发布通告的背景、根据、目的、意义。如：

近期以来，我市清理非法占道经营，经过几次集中整治，取得了一定效果。但在一些主干道上仍有反复，禁而不止，影响交通和市容环境，群众反映强烈。为推进"讲文明、树新风"活动和精神文明建设八大工程的深入开展，市政府决定，集中一段时间，加大工作力度，实行综合整治，坚决彻底清理非法占道经营，让路于车、还道于民，改善交通秩序和市容环境。现通告如下：

这个开头部分主要写了发布通告的前景、根据和目的。

2）通告事项

这是主体部分，文字最多，内容最复杂。通告事项是面对大众的，应简洁明了、叙述清楚，因此，较多采用分条列项的写法，以做到条理分明、层次清晰。如果内容比较单一，也可采用贯通式写法。

3）通告结语

这是结尾部分，写法比较简单，一般单独设段，多采用"本通告自发布之日起实施"或"特此通告""此布"等习惯用语作结。

（3）**落款**

通告的落款应写明发文机关名称和发文日期。如果标题中已冠有发文机关名称，落款处可以省略，只写年月日，或将发文日期年月日写在标题下方、正文上方。

1.2.5 通告的写作要求

①"通告"写作应符合国家有关的政策、法令，不得与国家的政策、法令相悖，要做到既从实际出发，又符合党和国家的方针、政策。

②所通告的事项，要表述得十分明确，切忌含糊费解。

③语言要通俗、易懂，便于群众了解、遵守。即使是某些专业性很强的通告，也应力求如此。

1.2.6 情景写作训练

夏天来临，天气炎热，某物业管理公司经理要求新到的秘书小王拟写一份文件，提醒业主注意消防安全。小王觉得这事小菜一碟，不一会儿就完成了任务。没想到交给经理看了之后，经理板着脸说："请严格按照公文规范写！"按照什么规范写呢？小王一脸茫然。请你为小王修改一下。

防火措施公告

敬启者：

近日天气干燥，容易发生火灾。本管理处警示大家注意下列各点：

1. 当你外出时，应考虑关掉所有不需使用的电器。
2. 不要让小孩接触火柴及打火机，不要让其单独留在屋内。
3. 使用电源用具，必须远离窗帘、梳化等易燃物品。
4. 确保防烟门必须经常关闭。
5. 切勿将任何物件弃置于梯间或走廊，以免阻塞走火通道。

物业经理×××启

1.3 通 知

管理费收缴提示

尊敬的______先生/女士您好！我们温馨提示您：您______年____月____日至____月____日的物业管理费已到期，请您在百忙之中抽出时间来物业管理服务中心缴纳。感谢您对我们工作的支持与理解!

业主常常收到物业管理公司送达的此类便条,请问:从文种的角度来看,这是什么文种?是否符合规范?

1.3.1 基础知识

(1)通知的适用范围和特点

通知适用于发布、传达要求下级机关执行和有关单位周知或者执行的事项,批转、转发公文。从行文关系上说,通知多数是下行文,而有些告知性通知是平行文。通知主要有以下特点:

1)适用范围广

通知是公务活动中应用最广泛的公文,凡是发布法规和规章、传达上级机关的指示、转发上级机关和不相隶属机关的公文、批转下级机关的公文、发布要求下级机关办理和有关单位共同执行或者周知的事项、任免和聘用干部,都可以用通知。各级行政机关、企事业单位、社会团体对下级单位传达事项都可以使用通知,不受发文机关级别高低的限制。对行文路线限制也不严,主要作为上级机关对下级机关、组织对所属成员的下行文,但不相隶属机关之间有时也可使用通知来知照有关事项。

2)使用频率高

通知的内容既可以是重大事件,又可以是部门小事,所以使用频率很高。据统计,通知的用量是现行公文活动中最多的一种,有时超过公文总量的一半。

3)时效性强

通知对时效性具有严格的要求,它所传达的事项,往往要求及时执行和迅速办理,不能拖延,具有较强的执行性和约束性。如会议通知,只在指定的一段时间内有效。

(2)通知的主要类型

通知按其内容和性质,可以分为指示性通知、批示性通知、事项性通知、知照性通知、会议通知、任免通知等。

1)指示性通知

用于直接发布行政法规和对下级某项工作的指示、要求。指示性通知带有强制性、指挥性和决策性。

2)批示性通知

批示性通知是用于批转、转发、印发等方式发布某些法规,要求下级贯彻执行的通知。

3)事项性通知

即要求下级机关办理某些事项的通知。它除交代任务外,通常还提出工作要求,让受文单位贯彻执行,具有行政约束力。

4)知照性通知

用于告知某一事项或某些信息的通知,不具有强制性,如会议通知、任免通知等。不相隶属单位之间告知不要求办理和执行的事项,也可以使用告知性通知。如启用或作废某单位印章,更正文件差错,变更机关名称、工作地址、电话号码、邮政编码、作息时间等,都可以用这种通知行文。

1.3.2 阅读与分析

【例文1】

关于加强保障性安居工程质量管理的通知

各省、自治区住房城乡建设厅,直辖市住房城乡建设委、规划委(局)、房地局,新疆生产建设兵团建设局:

保障性安居工程是“十二五”时期一项标志性民生工程。为加快保障性安居工程建设,加强质量管理,确保工程质量,现通知如下:

一、充分认识保障性安居工程质量的重要性

大规模实施保障性安居工程,是党中央、国务院作出的重要战略部署,是转方式、调结构、惠民生的重大举措。保障性安居工程质量,直接关系人民群众生命财产安全和住房困难家庭居住条件的改善,关系经济发展与社会和谐稳定的大局,涉及面广、公益性强、社会影响大。各地要进一步提高保障性安居工程质量重要性的认识,把加强质量管理摆在实施保障性安居工程的首位,把“质量第一”的原则贯穿到勘察、设计、施工、监理和竣工验收工作的全过程,增强使命感、责任感和紧迫感,强化工程质量管理,切实把保障性安居工程建成质量过硬、人民群众满意、经得起历史检验的德政工程。

二、努力提高保障性安居工程建设管理效能(略)

三、切实履行保障性安居工程基本建设程序(略)

四、严格执行工程质量管理的法律法规(略)

五、全面落实保障性安居工程质量责任(略)

各地保障性安居工程领导协调机构和相关主管部门要根据职责分工,切实履行工程质量监督管理职责,把工程质量管理纳入住房保障工作考核、约谈和问责范围。各地住房城乡建设部门要加大监督检查和工程质量责任追究力度,依法严肃查处保障性安居工程建设过程中各种违法违规行为。要建立保障性安居工程质量投诉举报制度,公开举报电话,做好工程质量投诉处理工作,主动接受社会监督。

二〇一一年五月十八日

评析:

这是一篇由中华人民共和国住房和城乡建设部发的指示性通知。标题采用“事由+文种”的形式。正文第一段为缘由,写明发通知的意义和目的。其后为通知事项,用“现通知如下”过渡。通知事项采取分条列项的形式写作,层次清楚、内容具体明确、语气果断坚决,是一篇规范的公文。

【例文2】

关于印发《物业管理师制度暂行规定》《物业管理师资格考试实施办法》和《物业管理师资格认定考试办法》的通知

各省、自治区、直辖市人事厅(局)、建设厅(建委、房地产管理局),国务院各部委、各直属机构人事部门,中央管理的企业:

根据《物业管理条例》有关规定,为规范物业管理行为,现将《物业管理师制度暂行规定》《物业管理师资格考试实施办法》和《物业管理师资格认定考试办法》印发给你们,请遵照执行。

附件:1.物业管理师资格认定考试申报表

2. 物业管理资格认定考试合格人员情况汇总表

中华人民共和国人事部　　　　　　中华人民共和国建设部

二〇〇五年十一月十六日

评析:

批示性通知分批转、转发、印发等通知,这是一篇印发性通知。正文先写印发的依据以及印发的对象,一般采用"现将……印发给你们"的形式写,然后写对下级提出的要求。提要求的主要用语有"供参考""供参阅""望参照执行""研究执行""遵照执行""认真执行""认真贯彻执行"等不同提法。该通知印发的是规章制度,需要严格照办,所以用"遵照执行"为要求。注意,发布行政法规、规章一般用"颁布""发布""公布""印发",而不能用"批转""转发"。

【例文3】

关于转发人力资源和社会保障部办公厅 住房和城乡建设部办公厅关于2010年举行物业管理师资格考试有关问题的通知

各市人力资源和社会保障(人事)局、房管局(建委、建设局),××示范区人事局、建设局,省级有关部门:

现将人力资源和社会保障部办公厅、住房和城乡建设部办公厅《关于2010年举行物业管理师资格考试有关问题的通知》(人社厅发〔2010〕49号)转发给你们,请遵照执行。并就我省2010年物业管理师资格考试报名工作的有关事项通知如下:

一、考试时间及科目(略)

二、职责分工(略)

三、报名办法(略)

四、报名条件及提供材料(略)

五、注意事项(略)

六、收费标准(略)

附件1:物业管理师考试报名条件

附件2:考试类别、级别、专业及科目代码

附件3:2010年可报考级别3或报级别1人员名单

二〇一〇年七月二十八日

评析:

这是一篇转发性通知。正文先写转发的对象,一般采用“现将……转发给你们”的形式,然后写对下级提出的要求。该文不同的是,除了提要求外,还结合本地区的实际情况提出贯彻、执行的具体办法。

【例文4】

入伙通知

××公司/女士/先生:

您好!

您所认购的____大厦______层______室已于____年____月经省/市____验收部门和____房地产公司、________建筑工程公司、________物业管理公司等组成的验收小组验收合格,准予入住。

一、请您接到本通知后按附表规定的时间前来办理入伙手续。地点在________,在此期间内,房地产公司财务部、地产部,物业管理公司等有关部门将到现场办公,一次办完手续,为您提供快捷、方便的服务。

二、如果您因公事繁忙,不能亲自前来,可委托他人代办。代办时,除应带齐相关的文件外,还应带上您的委托书、公(私)章和身份证。

三、如果您不能在附件中规定的时间内前来办理手续,可以在____月____日后,到____房地产公司(地点______________)先办财务及收楼手续,再到________物业管理公司(地点______)办理入伙手续。

在您来办理各项手续前,请仔细阅读“入伙手续书”“收楼须知”“缴款通知书”。

特此通知。

__________房地产开发有限公司　　________物业管理有限公司

年　　月　　日

评析:

这是一篇事项性通知。标题采用物业管理企业常用的省略式,简洁明确。缘由部分既是“周知”的事项,也是入伙的依据。通知事项虽然采取分条列项的形式来写作,但是各条之间存在着内在的联系,周密细致、逻辑清晰。用语文明礼貌、体贴热情,体现了物业管理公司的服务性特点。结尾为通知常用结束语,直截了当。

【例文5】

暂停供电通知

Dear Occupants

Please note that owing to the carrying out of repair work to the electricity supply syslift, lift service and pubic lighting of Block ________ will be suspended from ________ to ________.

However, emergency electricity supply will be provided to staircases and corridors. Should you have any queries, please contact the Management Office on ________ (telephone code).

We apologize for any inconvenience that may be caused.

Yours sincerely

敬启者:

由于进行修理电力供应系统工程,第____座之电梯服务及公众电力由__日__时至__日__时暂时停止。

在上述期间,走廊及楼梯之紧急供电仍然维持。若阁下有任何疑问,请致电________与管理处联络。

本公司对上述工程可能引致之不便,深感歉意。

此致

各住户

______公司

物业经理______谨启

年____月____日

评析:

这是一篇便条式知照性通知。一些高档小区往往住有不同语种的业主,为此,物业管理公司准备了中英文“双文”通知,体现了物业服务“以业主为本”的思想。缘由只一句话:“由于进行修理电力供应系统工程”,简洁明了。周知事项就是停电的范围和部位。第二段是对周知事项的补充内容。第三段为致歉语,体现了物业管理公司的真诚态度。落款有公司名、经理名,以表郑重。

【例文6】

关于召开全国首批物业管理师大会的通知

______:

2007 年 12 月 10 日,人事部、建设部《关于公布物业管理师资格认定考试结果的通知》(国人厅发〔2007〕185 号)正式公布了首批物业管理师名单。为全面推进物业管理师制度的贯彻落实,中国物业管理协会定于 12 月 30 日在广州市召开全国首批物业管理师大会,现就会议有关事项通知如下:

一、会议主要内容

(一)领导讲话;

(二)传达、贯彻人事部、建设部有关文件精神,通报下步工作安排;

(三)部署加强行业自律,加快物业管理师队伍建设,全面提升行业素质的有关工作;

(四)部署物业管理师信用档案管理工作;

(五)通过《物业管理师诚信宣言》;

(六)大会论坛。

二、会议时间：12 月 30 日，会期一天。29 日全天报到。

三、会议地点：广州×××国际会议中心×××大会堂（广州×××大道×××号，电话 020-12345678）。

四、参加会议人员

（一）有关领导；

（二）全国首批物业管理师；

（三）有关地方协会负责人；

（四）特邀请本会第二届指导委员会委员到会指导。

五、费用

（一）会务费每人×××元（广州代表每人×××元），在会议报到时交纳。

（二）住宿费标准×××元／间·天，×××元／床·天，会议住宿统一按两天计费。费用自理。

（三）指导委员会委员免交会务费。

六、注意事项

（一）本次会议是加强全国物业管理师制度建设的重要会议，部和协会领导将要到会作重要讲话，希望首批物业管理师本人以及其他参会人员妥善安排好工作，及时报名、准时参会，并在 12 月 20 日以前将会议回执传真至中国物业管理协会秘书处。

请各地中国物业管理协会指导委员会委员及有关地方协会协助组织本地区物业管理师参会。

（二）本会秘书处将根据各地实际回执报名人数安排会议接待。广州代表原则上不安排住宿，但须在 12 月 29 日办理参会报到手续，领取会议资料、出席证和停车证。

（三）本次会议用餐自 12 月 29 日午餐起至 12 月 31 日早餐止，其中广州代表安排 12 月 30 日中、晚两餐。

（四）12 月 30 日晚会议统一安排迎新年专场音乐会。

（五）请参会人员尽量在当地订购返程机票、火车票。本次会议不设接送站。

（六）会务联系方式。

中国物业管理协会秘书处

联系人：刘×××李×××王×××

电话/传真:010-88666666/88555555

电子邮件:×××@ vip. sina. com

广州×××国际会议中心

联系人:彭×××

电话:020-887777777

传真:020-883333333

附件:全国首批物业管理师大会回执

二〇〇七年十二月十二日

评析:

这是一篇会议通知。主送单位和人员因为众多,不宜打印,采取人工填写的方式。第一段写会议召开的背景、目的和会议的名称、时间,然后通过过渡句连接通知的具体内容。通知事项采用列条款的方式,把会议的内容、具体时间、会址、参会人、费用、注意事项等详细列出,并附有回执,周全细致,易于执行。

1.3.3 病文修改

严正通知

根据市气象部门最新气象预报,近期我市大部分地区肯定仍将出现连续强降雨天气。为了切实做好防御工作,减少持续降雨引发的自然灾害,物业管理服务中心在做好相关防御工作安排的同时,提醒全体业主/住户做好自我居家防护措施:

一、关好房内门窗,不要外出或户外活动;

二、将阳台晾晒的衣物及时收至室内;

三、将阳台摆放的花木及装修材料移至室内或稳固阳台摆放的物品。如被风刮倒,坠落而发生意外,如砸伤楼下行人,后果自负;

四、检查并紧固遮阳棚和空调室外机,未安装空调的业户,请及时堵塞预留的空调孔,以防雨水倒灌室内造成损失;

五、一楼带私家花园的户型的业主请将花园内容易被风吹落或不宜被雨淋的物品移至室内；

六、检查自家阳台/露台地漏管道是否畅通；

七、妥善安排或照顾家中老人和小孩，防止发生意外；

八、返回小区的车辆请停入地下停车库，以防高空坠物造成车辆损坏；

九、如遇雷电，请及时关闭家中电器的电源，防止雷击对家电造成损坏；同时，请准备照明工具，以备临时突发断电所需。

如遇困难或特殊紧急情况，请联系物业管理服务中心以便安排援助。

物业管理服务中心全体人员将全心全意、竭诚为你提供细致尽心的服务！但也要求大家好自为之。

物业管理服务中心

××××年×月×日

评析：

①标题语气不当，可改为“温馨提示”。

②没有主送对象。

③用词语气不当，如“肯定”“你”“后果自负”“好自为之”等词语造成语气生硬。

④内容残缺。例如，写了“请联系物业管理服务中心”，但是没有写联系电话和联系人。

⑤措施表述不当。如第一条，业主不可能不外出。

1.3.4 通知的结构和写法

通知由标题、主送机关、正文和落款四部分构成。

(1)标题

作为公文通知的标题，分完全式和省略式两种。完全式应写明发文机关、事由和文种。

省略式标题有以下三种情况：

①省略发文机关。如果标题太长，可省略发文机关。如例文《关于召开全国首批物业管理师大会的通知》，这个标题便省略了发文机关。省略发文机关的标题很

常见，但如果是两个以上单位联合发文，就不能省略发文机关。

②省略多余的“关于”和“通知”字样。如“部门经理会议通知”“装修通知”等。发布性和批转性通知的标题由“发文机关＋发布（批转、转发）＋被发布文件标题＋通知”构成。被发布、批转、转发公文为法规、规章时，一般应加上书名号。有时由于被批转、转发公文标题中已有“关于”和“通知”字样，或者被批转、转发的公文标题比较长，这时，通知的标题一般可保留末次发布（批转、转发）文件机关和始发文件机关，省略多余的“关于”和“通知”字样。如，“××县人民政府关于转发《××市人民政府关于转发〈××省人民政府关于转发人事部关于×××同志恢复名誉后享受××级待遇的通知〉的通知》”，可把这个标题简化为“××县人民政府转发人事部关于×××同志恢复名誉后享受××级待遇的通知”。

③省略发文机关和事由。如果通知发文范围很小、内容简单，甚至张贴都可以，这样的通知标题可以省略发文机关和事由，只写文种“通知”二字。

需要说明的是，如果所发的通知比较紧急，需要被通知的单位尽快知悉和办理，可在通知之前加“紧急”二字，从而构成“紧急通知”。如《××物业管理公司关于“五一”期间不安排休假的紧急通知》。如果对某项事情发出通知后，由于情况发生变化，或因发出通知时考虑不周，认为有新的问题需要明确、有新的事情或规章要办理或执行，需要再发一个通知。这样的通知被称为“补充通知”，且常常将“补充”二字在标题中写出来。

(2) 主送机关

即要求办理、知悉通知事项的机关或个人。在正文前顶格书写，后跟冒号，以示引领下文。主送机关的名称可以用全称，也可以用规范化的简称。对于告知性通知，有时因为没有特定的收文对象，这时就不用写主送机关。

(3) 正文

颁布或转发性通知结构简单，其余通知一般由以下部分组成。

①事由。这是通知的开头，应写明制发通知的缘由、目的、依据或情况。

②事项。写出通知的内容，即要求受文机关承办、执行和应予以知晓的事项。这些内容如较复杂，可分条列项写出。

③结尾。这部分常用“特此通知”“专此通知”之类的习惯用语作结。

④附件。告知性通知及批示性通知常带有附件。

(4)落款

落款需要写出发文机关名称和发文日期,有的还要落上组织负责人的名字。如已在标题中写了机关名称和日期,这里可以省略不写。

1.3.5 情景写作训练

①如果你是一名物业管理员,已到物业管理费缴费时间,个别业主还没有前来缴纳物管费,请你拟写一个通知,提醒业主缴费。

②缴费期已过一个星期,仍有个别业主没有缴费,请你再写一个通知,催促业主尽快到管理处来缴费。

③你多次提醒某位业主前来缴费,但他还是不理睬,拖欠物管费达三个月之久。请你拟写一个通知,要求他前来缴费,并提醒他,如果不缴纳物管费,物业管理公司将通过法律手段予以解决。

知识拓展:

物业管理内部通知常见例文①

【例文1】装修通知

装修通知

________室________:

现有______室______(公司名)将于____月____日起至____月____日进行室内装修。期间,贵单位办公环境可能受到影响。我公司已要求上述装修单位严格按照《用户室内装修规定》施工,不得在办公时间内进行产生严重噪音、粉尘、气味等的操作。如贵单位在正常办公时间受到该室因装修所致的严重滋扰,可随时与我公司联系,以便我公司采取有效措施,予以制止。

联系电话:×××××××。

物业管理公司(盖章)

年　　月　　日

① 此部分所附例文由深圳市之平物业发展有限公司提供,并作适当增删。

【例文2】装修工程竣工验收合格通知书

用户室内装修工程竣工验收合格通知书

____________公司：

经我公司工程部验收，贵单位室内装修符合《用户室内装修规定》，可以投入使用。请贵单位接通知后携带保证金收据及经办人证件资料到管理公司服务中心办理退还装修保证金和施工出入证押金等手续。

物业管理公司（盖章）

年 月 日

【例文3】工程遗留问题通知书

用户室内工程遗留问题通知书

________室__________（业主）：

贵单位新用户于____月____日向大厦管理公司递交用户室内装修申请书。按照大厦管理规定，我公司进行了装修前的室内设备、设施检查，发现存在以下遗留工程问题，需贵业主/单位尽快整改。

1. ____

2. ____

根据《用户室内装修规定》的要求，如室内存在不合格的装修项目，未作整改前，不得进行第二次室内装修改动。为此，上述遗留问题请尽快在____日内整改，并于整改后通知我公司工程人员安排检查。检查合格后，方可允许贵单位新用户进行室内装修。

物业管理公司（盖章）

年 月 日

【例文4】装修清场通知

装修单位清场通知

__________室(__________公司):

贵公司于____月____日装修期间,严重违反了大厦《用户室内装修规定》,给其他用户的正常办公和大厦安全造成严重影响和威胁。虽经我公司多次劝告,贵公司仍未采取有效措施。为保证大厦的安全、维护用户利益、确保大厦良好的办公环境,现对贵公司作清场处理。如需复工,请到大厦管理部办理申请,经批准后方能重新施工。

清场原因		
	1. 未获管理公司书面批准擅自进行装修	
	2. 装修人员无大厦施工出入证	
	3. 装修现场无灭火器材	
	4. 在办公时间内使用冲击钻、电锯等进行操作,产生严重噪音,引致周围用户多次投诉	
	5. 办公时间内从事油漆操作,经劝阻无效	
	6. 装修期限后仍进行施工操作	
	7. 不服从大厦管理人员管理	
	8. 装修期间使用电炉、空调等大负荷电器或未按规定留宿等	
	9. 其他	

物业管理公司(盖章)

年　月　日

【例文5】检修通知

温馨提示[①]

尊敬的业主/住户:

您好!

接网络运营商通知,____月____日由于通信公司设备检修,将会使您的宽带网

① 这类"温馨提示"在物业管理企业较为多见。物业管理企业常采用"温馨提示"来周知事项、要求业主完成某一事项等,它与常见的带有提醒意义的"警示""提示"等有别,属于便条式通知。

络暂停使用____小时,给您的生活带来不便,敬请谅解!

物业管理服务中心全体人员将全心全意、竭诚为您提供细致尽心的服务!

您诚挚的:

____________________物业管理服务中心

签发人:________

年　　月　　日

24小时热线电话:________________

【例文6】物业管理费催收通知

温馨提示

尊敬的__________先生/女士:

您好!我们温馨提示您:截至______年____月____日为止,您已有　　月未缴纳物业管理费,合计人民币________元。烦请您抽出时间来物业管理服务中心缴纳,谢谢您对我们工作的支持与理解!

您诚挚的:

____________________物业管理服务中心

签发人:____________

年　　月　　日

24小时热线电话:____________________

1.4　通　报

问题思考:

阅读以下案例,说说对一个单位的通报批评用什么文种。

天空物业管理有限责任公司在退出上选洋房物业服务时,违反《××市物业管理企业退出物业项目管理指导意见》的规定,未向业主委员会及新物业公司移交全部物业资料,未结清水电费等费用,造成电力局、自来水公司多次向该小区下达停(限)电及自来水通知,并拒绝到场参加由××区房地产管理局组织召开的协调会。根据《物业管理条例》《××市物业管理企业退出物业项目管理指导意见》等相关规定，××区房地产管理局对天空物业管理有限责任公司在全行业进行通报批评。

1.4.1 基础知识

(1)**通报的适用范围和特点**

通报适用于表彰先进、批评错误、传达重要精神和告知重要情况。通报有以下两个特点：

①内容的真实性。真实是通报的生命。通报的任何情况、事实都必须是真实的，不能有差错，更不能造假。因此，在写通报时，对正、反两方面的事实都要认真核实，做到准确无误、没有水分。例如，对先进事迹的通报表扬，要实事求是地反映，不能拔高，更不能借贬低群众来抬高先进人物。

②目的的晓谕性。表彰先进的通报，对被表彰单位是一种鼓舞、激励；对其他单位是一种教育，引导其找差距、学先进、对后进单位是一种鞭策，激励他们学习先进、迎头赶上。批评性通报的目的则是让人们知道错误、认识错误、吸取教训、改正错误并引以为戒。交流情况的通报，是让人们了解通报的事项。

(2)**通报的主要类型及行文方向**

根据通报的作用和应用范围，可将通报分为以下三类：

①表彰通报。用于在一定范围内表扬好人、好事。

②批评通报。用于在一定范围内批评错误，纠正不良倾向。

批评通报和表彰通报，都是下行文，制发单位没有级别限制。

③情况通报。多用于向有关方面知照应该掌握和了解的信息、动态，以供工作参考。

情况通报多作下行文，也兼作平行文。

(3)**通报的作用**

通报对下级和有关方面的指导作用重于指挥作用，主要是起倡导、警戒、启发、教育和沟通情况的作用。具体作用有如下两点。

①嘉奖和告诫的作用。在一定范围内对具体的人和事进行表扬或批评，借以达到鼓励先进、弘扬正气，批评错误、打击歪风邪气的目的。表彰通报和批评通报对当事人的奖励或惩罚，具有行政约束力。

②交流作用。传达重要情况和知照事项的通报，能及时交流信息、上情下达，并

能促进上下级之间、有关部门之间的相互了解。

1.4.2 阅读与分析

【例文1】表彰通报

××物业管理有限公司
关于表彰花园新街管理处物业服务人员的通报

各管理处、各部门:

2008 年 5 月 25 日晚上 8:37 分,花园新街管理处物业服务中心值班人员××接到业主失火电话。秩序维护班长××和工程部值班人员××在得到通知后,立即赶往事发地点并拨打 119,迅速调集 107 岗、105 巡逻岗、210 巡逻岗、206 岗赶到事发地点,工程人员立即作出了断电处理。同时,服务中心值班人员安排 107 岗进行人员疏散并在单元门口通知业主暂时不要上楼。到达现场后,秩序维护部人员和服务中心值班人员先后两次冲进厨房灭火,在用了 6 瓶灭火器之后,火被扑灭。秩序维护员再次对房屋进行检查,确认火被完全扑灭才撤离。

在该事件中,花园新街管理处全体员工一不怕险、二不怕累,遇到突发事件反应迅捷、处理得当,避免了给小区造成更大的财产损失,保证了小区其他业主的财产与生命安全,赢得了业主的交口称赞。为表彰花园新街管理处员工这种高度的工作责任心和恪尽职守的精神,公司研究决定:对花园新街管理处通报表扬,并颁发灭火奖励 1 万元,以资鼓励。

希望全公司员工向该管理处员工学习,认真落实安全管理责任制,努力做好本职工作,争当业主的好管家。

二〇〇八年六月二日

评析:

这是一则表彰性通报。

表彰性通报正文分四个层次:一是概括介绍花园新街管理处的先进事迹,简洁清楚地交代了时间、人物(单位)、事件(事迹);二是对事件进行分析评议,指出其典型意义和主要经验;三是写表彰决定;四是发出号召,要求全公司员工向他们学习。

文章整体思路清晰、结构严谨,给人以深刻印象。

【例文2】批评通报

关于北京××物业管理有限公司违规行为处理决定的通报

各有关单位:

北京××物业管理有限公司受××小区开发建设单位委托,负责该小区前期物业管理。在该小区业主大会未选聘新物业管理企业的情况下,该公司擅自停止对该小区的物业管理服务,给该小区居民的正常生活造成了严重影响,违反了《关于住宅物业项目交接有关问题的指导意见》(京建物[2006] ××号)规定。市建委决定对该公司依法处理,并通报如下:

一、停止该公司的物业管理资质(京物企资二[2003]××号),限其自处理决定发布之日起的18个月内进行整顿;整顿期间,该公司不得参与本市物业管理项目的投标。

二、将该公司的上述违规行为及处理决定记入物业管理企业信用信息警示系统。

三、该公司应当按照物业服务合同的约定和相关规定,继续做好在管其他物业管理项目的管理服务工作。

希望全市物业管理企业从中吸取教训,引以为戒,坚决杜绝此类事件的再次发生。

特此通报。

二〇〇七年三月二十二日

评析:

这是一则批评性通报。

批评性通报的内容主要是批评不良的人和事,写明错误事实,概括问题性质,分析错误原因,指出教训,防止类似事件的再次发生。本通报的正文由三个部分组成,第一部分写该公司的错误事实;第二部分分条款写出处理的决定;第三部分对相关企业提出要求,引以为戒。

【例文3】情况通报

上选洋房业主委员会
关于物业交接工作的情况通报

上选洋房社区全体业主：

2010年8月25日结束的上选洋房第三届业主大会确定金点物业管理服务有限公司为本社区新的物业管理公司。

8月27日，上选洋房业委会与金点物业、银光物业共同商定，9月15日为新旧物业交接日。

9月1日，银光物业提出由金点或业委会接收银光管理期间的全部债权债务，否则不能进行交接。因无事先约定和法律依据，金点物业和业委会无法接受，要求9月5日先交接管理现场，债权债务之事再议，但银光坚持不转交债权债务就不进行交接。

9月9日，开发区物业办召开协调会，要求银光物业先交接现场工作，其余再议，被银光物业拒绝。

此后，业委会一直与物业办、银光物业保持接触，希望银光物业改变主张，配合交接，其余事项另行商议，业委会和金点物业都愿意配合。今晨，银光物业致电业委会，表示原定今天进行的交接工作不能进行。

业委会认为，目前银光物业的各项管理工作处于停滞状态，管理服务水平大大降低，业主权益已经受到损害。既然新的物业已经选出，银光物业也同意撤出，就不应该横生枝节，以一个技术问题（债权债务）来阻挠交接工作，使社区生活迟迟无法走上正轨。且因银光物业始终未提供准确资料，债权债务数目需要第三方审计确定，现在根本谈不到移交的问题，银光物业以此为借口拖延交接，是对社区极其不负责任的行为。

为此，业委会根据《物业管理条例》《××市物业管理企业退出物业项目管理指导意见》等相关规定，决定向房地产管理部门请示，要求银光物业配合交接工作，如期进行现场交接。

各位业主有何意见，请致电开发区物业办（物业办电话：67000111）。

二〇一〇年九月十五日

评析：

这一篇情况通报，分三部分来写。第一部分概述事件的基本情况；第二部分指出银光物业拒绝交接给小区带来的影响；第三部分通报了近期的处理办法，并向业主征集意见。

1.4.3 病文修改

表彰通报

市××物业管理公司采取有力措施，切实贯彻小区安全管理的有关规定，建立安全管理岗位责任制，实现全年小区安全管理无事故。成为全市第一个安全管理年企业。为此，政府决定对××物业管理公司通报表彰。

××市政府

2004年1月20日

评析：

这篇表彰通报的主要毛病有以下几个方面：

①标题不规范。应由“事由＋文种”组成。

②表彰事项不具体。文中只写“市政府决定对××物业管理公司通报表彰”，具体的奖名未写明。

③未写明××物业管理公司是哪年实现安全生产年的，影响了本文的严肃性和真实性。

④正文内容残缺，应补写上号召和要求。

⑤标点不当。“事故”后的句号应改为逗号，以免割断其内在的紧密联系。

⑥发文机关应写全称并标明印章。

⑦成文日期应用汉字书写。

1.4.4 通报的结构和写法

(1)标题

通报的标题通常由发文机关、事由和文种三个要素构成，有时可省略发文机关和事由，只写“通报”二字，但比较重要的通报则不能省略。

通报的签署和时间也可以在标题下方，这样则不再落款；通报也可以有抬头、落款，时间则写在发文机关下面。

(2) **正文**

1）表彰通报正文的一般写法

①叙述先进事迹，包括时间、地点、人物、事迹、怎么做和结果。

②对上述事件进行分析、评议，指出其典型意义或概括其主要经验，语言要简明概括。

③提出表彰或发出号召。

如果是转发式的表彰通报，正文部分先对下级机关所发的这个材料进行评价，加上批语，即对被表彰者进行评议等，再发出号召或提出要求。

2）批评通报正文的一般写法

①通报原由，即将事故或错误事实的经过情况、时间、地点、事故、后果等交代清楚。

②对事故进行分析、评议，重点分析事故发生的原因，指出事故的性质及其危害，并提出处分决定。

③写明防止此类事故再次发生的措施，要对症下药，提出告诫或重申某一方面的纪律。

3）情况通报的一般写法

情况通报的正文，关键在于对情况的掌握要确实、全面、充分，其内容包括以下三方面：

①叙述情况。

②分析情况，阐明意义。

③提出指导性意见。

1.4.5 通报的写作要求

①注意时效性。发通报要抓住时机，及时将先进典型和经验向社会宣传、推广；对反面典型予以揭露、引起警戒；对某些重大事项和重要情况及时予以通报，以起到交流情况、信息，指导工作的作用。错过时机的通报，就失去了它的时效性，就没有行文的意义了。

②注意指导性。不能事无巨细都发通报,要选择对工作有普遍指导意义的事项来发通报。通报要有普遍的指导意义,就应选择典型事例或人物。先进的典型,要能反映事物的本质特征,能揭示时代的本质、体现时代的精神;反面的典型,应有一定的代表性,能体现鉴戒的作用。所以,只有选准、选好典型,通报才能起到激励教育、推动工作和批评警戒的作用。

③注意真实性。通报中所涉及的事例必须是客观存在的,经过反复调查后认为是真实可靠的,绝不允许捏造和虚构。同时,事例的反映要准确,不能夸大或缩小,要实事求是。通报在结尾提出的希望和号召也必须切合实际,有一定的针对性,使读者能够接受或受到启示。

1.4.6 情景写作训练

阅读下列材料,根据内容各写一份通报。

事件一:

2003 年 1 月 14 日早晨 8 点,负责某大厦西区 4F—8F 的安保人员 Z 同志,在巡逻到 8F 卫生间时,发现一名可疑男子藏匿于男卫生间,遂对其进行例行询问。凭着职业的警觉性,Z 同志为慎重起见,将其带到一楼安保办。我公司相关人员经过认真的盘查,原来此人是 8F 的施工人员,他因劳资纠纷,欲对施工单位进行暴力威胁。经过我方的耐心劝导,该施工人员交出藏在卫生间天花板处的凶器,其中有一把菜刀、一把水果刀和一个已拉掉保险丝的灭火器。事后,我公司将此施工人员移交市公安局安保办处理。

此事件中,正是由于 Z 同志的高度责任心与警惕性,才使这起暴力威胁事件得以及早发现并制止,维护了公司的良好荣誉。

事件二:

2002 年 12 月 17 日中午 13:29 分,来自中控室的警报铃声引起值班人员 Z 同志的警觉,监控画面上显示的 8F 西区的 6 个烟感器同时报警,Z 立即执行应急通报程序,通知安保部相关人员进入现场,并通过广播系统进行消防广播,通知人员疏散,同时对各岗位人员与火灾现场进行即时的联络、协调、组织和指挥。在公司各级领导的正确指挥及各部门的通力合作下,在数名安保人员的奋力扑救下,火势在 13:34 分被扑灭,未造成人员伤亡。

经公司领导研究决定,对在两事件中表现突出的 Z、W、L 三名同志给予通报表扬,并对Z同志给予500元,其他两名同志每人300元的物质奖励,号召全体员工向他们学习。此外,年关将近,正值售卖火车票的高峰时节,人员复杂,希望各位员工加强自身的人身及财物安全保护工作,提高工作的责任心与观察力,最大限度地消除安全隐患,保证员工与大厦度过一个安全祥和的春节。

1.5 报 告

某集团公司在修建小区围墙的时候,将围墙设计为铁栅栏,其下属的某物业管理公司认为铁栅栏容易锈蚀,维修及养护成本较高,因此建议改用砖墙。物业经理要秘书小王写一个文件给集团公司,建议将原定的铁栅栏改为砖墙。小王想,这个文件是给集团公司提建议,自然是建议报告,于是写了一个《关于将××小区的铁栅栏改为砖墙的建议报告》。

请问:你觉得小王的写法正确吗?为什么?

1.5.1 基础知识

(1)报告的适用范围和特点

报告是行政机关广泛采用的重要上行文。《党政机关公文处理工作条例》对报告适用范围的表述是:报告适用于向上级机关汇报工作、反映情况,回复上级机关的询问。

作为行政机关公文的报告,和一些专业部门从事业务工作时所使用的、标题中也带有"报告"二字的行业文书,如"审计报告""评估报告""立案报告""调查报告"等是不同的概念,这些文书不属于公文的范畴,注意不要混淆。

报告具有以下特点:

1)单向性

报告是下级机关向上级机关汇报工作、反映情况、提出建议时使用的单方向上行文,不需要上级机关给予批复。为此,要特意提请注意:报告中含有类似"以上报告当否,请批示"的说法是不妥当的。

2)陈述性

报告在汇报工作、反映情况时,所表达的内容和使用的语言都应是陈述性的。本单位遵照上级的指示,做了什么工作、怎样做这些工作、取得了哪些成绩、还存在哪些不足,必然要一一向上级陈述。反映情况时,也要把时间、地点、人物、事件、原因、结果叙述清楚,向上级机关提供准确的现实性信息。

3)事后性

在机关、企事业工作中,有"事前请示、事后报告"的说法。多数报告,都是在开展了一段时间的工作或是在某种情况发生之后,向上级作出的汇报。

(2)报告的类型

1)工作报告

凡是用来向上级汇报工作的报告,都是工作报告。

工作报告又可分为综合工作报告和专题工作报告两种。

综合报告涉及面宽,要把主要工作范围之内的方方面面都有所涉及,可以有主次的区分,但不能有大的遗漏。大到国务院提供给人民代表大会审议的政府工作报告,小到某单位向上级提供的年度、季度、月份工作报告,都属于这种类型。

专题报告涉及面窄,只针对某一方面的工作或者某一项具体工作进行汇报,如党的机关关于"三讲"工作的报告、行政机关关于技术革新工作的报告、企事业单位关于消防安全检查工作的报告等。

2)情况报告

如果本单位出现了正常工作秩序之外的情况,譬如说发生了事故、出现了意想不到的问题等,对工作产生了一定程度的影响,应该及时向上级将有关情况原原本本地进行汇报。即使对工作没有太大影响,一些有倾向性的新动态、新风气,以及最近出现的新事物等,必要时也要向上级报告。凡此种种,都属于"情况报告"。

3)答复报告

答复上级机关询问的报告,称为答复报告。这种报告的内容针对性最强,上级询问什么,就答复什么,不能答非所问。对待上级机关的询问,一定要慎重,如果不了解实情,要经过深入的调查研究后再作答复。

4)报送报告

这是向上级报送文件、物件时使用的报告,正文通常非常简略,只需写明"现将××××报上,请指正(请查收)"即可。真正有意义的内容都在所报送的文件里。

1.5.2 阅读与分析

【例文1】工作报告

安徽省××物业管理公司2006年工作报告

各位代表、委员、各位业主：

大家好！

一年来，在房地产管理局和各级组织领导的关心和帮助下，在各单位的理解和支持下，我公司经营班子和全体员工经过不懈的努力，实现了年初预定的目标。我代表××物业管理公司向各位代表、委员以及小区全体业主汇报2006年度物业服务工作，请予审议。

一、经营管理情况

我公司成立于二〇〇六年一月九日，是一家专业从事物业管理的企业，资质等级为三级，编号为物管××号。公司现拥有一批管理经验丰富的专业队伍，现有职工78人，其中中级职称9人，初级职称15人；中高级技术工人20人。我公司秉承"业主至上、服务到家"的信念，以"精干高效、优质服务"的服务原则，执行为物业使用者创造"安全、文明、优美、舒适、休闲的环境"这一质量方针，实行"管、养、修、服务"为一体的综合管理。我们先后承接了"星城""洋河""典雅""林泉"共四个物业管理项目，管理面积达46.42万㎡。

2006年是××物业管理公司打好各项基础工作，求突破、负重前进的一年。全公司上下围绕加快发展、全面建设××市优秀物业管理企业的总体目标，团结奋进、求真务实、勤奋工作，确保了公司的稳定和经济持续健康的发展。一年来，我们主要抓了以下几个方面工作。

（一）完善各项规章制度，建立内部管理机制（略）

（二）公司上下团结务实，服务意识显著提高（略）

（三）挑选精锐管理人员、节能降耗，管理效益明显提高（略）

（四）加强自身品牌建设，积极开拓辅助行业的发展思路（略）

（五）构建良好的外部环境，加强与政府部门的沟通协作（略）

（六）不断创新，探索新的物业管理思路（略）

二、存在的问题

一年来，我公司在大家的支持帮助下，虽然取得了许多成绩，但也存在不少问题。主要表现在：第一，由于公司成立时间较短，处于发展阶段，与品牌物业公司存在着差距，缺乏技术能力、管理能力和市场竞争能力；第二，员工队伍整体技术水平较低，在今后的人事工作中要加强对高级管理人才、高级技能人才的引进，并通过培训挖掘员工潜能，发现、培养和储备技术人才；第三，用人机制不够灵活、外部交流少、市场情况了解不深，需要在今后加强横向交流，调动员工的市场开发积极性。

三、2007 年工作目标和任务

我们取得的每一点成绩是与大家的关心和支持是分不开的，在此，我谨代表××小区物业服务处全体员工向各位领导、委员以及小区全体业主一年来对我们工作的理解和支持表示衷心的感谢！

2007 年是我市物业管理行业逐渐规范化的一年，更是我们公司大力发展的关键之年，公司的发展目标主要是：

（一）以自身发展为基础，加强纵向开拓和横向联合（略）

（二）以业主为本、建构有利于业主的联系平台（略）

（三）提高服务意识、规范服务行为（略）

回顾过去的一年，我们还存在这样或那样的问题，在前进的道路上还有许多困难。但是，公司的壮大，任重而道远，新的目标鼓舞人心，新的机遇催人奋进，展望未来，我们信心百倍。2007 年让我们在总经理刘××同志的领导下，团结一心，鼓足干劲，励精图治，开拓创新，为公司全面发展、创安徽省优秀管理企业、物业管理明星企业而努力奋斗。

谢谢大家！

二〇〇七年一月八日

评析：

这是一篇综合性工作报告，是物业管理公司年终做的工作报告，原文 4 000 字，此有删节。开头开门见山，直奔主题。正文从取得的成绩、存在的问题、下一年的工作思路三方面汇报，各项工作又采取分条列款的方式逐一陈述，符合工作报告的一般写法。结尾以展望未来作结，具有振奋人心的作用。如果标题能提炼出主题内容、内容概括一点、语言精练一点，则不失为一篇优秀的范文。

【例文2】情况报告

关于七街区8-2-2厨房主管道返水事件的报告

七街区管理处：

2011年10月14日下午4:30分左右，指挥中心接到七街区8-2-2业主家的报事，其客厅及两个卧室均被污水浸泡，水深5公分，导致室内木衣柜、木地板、踢脚线、门套这些木制品均有不同程度的损坏。业主要求物业公司对受损物品进行赔偿，现业主正在整理相关物品的赔偿票据。

接到通知后，物业中心立即安排了客服人员到达现场拍照，并通知客服部王主管到现场查看。同时，安排工程人员检查堵塞原因，并对堵塞管道进行疏通。工程人员将架空层业主家底部的厨房排水管打开，将污水从厨房地漏排出，保洁员、工程部工作人员、客服人员协助业主将户内污物进行了全面清扫，以减少受损程度。

针对这一事件，我部提出以下处理措施：

1. 临时对8栋架空层疏通现场进行警戒，避免业主进入现场发生意外。

2. 由客服人员安抚业主情绪，并向安诚保险公司报案。

3. 组织客服、保洁、工程工作人员对该户室内污水进行处理，并对现场进行拍照留存。

4. 安排工程人员查找堵塞原因，搭建脚手架进行管道疏通。

5. 建议公司定期对公共区域各主排污管网进行疏通。

工程部

二〇一一年十月十四日

评析：

这是一篇情况报告。正文第一段转述业主厨房主管道返水及财产受损情况；第二段介绍处理情况和结果，之后提出整改措施。文章行文简洁，层次分明，构思周密。

【例文3】答复报告

关于和风小区业主投诉问题的报告

××市人民政府：

2011年2月12日市政府办公厅转来的和风业主投诉的意见已收悉。对此，我中心高度重视，委派专人到该小区走访调查，现将调查结果报告如下：

一、关于未经业主同意，私自移走树木问题

经调查，因部分树木挡光和长成后太密集，影响业主的正常生活，经业主申请及同意，物业公司将挡光和密集树木移植到小区的其他区域。

二、关于保安进出大门不登记问题

经调查，业主反映的问题属实。近期因新入职保安人员较多和物业公司的管理问题，存在进出小区的人员不登记的情况。现物业公司已加强了人员培训，基本没有了类似问题。

三、关于费用收支从不公示问题

经调查，物业公司按期在宣传栏进行了公示。

四、公共马路画车位收钱，管理混乱问题

经调查，物业公司在今年年初已停止以上收费项目。

四、关于保安人员不巡逻问题

经调查，物业公司是按照服务标准和巡更点，每2小时巡视一次。

五、关于乱遛狗无人问津，存在安全隐患问题

经调查，物业公司在小区单元门处已进行公示，禁止饲养大型犬，同时养狗业主在遛狗时要有专用的拴狗链。

六、关于消防栓注水、没水带、消防室没人值班问题

经调查，物业公司已经进行了消防栓注水的工作。

专此报告。

二〇一一年二月十八日

评析：

这是一篇答复报告，是市民向市政府投诉小区的物业管理，市政府责成市房管中心调查，由市房管中心调查后所做出的答复。报告正文第一段写发文缘由，并简

单交代了做法;接着以承启语导出主体,根据投诉的内容,分条列项回复,言简意赅;结尾用“专此报告”作结。

【例文4】报送报告

关于报送2007年物业服务工作总结的报告

××物业管理有限公司:

现将我管理处《2007年物业服务工作总结》报上,请审阅。

附:××管理处2007年物业服务工作总结

二〇〇八年一月五日

评析:

这是一篇报送报告。这类报告的写法比较简单,在正文中直接写出报送的材料名称即可。结尾部分往往用“请审阅”“请查收”“请查收并审核”之类的习惯语收束。

1.5.3 病文修改

关于给予广场物业管理处奖励的申请报告

尊敬的总公司领导:

为保证广场施工现场的安全,我处配合总公司加强了广场的安全管理,坚持定岗值班和巡逻执勤相结合,及时制止了施工现场的偷盗行为,避免了公司财产的损失,对偷盗行为起到了一定的警戒作用,取得了显著的效果。以下是抓获小偷的具体情况汇报。

根据2011年4月22日公司工程会议精神:“对于发现并制止偷窃行为的,每次由被盗施工单位给予保安部200元人民币奖励。”

因此,2011年5月30日20:22,管理处巡逻保安在××广场四楼当场抓获一名偷盗施工材料的男子,经项目部辨认,不是其施工人员。经请示项目部后,将其转交公安机关处理。后查明，该偷盗人员是在四楼会所施工的，偷盗的角铁材料也是四楼会所装修施工单位的物品。

故管理处特提出申请：给予××广场保安部200元人民币的奖励，以鼓励保安队员勇抓小偷，保证公司财物的安全！

××市××物业管理公司××广场管理处

××××年×月×日

评析：

①标题文种错误，“申请报告”不符规范，奖励对象和标题不一致。

②主送对象应该是单位。

③逻辑不够清晰，抓小偷事件与公司会议决定不应为因果关系。

④用请示还是用报告，需要斟酌。

⑤结尾用语欠妥当。

1.5.4 报告的结构和写法

(1)报告的标题和主送机关

1)报告的标题

报告的标题有两种写法，一是“发文机关＋主要内容＋文种”，如《中共中央纪律检查委员会关于清理党政干部违纪违法建私房和用公款超标准装修住房的报告》；二是“主要内容＋文种”，如《关于进一步加强我市公共场所防火工作的报告》。

2)报告的主送机关

行政机关的报告上，主送机关要尽量少，一般只送一个上级机关即可。但考虑到行政机关受双重领导的情况比较多见，只报送其中一个上级机关显然不妥，因此，有时主送机关可以不止一个。报告应报送自己的直接上级机关，一般情况下不越级行文。

作为党政机关公文的报告，要按《党政机关公文处理工作条例》第十五条的规定执行：“原则上主送一个上级机关，根据需要同时抄送相关上级机关和同级机关，不抄送下级机关。”

(2)报告的正文

1)报告导语

报告导语指报告的开头部分,它起着引导全文的作用,所以称为导语。不同类型的报告,其导语的写法也有不同。概括起来,报告的导语有以下几种类型。

①背景式导语。就是交代报告产生的现实背景,例如:

前不久,中央纪委召开了部分省市清理党员干部违纪建私房座谈会,总结交流了各地清理工作的情况和经验,并就清房中遇到的一些政策性问题,进行了讨论,根据各地的做法和座谈会中提出的问题,中央纪委常委研究提出以下建议:

②根据式导语。就是交代报告产生的根据,例如:

根据省委、省政府领导同志的指示,我厅于去冬派人到涪陵市和渠县,与市、县的同志一道,对城镇贫困户的情况作了相关调查。涪陵市委、市政府和渠县县委、县政府对此十分重视,在调查研究的基础上,立即采取措施,着手解决这一问题。现将两地城镇贫困户的情况及采取的措施报告如下:

③叙事式导语。在开头简略叙述一个事件的概况,一般用于反映情况的报告。例如:

19××年2月20日上午9时40分,我省××市百货大楼发生重大火灾事故,市消防队出动15辆消防车,经4个小时的扑救,大火才被扑灭。这次火灾除消防队员和群众奋力抢救出部分商品外,百货大楼三层楼房一幢及余下商品全部烧毁。时值开门营业不久,顾客不多,加之疏散及时,幸未造成人员伤亡。但此次火灾已造成直接经济损失792万余元。

④目的式导语。将发文目的明确地阐述出来,作为导语。例如:

为认真贯彻落实《国务院批转林业部关于进一步加强森林防火工作报告的通知》(国发〔19××〕42号),切实做好我市防火工作,保护和发展森林资源,更好地为改革开放和经济建设服务,结合我市实际情况,就进一步加强森林防火工作提出以下几点意见:

报告导语的写法不止以上四种,运用时可以举一反三,融会贯通,灵活处理。

2)报告主体

报告的主体也有多种写法,下面简要介绍两种常见形态。

①总结式写作法。这种写法主要用于工作报告。主体部分的内容,包括成绩、做法、经验、存在的不足以及今后的工作意见等。在叙述基本情况的同时,要有所分

析、归纳，找出规律性认识，类似于工作总结。

总结式写法最需要注意的是结构的设计与安排。按照总结出来的几条规律性认识来组织材料、安排层次，是最常用的结构方式。例如2000年3月5日在第九届全国人民代表大会第三次会议上朱镕基总理所作的政府工作报告就是十分典型的例子。全文分为十个部分，分别是：

一、1999年国内工作回顾；二、坚持实行扩大内需的方针；三、大力推进经济结构的战略性调整；四、继续推进改革，全面加强管理；五、加快科技、教育发展，加强精神文明建设；六、进一步扩大对外开放；七、搞好社会保障体系建设，维护社会稳定；八、从严治政，加强政府自身建设；九、促进祖国和平统一大业；十、关于外交工作。

②"情况—原因—教训—措施"四步写作法。这种结构多用于情况报告。即先将情况叙述清楚，然后分析情况产生的原因，接着总结经验教训，最后提出下一步的行动措施。例如《××省商业厅关于××市百货大楼重大火灾事故的报告》采用的就是这样的写法。

3)报告结语

报告的结语比较简单，可以重申意义、展望未来，也可以采用模式化的套语收结全文。模式化的写法大致是："特此报告""以上报告，请审阅""以上报告如无不妥，请批转执行"等。

1.5.5 情景写作训练

根据以下材料，以物业分公司的名义向物业总公司写一篇反映情况的报告。

保安找人殴打业主被捕

2009年3月14日下午5时许，在××区城市花园内，业主雷先生被5名手持钢管、砍刀的男子暴打。当年5月，小区保安主管李某、保安樊某及沈某被请到公安局。保安樊某交代，他们因看不惯雷先生辱骂保安的行为，才找人教训雷先生，并供出幕后主使人是物管公司保安主管李某。之后，3名嫌疑人均以涉嫌故意伤害罪被依法批捕。目前，业主雷先生提出物业公司赔礼道歉、相关责任人赔偿8.5万元的要求。

1.6 请 示

请示,对于下级机关工作的作用是不言而喻的。但是,现在还有人在需要写请示的时候说"打个报告",甚至还有人编造"请示报告"文种。请思考:请示有哪些特点?请示与报告有哪些区别?

1.6.1 基础知识

(1)**请示的适用范围和特点**

2001 年 1 月 1 日发布的《国家行政机关公文处理办法》规定,"请示适用于向上级机关请求指示、批准。"由此可以看出请示与报告相比,有以下特点:

①呈请性。请示是向上级机关请求指示和批准的公文,行文内容具有请求性;而报告是向上级机关汇报工作、反映情况、答复上级机关的询问或者要求的公文,具有陈述性。

②求复性。请示的行文目的是请求上级批准,解决某个具体问题,要求作出明确答复;而报告的目的则在于使上级掌握某方面或阶段的情况,不要求批复。

③超前性。请示行文时机具有超前性,必须在事前行文,等上级机关作出答复之后才能付诸实施;而报告则可在事后行文,也可在工作进行过程中行文,一般不在事前行文。

④单一性。请示事项具有单一性,要求一文一事;而报告可以一文一事,也可以一文数事。

(2)**请示的类型**

请示的分类主要是根据行文的目的和内容的不同来进行的。通常可分为以下两种。

1)事项性请示

这种请示是下级机关请求上级机关审核批准某项或者开展某项工作的请示,属于请求批准性的请示。这种请示多用于机构设置、审定编制、人事任免、重要决定、重大决策、大型项目安排等事项。这些事项按规定本级机关无权决定,必须请示上级机关批准后方可实行。

下级机关在工作中遇到人力、物力、财力等方面难于解决的事项,用请示请求上级机关给予帮助和支持,也是事项性请示。

2)政策性请示

下级机关在工作中对某一方针、政策、法规、指示等不明确或不理解,请求上级指示;遇到新问题和新情况,依据原先规定难以处理,需要上级机关指导、解释或解决;平行机关间对某一工作发生意见分歧、无法统一,需要向同一上级机关请示作出裁决等,所用的请示属于请求上级指示的政策性请示。行文时,往往需要提出解决的意见,请求上级机关给予明确的解释和指示。

1.6.2 阅读与分析

【例文1】

关于审批《××区关于〈北京市集体土地房屋拆迁管理办法〉的实施意见》的请示

××区人民政府:

《北京市集体土地房屋拆迁管理办法》第124号令已由市政府公布实施,我区的集体土地房屋拆迁管理办法已经区政府四次讨论,均未订稿成文。为规范我区范围内集体土地房屋拆迁管理工作,我局重新拟制了《××区关于〈北京市集体土地房屋拆迁管理办法〉的实施意见》,再次将讨论稿报区政府讨论,以审批后下发执行。

当否,请批示。

附件:××区关于《北京市集体土地房屋拆迁管理办法》的实施意见

××区国土资源和房屋管理局(盖章)

二〇〇七年四月二日

评析：

这是一篇政策性请示，请求上级机关指示。从例文内容可知，发文机关××区国土资源和房屋管理局请求上级机关——区政府对有关讨论稿给予指示，以解决本区的具体问题。本文第一句介绍发文缘由，第二句为请示事项，结语为请求批示。

【例文2】

关于拨划物业管理用房的请示

天地集团公司：

根据世纪名都前期物业接管方案中关于组建世纪名都物业管理服务机构的要求，我物业公司于2010年5月10日设立了世纪名都物业服务中心，下设有物业经理室、客户服务部、工程维护部、保安部、环境卫生部五大职能部门。根据办公需求测算，需要办公用房面积200 m^2 左右。而原来规划的物业管理用房位置分散、办公面积偏小，远远不能满足办公需求。

为了规范天地物业公司的管理，树立天地物业的品牌，给内部员工与外部客户提供一个良好的办公与办事环境，建议集团公司将3号楼一单元电梯大堂旁的一、二楼的架空层拨划给物业公司，作为世纪名都物业服务中心办公用房。具体设置是：

一楼：客户服务中心接待中心、物业经理室、客户服务部办公室。

二楼：资料档案室、物资存放室、综合办公室（工程维护部、保安部、环境卫生部各部门主管与行政助理、物业助理、维修技工的综合办公场所）。

以上请示如无不妥，请予批准。

天地物业管理公司（盖章）

二〇一〇年五月十五日

评析：

这是一篇事项性请示。物管公司在工作中遇到办公条件方面的困难，用请示的形式请求集团公司给予帮助和支持。本文第一段为请示缘由，说明困难和需求；第二段为请示事项，提出具体的设置意见供参考决策；结尾写请示语。

1.6.3 病文修改

关于物业管理服务收费标准的申请

××市物价局：

××公司经××市政府批准，于二零零三年成立，是一家专业从事物业管理、服务及物业经营的独立法人企业。现被××市房地产管理局认定为三级资质企业，资质编号为××××××。

本公司所托管的朝阳小区位于××市××区××号。小区有住宅楼四栋，均为多层住宅，从小区南到西及北至小区东，依次为1#、2#、3#、4#楼，总建筑面积20 423.56 m^2。小区内无商铺用房，无写字楼，无电梯，但是小区内有二次供水、二次供电，楼道均设有声光控照明灯。物业提供全天候24小时物业服务（包括公用设施设备的维修养护、保安、保洁、便民、多种经营等）。室外停车场经××市交警部门批准，并取得停车收费许可证，营业面积约有400 m^2，其管理水平受到小区业主的广泛好评。

多年来，我们的收费标准一直定得很低，长期负债经营，现特申请物业管理收费标准，请尽快批准。

谢谢！

2011年1月17日

评析：

①标题文种错误，应为“请示”。

②数字使用错误，正文应用阿拉伯数字，成文时间用中文数字。

③内容残缺，应有现在物业管理服务、二次供水、二次供电等的收费标准说明，公司规模、公司办公条件等的介绍。

④多处语言欠精练、妥当，尤其是结尾部分。

1.6.4 请示的结构和写法

请示的写法及结构在行政公文中应该说是比较规范的。请示的结构包括标题、主送机关、正文和落款署名，结构完整规范。

(1)**标题**

物业管理行业的请示标题一般要写明“发文机关+事由+文种”,发文机关一般可以省略。写标题要注意,不能将“请示”写成“报告”或“请示报告”,原由中也不要重复出现“申请”“请求”之类的词语。

(2)**正文**

请示的正文包括缘由、事项和结语三部分。

1)缘由

请示的缘由是请示事项和要求的理由及依据。要先把缘由讲清楚,然后再写请示的事项和要求,这才能顺理成章。缘由很重要,关系到事项是否成立、是否可行,当然也关系到上级机关审批请示的态度。因此,缘由常常十分完备,依据、情况、意义、作用等都要写上。

2)事项

事项包括办法、措施、主张、看法等。请示的事项,要符合法规、符合实际,具有可行性。因此,事项要写得具体、明白。如果请示的事项内容比较复杂,要分清主次,一条一条地写出来,条理要清楚、重点要突出。如果请示的事项简单,则往往和结语合为一句话,如“特申请……,请审批。”

请示事项应该避免不明确、不具体的情况和把缘由、事项混在一起的情况。否则,不得要领,上级机关不知要求解决什么问题。

3)结语

请示的结语有“以上请示,请批复”“以上请示如无不妥,请批准”等。结语是请示必不可少的一项内容,不能遗漏,更不能含糊其辞。

1.6.5 请示的写作要求

①一文一事。一份请示只能写一件事。如果一文多事,可能导致受文机关无法批复。

②单头请示。请示只能主送一个上级领导机关或者主管部门。如果需要,可以抄送有关机关。这样可以避免出现推诿、扯皮的现象。

③不越级请示。这一点,请示与其他行政公文是一样的。如果因特殊情况或紧急事项必须越级请示时,要同时抄送越过的直接上级机关。除个别领导直接交办的

事项外，请示一般不直接送领导个人。

④不抄送下级。请示是上行公文，行文时不得同时抄送下级，以免造成工作混乱，更不能要求下级机关执行上级机关未批准和批复的事项。

1.6.6 情景写作训练

(1) 指出下列标题的错误之处

①请求增拨我校招生指标的请示报告

②关于上选物业管理处对保安实行生活补贴的报告

③×××总公司要组建××物业分公司的申请

④×××物业分公司请求买巡逻机动车的文件

⑤关于××××共建文明单位和开展爱国卫生运动情况的报告

⑥××××人民政府关于认真贯彻落实××××政发(××)××号文件精神，积极动员群众大力开展抗旱播种保苗，保证今年农业夺取丰收的情况的报告

(2) 情景模拟

2007年6月9日，清河物业管理公司办公室。赵林经理说："小区人口多，尤其是小孩和老人多，为了丰富广大业主的娱乐活动，提高公司的社会效益和经济效益，咱们准备新增游乐设施'太空飞行器'。"小刘说："钱呢？谁出钱？"赵经理说："咱公司出呗，已经计划好了，这个项目总投资55 000元，其中起重设备30 000元、基建25 000元，全部投资向工商银行贷款解决。"小刘说："那资金怎么回收、还贷呀？"赵经理说："这也计划好了，慢慢还贷吧，拟定乘坐太空飞行器收费标准为每人次10元。"秘书蔡阳说："这事得报批。"赵经理说："这正是我要说的，小蔡，你就'乘坐太空飞行器收费标准'问题给总公司写个公文吧。"蔡秘书说："我新来乍到，怕写不好，写完后，拿给您看，行不？"大伙说："我们都常写公文，一起听听经理的点评！"

模拟练习：①假设你是蔡秘书，请完成这份公文，须有眉首、主体、版记。

②以蔡秘书的身份向大家宣读这份公文，由大家评议。

1.7 函

××小区的铁栅栏因锈蚀日久,在一次暴雨中被雨水冲毁。物业管理处工程部勘察后,发现损毁严重且面积比较大,超出小修、中修的范围,需要动用大修基金。为此,经理要秘书小王拟写一个文件给小区业主委员会,希望业主委员会启动大修基金,修复铁栅栏。小王想,这个文件要求业委会答复,应该用请示,而不是用报告,于是写了个"关于启用大修基金修复小区铁栅栏的请示"。经理看到文稿后,说:"小王呀,你还要好好学习一下应用文写作哟!"

请问:小王错在哪里?为什么?

1.7.1 基础知识

(1)函的适用范围

函是不相隶属机关之间商洽工作、询问和答复问题、请求批准和答复审批事项时所使用的公文。函是为数不多的平行文种,其适用范围如下:

①不相隶属机关之间商洽工作、询问和答复问题。"不相隶属机关"(或无隶属关系)是指非同一组织系统内的任何机关之间,既不是领导与被领导的上下级关系,也不是业务上的指导与被指导关系。也就是说,函的发文与受文机关之间,无论机关大小、级别高低,都不存在职权上的指挥与服从关系,相互行文只能用函。

②向有关主管部门请求批准事项,以及有关主管部门答复审批事项。"有关主管部门"是指"某一职能部门",即某项工作的执法或专管部门,由于某方面工作由其专管,任何机关、单位、社会团体若要办理涉及其主管范围内的公务,均需征得该主管部门的同意或支持,就应向其发文请求批准。但由于不是上下级关系,所以只能用函。例如,某镇人民政府向银行申请贷款、向县城建局(部门)报建工程、向县教育局申请社会办学,某大学向所在地供电所要求增加用电量,等等,均应采用请批函行文。

(2)函的特点

①沟通性。函对不相隶属机关之间相互商洽工作、询问和答复问题,起着沟通作用,充分显示了平行文种的沟通功能。

②灵活性。表现在两个方面:一是行文关系灵活。函是平行公文,但是它除了平行行文外,还可以向上行文或向下行文,没有其他文种那样严格的特殊行文关系的限制。二是格式灵活,除了国家高级机关的主要函必须按照公文的格式、行文要求行文外,其他一般函比较灵活自便,既可以按照公文的格式及行文要求办理,也可以没有文头版记、不编发文字号,甚至可以不拟标题。

③单一性。函的主体内容具备单一性的特点,一份函只宜写一件事项。

(3)函的分类

函可以从不同角度进行分类。

①按性质可分为公函、便函。

公函:用于机关单位正式的公务活动往来。

便函:用于日常事务性工作的处理。便函不属于正式公文,没有公文格式要求,不用发文字号,甚至可以不要标题,只需要在尾部署上发文机关单位名称、成文时间并加盖公章即可。

②按发文目的可分为发函、复函。

发函:主动提出事项所发出的函。

复函:回复对方所发出的函。

③从内容和用途上可分为商洽函、问复函、请准函。此外还有通知事宜函(知照函)、催办事宜函(催办函)、邀请函、报送材料函等。

1.7.2 阅读与分析

【例文1】

关于商洽×××同志调动工作事宜的函

××物业公司成都分公司人力资源部:

我公司工程部×××同志,20××年从××学院物业管理专业专科毕业,应聘到我公司工作以来,工作认真负责,成绩显著,于20××年被提拔为工程部主管。

该同志一人单身在我公司工作，家庭的其他成员全部住在成都市，其妻×××同志在贵公司工作，他不但夫妻分居两地，且上有体弱多病的母亲，下有不满周岁的儿子需要照顾。根据该同志多次申请，经我公司领导研究，为解决×××同志夫妻两地分居并照顾家庭存在的特殊困难，我公司同意该同志调往贵公司工作的要求。现特致函与你们商洽，并请尽快函复。若贵公司同意考虑×××同志的这一要求，在接到你们复函后，我们立即将该同志的档案寄给你们审查。

××物业公司重庆分公司人力资源部（盖章）

二〇一一年三月五日

评析：

这是一个集团公司下两个分公司之间关于人事调动的商洽函。第一段介绍调动对象的基本情况，这在商调函中是必要的；第二段写调动的缘由，入情入理；最后写商洽事项，提出要求，并明确下一步的做法。

【例文2】

关于在××星城九、十街区增设椅子的函

××开发客户服务中心：

感谢贵司长期以来对我司工作的支持。随着九、十街区业主入住率的上升，广大客户反映九、十街区现场配置的椅子数量无法满足现场需求。经我公司工作人员核实后，发现确实资源较为紧张。为更好地服务客户、提高小区物业品质，我公司建议为九、十街区增设木质扶手椅子12把。椅子设计图样详见附件。

妥否，请复！

附件：木质扶手椅子设计图样

××物业管理服务中心（盖章）

二〇一一年三月二十五日

评析：

这是一篇请求批准的函。因去函单位与收函单位二者是平级单位，故应用函这一文种。

这篇请求函的最大优点在于理由充分、请求事项具体明白、用语简洁。

【例文3】

询价函

××先生：

我公司对贵公司生产的涂料感兴趣，需订购一批外墙涂料，望贵公司能就下列条件报价：

1. 单价；
2. 交货时间；
3. 结算方式；

如果贵公司报价合理，且能给予优惠折扣，我公司将考虑大批量订货。

望速回复。

××物业管理公司(盖章)

二〇一一年三月二十五日

评析：

这是一篇询问商品价格的函。这篇函的最大优点在于简洁明快，直奔主题，分条款开列询问事项，具体明白。

【例文4】

邀请函

尊敬的________先生/女士：

××物业杂志社和台湾××物业管理学会共同举办的“2011年海峡两岸物业管理交流研讨会”将于2011年8月8日在台北召开，特此邀请，诚盼您及您的同事拨冗参加。

一、会议宗旨

本会旨在了解大楼管理顾问公司、建筑物管理维护、清洁公司、机电工程公司、保全公司及社区业主自营式物业管理方法,访问台湾职业教育,特别注重与企业配合典型的"教育立交桥"结构。

二、本次论坛适合以下人士参加(略)

三、会议内容(略)

四、参会费用

会务费:人民币 ××××元(含会议三天期间的注册费、食宿费、案场考察费、签证费)。

往返交通和其余时间中的食宿费自理,会务组可代为联系酒店住宿。

五、报名方式

1. 电　　话:××××××××

2. 传　　真:××××××××

3. 电子邮件:××××××××

请在邮件标题处注明"××物业发展论坛"

4. 联系人:××××

会务组统一安排申请并指导办理手续,欢迎来电咨询。

请将本页传真反馈……………………………………………………

报名回执(复印有效)

<table>
<tr><td colspan="2">单位名称</td><td colspan="4"></td></tr>
<tr><td colspan="2">通讯地址</td><td colspan="3"></td><td>邮　编</td></tr>
<tr><td rowspan="4">参会代表信息</td><td>姓　名</td><td>性　别</td><td>职　称</td><td>职　务</td><td>电　话</td></tr>
<tr><td></td><td></td><td></td><td></td><td></td></tr>
<tr><td></td><td></td><td></td><td></td><td></td></tr>
<tr><td></td><td></td><td></td><td></td><td></td></tr>
</table>

……………………………………………………………………

××物业发展论坛会务组

2011年2月20日

评析：

这是一份邀请出席“××物业发展论坛”的函。

标题直接用“邀请函”。正文一开始便直截了当地说明某单位于何时何地将举办什么论坛，邀请对方参加。接下来介绍论坛的基本内容，并将对方出席本次论坛最为需要知晓的信息一一告知。最后附列报名回执单，便于参会人员的信息统计和会务安排。

1.7.3 病文修改

联系函

重庆××开发客户服务中心：

关于十一街区1#车库外围商铺前地下主排污管道堵塞事宜，我公司在接到商户报事后，及时安排工程人员到现场进行了处理。在疏通时，发现因地下泥土沉降导致管道错位，管道中有大量的沙土、水泥、石头等杂物。

若此事近期再不及时、妥善处理，将会引起商户的群诉及给商户带来经济损失。为规避上述问题，我物业服务中心恳请贵公司出面协调相关单位，并落实具体整改措施及整改时间。

由于堵塞严重，我公司工程人员多次对该管道进行疏通，但均无效果。该情况现已严重影响到商户的正常运营。根据责任划分，这项工作的责任本来不应由贵公司承担，但是我们确实无能为力，因此恳请贵公司在收函后三日内回复为盼，感谢贵公司对我们物业管理工作的理解与支持！拜托了！

此致

敬礼

××物业管理服务中心（盖章）

二〇一一年二月二十一日

评析：

①标题不当，可改为“关于处理……的函”。

②受文单位、发文单位名称前后不一致。

③逻辑思路混乱，缘由、事项表述不清。

④有些地方措辞不当，有生造词语、不规范缩略等现象。

⑤结尾用语不当。

1.7.4 函的结构和写法

由于函的类别较多，从制作格式到内容表述均有一定的灵活机动性，故而在此主要介绍规范性公函的结构、内容和写法。

公函的基本结构为“标题＋主送机关＋正文＋落款＋成文日期”。

(1)标题

公函的标题一般有以下四种形式。

①“发文机关名称＋事由＋文种”，如《国务院办公厅关于羊毛产销和质量等问题的函》。

②“事由＋文种”，如“关于上报《××公司二期改造项目评估报告》的函”。

③“主送机关＋文种”，如《给×××(机关)的函》。

④“发文机关＋事由＋去(复)函机关＋文种”，如《轻工业部、商业部关于报批修改和补充〈洗衣粉包装箱〉国家标准给国家标准局的函》《国家标准局对修改和补充〈洗衣粉包装箱〉国家标准给轻工业部、商业部的复函》。

(2)发文字号

公函要有正规的发文字号，写法与一般公文相同，由机关代字、年号、顺序号组成。大机关的函，可以在发文字号中显示“函”字。如《国务院公报》2000年第10号同时发表了国务院办公厅以“国办函〔2000〕××号”为发文字号的七篇复函。

(3)主送机关

主送机关即受文并办理来函事项的机关单位，于文首顶格写明全称或者规范化简称，其后用冒号。

(4)正文

函的正文一般由开头、主体、结尾(结语)组成。

1)开头

开头主要说明发函的缘由。如果是去函，先概括交代发函的目的、根据、原因或背景等内容，然后用“现将有关问题说明如下”或“现将有关事项函复如下”等过渡语转入下文。

复函的缘由部分，一般首先引叙来文的标题、发文字号，然后再交代根据，以说明发文的缘由。

2）主体

这是函的核心内容部分，主要说明致函事项。发函要写清商洽、询问、告知、请准的主要事项；复函则要针对来函内容，作出具体、明确的答复。要注意答复事项的针对性和明确性。不论去函还是复函，主体内容都要求明确、集中、单一，做到一函一事，行文要直陈其事。

3）结尾

函的结尾部分，是向对方提出希望或请求。结尾或希望对方给予支持和帮助，或希望对方给予合作，或请求对方提供情况，或请求对方给予批准等。

最后，应根据函询、函告、函请或函复的事项，选择运用不同的结束语收束全文，如“特此函商”“特此函询”“请即复函”“特此函告”“特此函复”“以上如无不妥，请批准”等。

有的函也可以不用结束语，如属便函，可以像普通信件一样，使用“此致”“敬礼”。

（5）落款

落款一般包括署名和成文时间两项内容。署明机关单位名称，写明成文时间年、月、日，并加盖公章。

1.7.5 撰写函件应注意的问题

首先，要注意行文简洁明确，用语把握分寸。无论是平行机关或者是不相隶属机关的行文，都要注意语气平和有礼，不要倚势压人或强人所难，也不必逢迎恭维、曲意客套。一般来说，请批函要谦恭，批准函要庄重，商洽函要亲切。至于复函，则要注意行文的针对性和答复的明确性。

其次，函也有时效性的问题，特别是复函更应该迅速、及时，以保证活动的正常进行。

1.7.6 情景写作训练

(1)请指出下列标题的错误之处并修改

①××关于申请解决更换一台锅炉并大修一台锅炉的报告。

②××大学关于申请2010年公费医疗补助费的报告。

③××物业管理公司关于元旦文艺联欢会所需经费的报告。

(2)情景写作

××物业管理公司曾于××××年1月与××装饰设计工程有限公司签订了一份购买钢花铁栅栏的合同。后来因对方发来的钢材不符合质量要求,而在此之前,××物业管理公司已经给付了20%的货款,计8万元。经过多次的交涉,最后双方在××××年5月10日经过协商,达成协议,由××装饰设计工程有限公司在一个月内退回货款,并将钢花铁栅栏材料自行运走,就此终结合同。但事后××装饰设计工程有限公司仍未将货款退还。××物业管理公司曾于××××年6月16日以××〔××××〕15号函催讨,未得回音。7月16日该公司再次发函催讨。

要求:请根据以上材料拟写一份函。

1.8 纪 要

问题思考:

××物业管理公司召开年终董事会议,办公室主任对新进的秘书小蔡说:"你要做好会议记录,会后写个会议纪要。"小蔡不敢怠慢,会议记得非常详细。会后,他马上整理会议记录。他按照会议议程,将会议记录"瘦身",形成了"会议纪要"。小蔡整理好后,反复检查了几遍,自认为文从字顺,主任一定会表扬他。没想到主任看了却很不满意,要他好好学习一下会议记录和会议纪要的写法。

请问:会议记录和会议纪要有哪些不同?怎样写纪要才符合规范?

1.8.1 基础知识

(1)**纪要的适用范围**

纪要是用于传达会议议定事项和重要精神,并要求有关单位共同遵守、执行的一种纪实性公文。《党政机关公文处理工作条例》规定,“纪要适用于记载会议主要情况和议定事项。”纪要根据会议记录和会议文件以及其有关材料加工整理而成,反映会议基本情况和精神,其主要作用是通报会议精神,统一认识、指导工作。

(2)**纪要的特点**

①内容的纪实性。纪要如实地反映会议内容,它不能离开会议实际搞再创作,不能搞人为的拔高、深化和填平补齐。否则,就会失去其内容的客观真实性,违反纪实性的要求。

②表达的要点性。会议纪要是依据会议情况综合而成的。撰写纪要应围绕会议主旨及主要成果来整理、提炼和概括。重点应放在介绍会议成果,而不是叙述会议的过程,切忌记流水账。

③称谓的特殊性。纪要一般采用第三人称写法。由于纪要反映的是与会人员的集体意志和意向,常以“会议”作为表述主体,“会议认为”“会议指出”“会议决定”“会议要求”“会议号召”等就是称谓特殊性的表现。

1.8.2 阅读与分析

【例文1】

中国物业管理协会工作会议纪要

2001年2月9日到10日,中国物业管理协会在哈尔滨召开会长和部分常务理事工作会议。会议由协会常务副会长兼秘书长×××主持,协会会长、建设部住宅与房地产业司司长×××在会上传达了刚刚结束的全国房改及房地产工作座谈会的有关精神,简要总结了协会成立三个月所做的主要工作,就2001年度中国物业管理协会的主要工作提出了安排意见。纪要如下。

一、会议认为,协会自去年10月15日成立以来,短短三个月的工作是卓有成效的。

（一）积极配合政府参与《物业管理条例》的起草、论证活动。组织北京、深圳等地的物业管理企业代表参加《条例》起草的专题研讨会和专家论证会，充分反映物业管理行业的实际情况，代表广大企业提出修改意见，协助完成了《条例》送审稿。

……

二、会议认为，近阶段我国物业管理工作的主要任务就是要深入贯彻党的十五届五中全会精神，紧密围绕“推广和规范物业管理”，按照全国房改及房地产工作会议精神，着重做好五个方面工作：

（一）各地要制定物业管理发展规划，完善政策措施，扩大物业管理覆盖面。在巩固新建住宅小区物业管理成效的同时，有计划地对旧住宅小区进行整治、改造、出新。在此基础上，结合房管所转制工作，推行社会化、专业化、市场化的物业管理体制。

……

三、会议决定，2001 年中国物业管理协会工作安排如下：

（一）《物业管理条例》一经颁布，中国物业管理协会将立即召开常务理事会议，部署全行业学习、宣传、贯彻《条例》。按东北、华北、西北、华东、中南、西南六大片区分片召开会员大会，广泛学习贯彻《条例》，并研讨物业管理行业的热点问题。

……

四、协会副会长、与会常务理事在会议上各抒己见，肯定了协会成立三个月来所做的工作，就如何推进物业管理行业的健康发展、进一步发挥行业协会的作用及扩大协会影响等内容提出了很好的建议。协会顾问×××、×××、×××、×××到会指导，并作了重要讲话。

评析：

这是一篇工作会议纪要。首先介绍会议的时间、地点、名称、主持人、与会人等基本概况。之后用“会议认为”“会议决定”的方式承启内容，介绍会议的精神和议定事项、下一年度工作的安排和要求等。最后介绍与会其他人员的态度和观点，使会议内容反映更加完整。

1.8.3 病文修改

业主委员会会议纪要

时　　间:2007年4月15日下午4:00

地　　点:×××公寓A座工程指挥部

到会人员:王××、张××、谢××

主 持 人:李××

记 录 人:林××

会议主要内容:

本次业主委员会会议召开的目的是因为近期由王××代表跟开发商就小区的很多问题已经谈完,我们就目前最重要的事情,即是否要与大厦合在一起成立各占50%票权的业主委员会的问题进行讨论。

合并成立的理由为:

A.我们小区的能源设备及公共部位难以分开。

B.无门西玛特小区与大厦内的任何产权划分问题,只有依靠法律途径才能解决。

C.成立了业主委员会并不意味着今后就要任由他们来摆布,我们可以从措施和制度上对其进行约束。

不合并成立的理由为:

A.小区成立业主委员会的目的就是为了有平台去与开发商谈有关小区的问题,维护业主的权利。但是现在开发商本身就已经侵占了公寓业主的很多权益。在这样的情况下如果成立了这样的委员会,非但要担心在法律程序上是否能站得住脚,且开发商还要占绝大部分投票权,更使得业主的这些权益永远也无法取回。

B.小区目前面临的主要问题为:社区医院、电梯老化,21层及地下一层的权益归属等。如果成立了业委会,在开发商占大部分投票权的结构上,对于上述问题的解决不起任何作用,反而使我们为业主维权的工作有所束缚。既然不能解决小区现存的问题,成立这样的业主委员会那又有何意义呢?

C.目前小区电梯已严重老化,现在政府部门的答复是,使用维修基金对电梯进行大修及更换不需要业主委员会的盖章,只要有全体业主提出申请就可以。所以成立大厦与小区合一起的业主委员会，我们认为没有这个需要。

关于是否要成立这样的业主委员会的利弊已进行了分析，有关的小区其他问题和近期的工作焦点都已在网站上公布。

业主委员会

二〇〇七年四月十八日

评析：

①结构不当，与会议记录混淆。

②讨论的是合并成立业主委员会的事情，但内容陈述冗长、缺乏概括。

③发文的意图不明确，缺乏目的性。

④发文单位交代不清，应写明是哪个业主委员会。

⑤语言不够简练，多处显得冗杂、啰唆。

1.8.4 纪要的结构和写法

纪要通常由标题、正文、主送、抄送单位构成。

(1)标题

纪要的标题有三种情况，一是"会议名称＋纪要"，如《业主委员会会议纪要》；二是"召开会议的机关＋内容＋纪要"，如《××物业管理公司关于多种经营工作会议纪要》，三是复式标题，如《一切围绕经济转，一切围绕效益干——安徽沿江四市负责同志座谈会纪要》。

(2)正文

纪要正文一般由两部分组成。

1)会议概况

会议概况主要包括开会的根据(背景)、目的、时间、地点、名称、与会人员(包括主持人、出席人、列席人)、主要议题、基本议程、对会议总的评价等。具体内容可以根据情况灵活把握。

2)会议的精神和议定事项

常务会、办公会、日常工作例会的纪要，一般包括会议内容、议定事项，有的还可概述议定事项的意义。工作会议、专业会议和座谈会的纪要，往往还要写出经验、做法,对今后工作的意见、措施和要求。

根据会议性质、规模、议题等的不同,这一部分大致可以有以下几种写法。

①集中概述式。这种写法是把会议的基本情况、讨论研究的主要问题、与会人员的认识、议定的有关事项(包括解决问题的措施、办法和要求等),用概括叙述的方法,进行整体的阐述和说明。这种写法多用于召开小型会议,而且讨论的问题比较集中、单一,意见比较统一,容易贯彻操作,篇幅相对短小。如果会议的议题较多,可分条列述。

②分类标项式。召开大中型会议或议题较多的会议,一般要采取分项叙述的办法,即把会议的主要内容分成几个大的问题,然后另上标号或小标题,分项来写。这种写法侧重于横向分析阐述,内容相对全面,问题也说得比较细,常常包括对目的、意义、现状的分析,对目标、任务、政策措施等的阐述。这种纪要一般用于需要基层全面领会、深入贯彻的会议。

③发言提要式。这种写法是把会上具有典型性、代表性的发言加以整理,提炼出内容要点和精神实质,然后按照发言顺序或不同内容,分别加以阐述说明。这种写法能比较如实地反映与会人员的意见。某些根据上级机关布置,需要了解与会人员不同意见的会议纪要,可采用这种写法。

④指挥命令式。这种写法主要用于写会议决定事项,会议情况则一笔带过、简练明快,多用于安排、部署重要工作的会议。一般都这样写:“会议决定……”“会议同意……”“会议通过了……”,等等。

3)结尾

有些重要的纪要有结尾部分。这部分主要写对有关单位会后贯彻、执行会议精神的希望和号召,讨论性纪要的结尾常常写希望和建议。一般的纪要可以不写这一部分。

1.8.5 情景写作训练

××班近日召开班会,讨论组织全班同学秋游南山植物园。试根据此班会内容,写一份纪要。要求:通过会议情景模拟,体验、学习如何概括、确立纪要的写作内容,并根据纪要的格式要求写作。

模块2　事务文书

学习目标

知识目标：

- 了解事务文书相关的基本知识。
- 掌握常用事务文书写作的基本格式和写作方法。
- 具备撰写计划、总结、简报、述职报告等事务文书的基本能力，并能根据物业管理工作的需要规范地撰写上述文书。

能力目标：

- 能说明计划、总结、简报、述职报告等事务文书的结构。
- 能在具体工作中正确选用计划、总结、简报、述职报告。
- 能撰写规范的计划、总结、简报、述职报告。

重点与难点

- 事务文书的种类及行文规范。
- 常用事务文书写作的基本格式。
- 计划、总结、简报、述职报告的写作方法。

知识框架

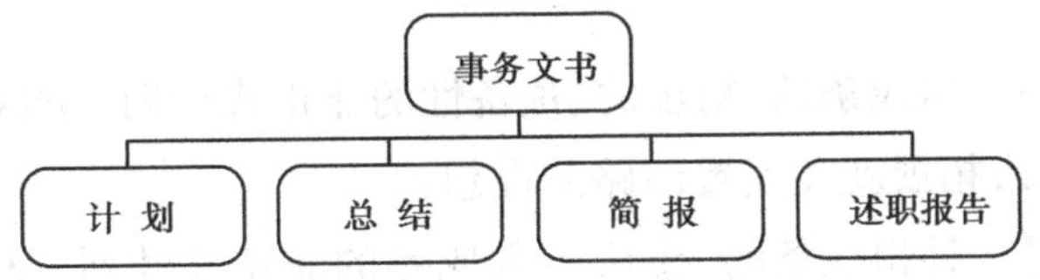

2.1 计　划

假如你是物业公司某个部门经理的助理，年终时要制订一个第二年的部门工作计划，请问：从文种的角度来看，应该选用什么文种？应该怎么写？

2.1.1　基础知识

(1)计划的含义和特点

1)计划的含义

计划是单位或个人对未来一定时间内要做的工作，从目标、任务、要求到措施，预先作出设计安排的事务性文书。

计划是计划类文书的统称。由于目标远近、时间长短、内容详略等的差异，计划类文书还有不同的名称，现简述如下。

规划——是一种时间跨度长(三年以上)、范围广、内容较为概括的计划。如《××市城市建设总体规划》。

纲要——和规划相同，它们都是各级领导机关根据战略方针，为实现总体目标对某个地区或某一事项作出的长远部署。不同的是，纲要比规划更为原则和概括，一般只对工作方向、目标提出纲领式要求和指导性措施。如《××市2010年经济发展纲要》。

设想——是一种粗线条的、初步的、预备性的非正式计划。相对来讲，其适用时限较长。如《××市拓展就业安置门路的设想》。

打算——也是一种粗线条的、想法不太成熟的非正式计划。相对于设想，它的内容范围不大且多为考虑近期要做的事情。如《××学校争创文明校园的打算》。

要点——是将计划的主要内容择要摘编，使之简明突出，适用于时间相对较短的计划。如《××局2012年工作要点》。

方案——从目的、要求、方式、方法、进度等方面作出全面周密部署，是有着很强的可操作性的计划。方案一般适合专项工作，其实施往往须经上级批准。如《××

市住房分配制度改革实施方案》。

意见——属粗线条计划,它适用于上级向下级布置工作任务并提供基本的思路和方法,交代政策、提出要求等。如《××公司关于下属企业2010年扭亏增盈 全面提高经济效益的意见》。

安排——是短期内要做的,且范围不大、内容单一、布置具体的一类计划。如《××管理处第×周工作安排》。

大体说来,其差别如表2.1所示。

表2.1 计划与其他文书的区别

名称	时 间	内 容	范 围
设想	长远或近期	对工作任务作粗线条的、非正式的安排	本单位、本部门
规划	比较长期	涉及面广,内容较概括,只是个大轮廓	本单位
纲要	长远	只对工作方向、目标提出纲领式要求和指导性措施	上级对下级、本单位
打算	近期内	提出任务,但其中的指标、措施较粗略	本单位、本部门
安排	短期内	任务明确,内容较单一,事情较具体	本单位、本部门
意见①	一个阶段内	布置任务,交代政策,提出要求,制订措施	上级对下级
要点	一定时期内	布置主要任务,交代政策,提出原则性要求	上级对下级 本单位、本部门
方案	近期、短期	就某项任务、课题的具体实施,从目的、要求、方式、方法都作出全面安排	本单位、本部门

注:①这里的"意见"是计划文种之一,至于对下级有所指示的意见,则不在上述范围内。

2)计划的特点

①目的性。制订计划就是为了在一定时间和范围内完成某项任务,因而目的性在计划中十分明显。它是每一份计划的灵魂,制约着一切、决定着一切。如果没有明确的目的,计划就失去了意义。

②预见性。计划必须对未来工作中可能发生的问题有着充分的考虑和估计,再据此提出必要的、科学的、可行的措施和方法。

③可行性。计划应该是先进性和可行性的高度统一。计划中提出的目标是先进的,但是这个目标又必须是经过努力才可以实现的。

④指导性。计划一经制订,就要对完成任务的事件、活动起到控制和约束作用,工作的开展、时间的安排等都必须按照计划严格执行。

(2)**计划的主要类型**

物业管理计划的种类较多，按不同的划分标准有不同的种类。

①按时期划分，主要分为十年规划、年度计划、季度计划、月份计划等。

②按形式划分,主要分为表格式计划、条文式计划、表格条文式计划等。

③按性质划分，主要分为综合性计划、专题性计划等。

近些年，物业管理计划以表格形式出现的居多,它既方便填写，又一目了然。有的计划不便用表格形式，则采用条文式，采用分条列项的方法加以说明。

2.1.2 阅读与分析

【例文1】

××市物业管理公司2004年工作要点

一、面临的形势

2004年是继续全面贯彻落实党的“十六大”精神的一年,也是市物业管理公司励精图治、务求发展的关键一年。党的“十六届三中全会”为国企改革，建立现代企业管理制度指明了方向。我们通过认真分析,认为做好2004年的工作存在许多有利条件。

一是市场机遇尚存,形势看好。2004年,房地产业进入快速的发展时期,将为市物业管理公司市场开拓及业务发展提供良好机遇。

二是2003年通过公司内部机构重组及工资分配制度改革,责、权、利进一步清晰,使全体员工的工作热情高涨,为完成各项经营生产任务奠定了坚实的基础。

三是公司取得了国家物业管理企业二级资质,为进一步拓展和占领物业管理市场创造了有利条件。

四是有一支经过锻炼,能吃苦、敢拼搏、善打硬仗的员工队伍,为完成各项任务提供了保障。

二、工作指导思想

2004年,公司将以党的“十六届三中全会”精神为指导,认真贯彻落实集团公司年会精神,抓住机遇,把握形势,以创新的精神、务实的作风,认真分析制约公司发展的不利因素,利用一切积极因素,不断完善管理体制和运行机制。进一步加大物业管理市场的开发力度,进一步提高经营生产能力和服务水平,积极探索“有所为和有所不为”，实现公司“突出主业、效益明显、自我调适、顺应市场”的经营发展目标。

三、工作重点及措施

发扬顾全大局、维护大局、求真务实、努力拼搏的精神，围绕全年的工作重点，牢固树立创新意识、发展意识、整体意识、责任意识，完成好各项经济指标。全年主要抓好以下四个方面的工作。

（一）以创新的观念和思路，加大市场开发力度，积极占领市场份额（略）。

1. 巩固现有的物业管理市场。

2. 狠抓工程项目和维修市场的开发。

3. 搞好各项综合服务。

（二）以拼搏的精神、务实的作风，进一步寻求新的效益增长点，确保全年1 500万元销售收入的完成。

（三）以强化经济责任管理为中心，突出从严管理，不断推进管理创新。

1. 切实搞好成本核算，向成本管理要效益。

2. 全面推行预算管理制度。

3. 加大考核力度，从严管理。

（四）认真学习、深刻领会党的“十六届三中全会”精神，促进企业深化改革。

全体干部要认真贯彻落实“三个代表”重要思想，成为“三个代表”的倡导者、组织者、实践者。解放思想，实事求是，与时俱进，不断创新，振奋精神，迎接挑战。

总之，2004年任务十分艰巨。但只要全体干部和员工在实际工作中树立牢固的团队精神，正视挑战、抓住机遇、把握形势、同心协力、迎难而上、艰苦奋斗、勇于创新，就能突破重围、实现既定目标，不断开创工作新局面。

二〇〇三年十二月七日

评析：

这是一篇物业管理企业的年度工作计划。该范例围绕计划的年度重点工作，从指导思想、现实情况及年度工作目标着手，提出了完成年度工作的措施。最后提出希望，鼓舞员工士气。目标具体而适度，措施切实可行，具有较强的操作性和指导性。

【例文2】

天地集团公司新进员工培训方案

一、培训目的

1. 让新员工了解集团和公司的概况、规章制度、组织结构，使其更快地适应工作环境。

2. 让新员工熟悉岗位职责和工作流程，具备与工作相关的安全、卫生知识以及服务行业应具备的基本素质。

二、培训程序

1. 大学生或合同工人数多，文化层次、年龄结构相对集中时，由集团培训学校与用人单位共同培训、共同考核。（不定期）

2. 人数较少且分散时，由具体用人单位从中心→具体班组负责培训，培训结果以单位和员工书面表格确认为证据，培训学校负责抽查。

三、培训内容

（一）中心（公司）岗前培训——中心准备培训材料（略）。

（二）部门岗位培训——新员工实际工作部门负责（略）。

（三）集团整体培训（不定期）——集团职校负责（略）。

四、培训反馈与考核

（一）各中心（公司）制作的培训教材须经过集团职工培训学校的审核，并交集团培训学校存档，所进行的中心（公司）→部门培训应在集团职工培训学校的指导下进行。各中心（公司）每培训一批新员工都必须完成一套“新员工培训”表格，部门→中心（公司）→集团培训学校的培训链应环环相扣、层层确认。

（二）培训实施过程应认真严格、保证质量，所有培训资料要注意保存，并注意在实施过程中不断地修改、完善。

（三）培训结果经培训学校抽查后，统一发放培训结业证书；培训学校对各中心新员工的培训情况应在每学期向各中心总结、反馈一次。

五、培训实施

（一）召集各中心（公司）负责培训人员，就集团新职工培训实施方案，征求与会者的意见，完善培训方案。

（二）各中心（公司）尽快拿出具有针对性的培训教材、落实培训人选，配合集团培训学校组建从上至下的培训管理网络。

（三）集团应在内部宣传“新员工培训方案”，通过多种形式让全体职工了解这套新员工培训系统，宣传开展新员工培训工作的重要意义。

（四）所有新员工在正式上岗前，都必须在中心（公司）集中培训一次（培训内容见中心岗前培训），然后再到具体工作部门进行培训（培训内容见部门岗位培训）。各中心（公司）可根据新员工的基本情况实施相应的培训教材和时间，一般情况下，培训时间为1～3天。根据新员工人数，集团培训学校将不定期地实施整体的新员工培训，总体培训时间以一周为宜。培训合格者发放结业证书，培训合格名单报集团人力资源部备案。

天地集团公司

二〇一〇年八月二十八日

评析：

①这是一份关于员工培训的专题方案。方案标题简洁明了，主题突出。

②第一部分主要交代了培训的目的和意义，是全文的基础，解决了“为什么做”的问题。

③主体部分分为四个方面，从培训程序、内容、考核和组织实施都作出全面的周密部署，可操作性强。

【例文3】

一区物业管理处工作打算

一、指导思想：按照公司的总体部署，认真贯彻落实“三会”精神，以“绿化、美化、亮化、净化、文化”为指导，加强精细管理，实施星级服务，打造和谐社区。引入创标管理，树立样板岗位，狠抓沟通解释，达到居民满意，实施居民满意工程，全面提高服务质量满意率。

二、总体思路：一个中心、两条主线，三项目标、五项工作，内提素质，外树形象。

（一）一个中心：以综合物业服务管理为中心。

（二）两条主线：保安、保洁服务作为两条主线，贯彻全年工作始终，当作重点工作来抓。

(三)三项目标:

1. 业绩指标达标(收入指标、基础指标、党群指标);

2. 质量目标达标(服务质量满意率98%,公共设施完好率98%,服务承诺履行率100%,不发生重大安全、质量责任事故)。

3. 居民有效投诉为零,资料差错率小于0.2%,社区活动12次。

(四)五项主要工作:

1. 对内三项工作,主要是内提素质,提高自己的服务水平,为以后新项目的接管奠定基础。(略)

2. 对外主要是两项工作,外树形象,提供服务。(略)

……

一区物业管理处

二〇〇五年十二月二十五日

评析:

这是一份某物业管理处的工作打算。标题简洁明了,正文主体部分思路清晰,围绕着一个中心、两条主线,三项目标、五项工作展开。同时,正文部分强调了重点开展的工作,层次清晰、详略得当。

2.1.3 病文修改

计 划

一、前言

物业管理行业发展至今天的状况,社会化、企业化、专业化的特征已不仅仅表现在规范化和精细化的管理上,各大物业公司经过多年的精心运作,在规范化和精细化服务上已形成了一套很完善的制度。如果想在物业行业异军突起,那么除了做好规范化和精细化服务外,通过举办多种活动(特约服务和社会文化)突出表现出人性化的贴心服务,将如晴天霹雳,一鸣惊人。本文将从传统的规范化和精细化服务着手阐述物业管理的过程,并介绍几种人性化的新颖服务内容。

二、管理目标

(一)管理目标

1. 业主委员会成立后12个月至18个月,达到××市安全文明(优秀住宅)小区标准;

……

(二)分项指标

1. 房屋完好率:100%。

……

三、服务特色——"菜单式"服务模式

(一)实行"菜单式"服务模式

即物业公司除了提供常规性的公共服务外,还提供多种多样的特约服务,将服务深度渗入客户的衣、食、住、行中,并明码标价。除公共服务是必选的项目外,客户可根据自己的需要选择不同的特约服务,并支付相应的费用。

(二)快速、完善的服务形式:首接责任制+三分钟服务承诺

1. 首接责任制。

每一位员工都有责任和义务接待客户的建议,任何一位员工在接到建议后,应统一传递到办公室,并告诉建议人我处在两日内反馈处理结果。第一接待人负责跟踪这项服务建议处理的情况,直至客户满意为止。

接待服务建议时应对处理时间作出适当的承诺,尽量在最短的承诺时间内处理完毕。因故未能在承诺时间内处理完成的,应及时通知对方,争取取得理解。但不得出现同一件事情有两次推迟处理的情况。承诺时间最好控制在1~2天,一般不超过一周,特殊情况除外。处理完毕后,由处理人与对方交代清楚,需要让对方签字确认的应该留签字记录,并告知第一接待人。

2. 三分钟服务承诺。

第一接待人在接到客户的建议时,应及时将客户的建议反馈到办公室,由办公室安排相关人员到客户指定的地方,为客户提供相应的服务。这一过程不能超过三分钟。若有特殊情况,无法在三分钟内赶到客户指定地方的,应在事先跟客户解释,取得客户的谅解,在客户同意的前提下,在最短的时间内,赶到现场为客户服务。

(三)突出、贴心的文明礼貌:三米微笑服务+站立式服务

1. 三米微笑服务(略)。

2. 站立式服务(略)。

(四)全天候的服务时间(略)

(五)丰富的社区文化活动(略)

(六)多种多样的特约经营服务(略)

(七)实行完全的封闭式管理(略)

××物业公司

2010 年 7 月 20 日

评析:

①这是一篇物业管理服务计划,但标题仅用“计划”二字,过于简单。

②前言用了大量的模糊性语言介绍背景情况,但是没有达到解决“为什么做”这一问题的目的。

③主体部分的第三大项应该改为“特色服务”,下面的各个小项分类混乱,如“丰富的社区文化娱乐”不应该列入其中。

④若标题中已经出现单位名称,则落款处可省略。

⑤成文时间应用中文标注。

2.1.4 计划的结构和写法

(1)标题

计划的标题一般有公文式标题和正副式标题两种类型。

①公文式标题。一般包括物业管理单位名称、适用期限、计划内容等,常见的写法有以下四种。

A.“单位名称+计划适用时限+计划内容+文种名称”,如“××物业管理公司2004 年工作计划”。

B.“单位名称+计划内容+文种名称”,如“××物业管理公司财务收支计划”。

C.“计划适用时限+计划内容+文种名称”,如“2011 年工作计划”。

D.“计划内容+文种名称”,如“第三届诗歌朗诵比赛方案”。

②正副式标题。正标题以生动形象的语言概括主题,副标题则为公文式标题,如“开拓创新　再写辉煌——××物业公司 2011 年工作计划”。

(2)正文

正文是物业管理计划的主体部分。

文字式计划一般先写前言，后写计划的主要内容。前言一般包括概述形势、制订计划的目的、重要依据和指导思想、单位的基本情况、要达到的总目标等，但须写得言简意赅。

表格式计划则不必写前言，计划的主要内容一般包括要达到的各项具体目标、指标、要求、措施、步骤、方法、完成时间等。有的还有附表、附图、解释说明等。

(3)落款

①署名。若标题上已冠有制订计划的单位名称，则只需在正文右下方加盖单位公章即可。若标题未冠单位名称，那么正文右下方就要署上单位全称，并加盖公章。

②日期。在署名的下方写明制订计划的详细日期。

2.1.5 情景写作训练

如果你是一名某小区的物业管理员，已在该小区工作了三年，年终时需要写一个下一年的管理处工作计划，请你按照要求写出该计划。

2.2 总 结

问题思考：

假如你是一名物业管理员，年终考核时要将一年的工作作一个回顾。思考一下，该使用什么文种去写？

2.2.1 基础知识

(1)总结的含义和特点

总结是单位、部门或个人对过去一段时间内，所做过的或者完成的某项任务进行总体检查、总体分析、总体研究、总体评价后写成的一种事务性文书。总结是一种回顾反思性文书，它本身并不具有行政约束力，但具有指导工作的作用。总结具有以下特点。

①回顾性。总结是对过去实践的回顾与概括，尊重客观是它的出发点。

②客观性。总结要运用唯物辩证法的观点，一分为二地看待已经做过的事情，既要肯定成绩和优点，也要正视缺点和问题。同时对成绩的评价要实事求是，不言过其实，不弄虚作假；对问题的反映也要客观、实在。总结的事实性包含两层含义：一方面，撰写总结时所引述的事例、数据、单位和部门、时间、人物等是现实生活中确有的；另一方面，写总结时从事实中反映的认识是真话、实话。

③概括性。写总结不能纯粹表述事实、罗列现象、就事论事，而是要对材料作必要的分析和研究，从中得出规律性的认识。

④指导性。总结的最终目的还是为了提高认识、把握规律，在今后的工作中扬长避短，做得更好。

(2)**总结的主要类型**

物业管理行业的总结是对已经完成的物业管理方面的某项任务、工作进行检查、分析、评判，用书面文字从理论认识的高度来概括经验和教训，用以指导今后工作的一种文书。物业管理行业的总结种类很多，按照不同的标准可以分为许多类型。

①按时期划分，主要可分为年度总结、季度总结、月份总结等。

②按性质划分，主要可分为综合性总结、专题性总结等。

③按内容划分，主要可分为学习总结、思想总结、工作总结、财务总结、培训总结等。

2.2.2 阅读与分析

【例文1】

改制转业、探索创新，不断开拓物业管理市场
——物业管理公司改制工作总结

一、基本情况

物业发展有限公司是在集团公司深化企业改革、建立现代企业制度，分离企业非经营生产性资产、构建母子公司体制的背景下，于1988年在原后勤服务部门（生

活服务公司)、生产辅助部门(建筑工程公司)以及安居工程办公室的基础上,由××集团公司和公司职工持股共同出资设立的有限责任公司。其经营范围包括房地产开发、物业管理、工程设计、工程监理、商业贸易、餐饮服务等。公司现有员工1 000余人,资产规模3 600万元。

物业发展有限公司的物业管理业务由物业管理公司承担。物业管理公司是物业发展有限公司改制时在原生活服务公司工程维修队和房产管理科(含所有房管所)的基础上成立的,现有员工417名,其中从事管理工作的123名,服务人员348名。物业管理公司的主要服务对象是集团公司生活区的住户,共有住宅293栋,总建筑面积80余万平方米,总建筑单元11 868户,独立为13个住宅组团。生活区常住人口5万余人,基本是集团的员工和家属。目前已签订物业管理委托合同的有一个新生活区(×××小区)、一个旧生活区(102区),管理面积23.4万平方米,物业费收缴率100%;合同商谈中的居住组团(××小区一期)和商业用房项目各一个,面积2.2万平方米。

二、发展历程

1988年,集团公司下发了《关于收取生活区清洁卫生服务费用的通知》,明确规定了收费的目的、办法和使用渠道,首次提出了卫生清扫收费服务的概念。1998年,物业发展有限公司挂牌成立,下设物业管理公司,接管生活区房屋、道路及水、电、气管网的日常维修和房产管理,开始开辟和培育物业管理市场。

1999年2月,物业管理公司取得了四川省建设厅颁发的物业管理A级资质。

1999年5月,物业发展有限公司自主开发的国家安居工程——××小区(一期)开工,物业管理公司积极参与了开发期间的管理。

2001年11月,为了提高管理水平,增强企业竞争能力,树立良好企业形象,公司对××小区的物业管理工作进行了总结,向××市和四川省物业管理行业主管部门申请参与省市优秀物业管理示范小区的评比。

三、存在问题

1. 服务意识和业务能力(略)

2. 消费观念和支付能力(略)

3. 行为规范和内外关系(略)

四、发展展望

目前,物业管理行业正面临着前所未有的发展机遇。表现在:

1. 市场日趋规范(略)

2. 市场日趋成熟(略)

3. 市场日趋扩大(略)

所以，物业管理企业应抓住机遇、趁势而上、开拓市场、发展自己。

集团是一个大型国有企业，物业的规模大、种类多。公司将利用近水楼台的优势，积极实践“为千家万户安居乐业而努力”的经营理念，以优质的服务、良好的形象，在牢固占领市场的基础上，逐步向社会大市场扩张，确保企业持续、长远发展。

二〇一一年五月十八日

评析：

这是一篇专题性总结。该范例围绕物业管理公司的改制工作，从改制历程、改制的基本做法及现阶段存在的主要问题着手，总结了该物业管理公司在改制工作方面的经验和教训，对以后物业管理工作的发展方向具有一定的指导意义。若该总结在内容方面更充实、数据更具体，将更具说服力。

【例文2】

××管理处2010年工作总结

一年的时间在我们忙碌却有序的工作中马上就要过去了。一年来，我项目部在公司各级领导的关心和帮助下，经过项目领导班子和全体员工不懈的努力，实现了年初预定的目标。现将项目部2010年各项工作总结如下。

一、2010年工作业绩

(一)经营管理情况

1. 费用收支情况(2010年1—10月)。

收　入	金额/元	支　出	金额/元
旧欠物业费	92 981.92	机动车	3 571.00
旧欠供暖费	146 127.62	创优	47 947.00
当年物业费	198 057.17	装修押金	4 000.00
当年供暖费	252 242.10	出入证押金	280.00

续表

收　入	金额/元	支　出	金额/元
停车费	254 400.00	楼道电	5 769.06
临时停车费	75 970.00	零星维修材料费	10 033.50
多经管理费	1 699.00	办公费	2 016.40
……	……	……	……
合　计	1 097 465.98	合　计	415 457.14

2. 服务工作的具体落实。

今年6月底,项目部组织物业部人员开始征求业主意见。根据业主反馈意见,项目部制订整改措施,及时整改我们服务工作中的不足。加强对各部门之间的管理,不定期地对服务工作进行检查,有效地促进了服务工作的落实。

3. 全体员工培训。

主要培训内容:3月份集中学习观看《物业管理是怎么样炼成的》影像教材,组织学习新的员工手册、作业指导书,组织讨论有关物业管理行业的发展前景,树立员工工作信心,为行业培养专业人才。4月份集中学习《北京市供热采暖管理办法》。5月份组织学习《北京市物业管理办法》等。

(二)日常工作目标管理的完成情况(略)

1. 公共设施、设备维护管理(略)

2. 绿化管理(略)

3. 环境卫生管理(略)

4. 小区安全防范工作(略)

(三)节能降耗、降低成本

1. 为响应政府号召,提倡节能减排,实现节约型社会、创建绿色企业,物业管理企业要抓好物业节能降耗工作。做好物业节能降耗工作,无论是从建设节约型社会的角度上,还是从降低经营成本方面看,都有非常重要的意义。

2. 今年5月份项目部根据小区实际情况,申报北京市××区住宅小区节约用水示范小区。此项工作已与北京市××区节水办进行了联系,具体工作正在进行中,相关节水资料已上报至××区节水办。

3. 项目部对现有路灯、楼道灯进行逐步更换,并按季节调整开关时间;为热水器、岗亭安装时控开关,减少用电时间;在绿化用水方面,项目部要求绿化养护人员,根据天气情况进行绿化灌溉。上述举措,均降低了项目能耗成本。

二、工作中的不足

1. 房屋质量、物业用房问题,还需与居委会、业委会共同出面解决。

2. 项目部在评选四星级示范住宅项目评选工作中落选,主要原因是绿化斑秃、单元门锈蚀、私搭乱建问题严重。

3. 评优内页资料补充较多,说明日常工作不到位,没有做到规范化运行。

三、2011 年工作打算

1. 根据项目特点,结合公司作业指导书,健全日常服务管理制度,并组织落实。

2. 加大项目部旧欠费用的收缴工作,提高收缴率。

3. 落实 2011—2012 年度冬季供暖工作,做好冬季测温工作。

4. 统计、定性园区私搭乱建情况,并协同居委会、业委会做好整改工作。

5. 对园区各单元门更新刷漆。

6. 整理单元门禁外露线路。

7. 与开发商、建委协调解决业主久拖未解决的房屋质量问题。

8. 进一步整改小区绿化,做到无斑秃。

××管理处

二〇一〇年十一月十六日

评析:

这是一篇综合性工作总结。该例文的主体部分按照纵横式结构展开,安排内容时,先按照时间的先后顺序分为三个阶段叙述;后按照内容的逻辑联系,从几个方面总结完成工作的情况、取得的业绩以及存在的不足;最后提出今后的工作打算。文章条理清晰,内容充实。

【例文 3】

个人工作总结

自今年×月份调入×××物业管理处以来,我努力适应新的工作环境和工作岗位，虚心学习、埋头工作、履行职责，较好地完成了各项工作任务。下面将任职以来的工作情况总结如下。

一、自觉加强学习，努力适应工作

我是初次接触物业管理工作，对综合管理员的职责任务不甚了解。为了尽快适应新的工作岗位和工作环境，我自觉加强学习、虚心求教释惑，不断理清工作思路、总结工作方法，现已基本胜任本职工作。一方面，我干中学、学中干，不断地掌握方法、积累经验。我注重以工作任务为牵引，依托工作岗位学习提高，通过观察、摸索、查阅资料和实践锻炼，较快地进入了工作角色。另一方面，我问书本、问同事，不断地丰富知识、掌握技巧。在各级领导和同事的帮助、指导下，从不会到会，从不熟悉到熟悉，我逐渐摸清了工作的基本情况，找到了切入点，把握住了工作的重点和难点。

二、心系本职工作，认真履行职责

（一）耐心细致地做好财务工作。自接手管理处财务工作的半年来，我认真核对上半年的财务账簿，理清财务关系，严格财务制度，做好每一笔账，确保了年度收支平衡和盈利目标的实现。一是做好每一笔进出账。对于每一笔进出账，我都根据财务的分类规则，分门别类地记录在案、登记造册；同时认真核对发票、账单，搞好票据管理。二是搞好每月的例行对账工作。按照财务制度，我细化当月收支情况，定期编制财务报表，按公司的要求及时进行对账，没有出现漏报、错报的情况。三是及时收缴服务费。结合公司的实际情况，在进一步了解、掌握服务费协议收缴办法的基础上，我认真搞好区分，按照鸿亚公司、业主和我方协定的服务费，定期予以收缴、催收，全年的服务费现已全额到账。四是合理控制开支。合理控制开支是实现盈利的重要环节，我坚持从公司的利益出发，积极协助管理处主任当家理财。特别是在经常性开支方面，严格把好采购关、消耗关和监督关，防止铺张浪费，同时提出了一些合理化建议。

（二）积极主动地搞好文案管理。半年来，我主要从事办公室的文案管理工作。对此工作，我上手比较快，主要做好了以下几个方面的工作：一是资料录入和文档编排工作。对管理处涉及的资料文档和有关会议记录，我认真搞好录入和编排打印工作。根据工作需要，制作表格文档、草拟报表等。二是档案管理工作。到管理处后，对档案进行系统化、规范化的分类管理是我的一项经常性工作。我采取平时维护和定期集中整理相结合的办法，将档案进行分类存档，并做好收发文登记管理工作。

(三)认真负责地抓好绿化维护工作。小区绿化工作是××月份开始交与我负责的,对我来讲,这是一项初次打交道的工作。由于缺乏专业知识和管理经验,当前又缺少绿化工人,正值冬季,小区绿化工作形势比较严峻。我主要做了以下两个方面的工作:一是搞好小区绿化的日常维护;二是认真验收交接。

三、主要的经验和收获

在公司工作半年来,完成了一些工作,取得了一定成绩,总结起来有以下几个方面的经验和收获:

(一)只有摆正自己的位置,下功夫熟悉基本业务,才能尽快地适应新的工作岗位。

(二)只有主动融入集体,处理好各方面的关系,才能在新的环境中保持好的工作状态。

(三)只有坚持原则、落实制度,认真理财管账,才能履行好财务职责。

(四)只有树立服务意识,加强沟通协调,才能把分内的工作做好。

四、存在的不足

由于我工作实践比较少,缺乏相关的工作经验,200×年的工作存在以下不足:

(一)对物业管理服务费的协议内容了解不够,特别是对以往的一些收费情况了解还不够及时。

(二)食堂伙食开销较大,宏观上把握容易,微观上控制困难。

(三)绿化工作形势严峻,自身在小区绿化管理上还要下更大的功夫。

五、下步的打算

针对2009年工作中存在的不足,为了做好新一年的工作,我计划重点做好以下几个方面的工作。

(一)积极做好与鸿亚公司、业主之间的协调工作,进一步理顺关系。

(二)加强业务知识的学习,创新工作方法,提高工作效益。

(三)管好财、理好账,控制好经常性项目开支。

(四)想方设法管理好食堂,处理好成本与伙食质量的关系。

(五)抓好小区绿化维护工作。

×××

二〇一〇年一月二十八日

评析：

这是一篇个人工作总结。标题简洁明了；前言部分简要地概括了工作情况；主体部分层次分明、条理清晰，按照成绩、经验收获、不足和下步打算，层层展开。其中"下步的打算"这一部分又可看成是对未来的展望。

2.2.3 病文修改

总 结

××××年各项安全保卫工作已圆满落下帷幕，我们将满怀信心、齐心协力地开创××××年的新篇章。我部肩负着××公寓各区域的治安、消防、物业秩序维护管理及公司财产、人身安全等多项工作任务，在××××年6月1日我部进驻××公寓以来，在公司及项目各级领导的亲切关怀、强有力的带领及其他各部门员工的帮助和大力支持下，通过我部全体保卫人员的团结一致、共同努力，为项目顺利实现各项经营目标提供了强有力的安全保障，圆满完成了××××年度项目赋予我部门的各项工作任务。值此辞旧迎新之际，对我部进驻××公寓的工作进行回顾，总结经验、查找不足，以利于在来年的工作中扬长避短、再创佳绩。现将我部具体工作情况总结如下。

一、××××年区域安全保卫状况

我部共有保安人员17名，在项目部的正确领导下，认真贯彻执行公司的有关规定和决策，紧紧围绕"抓队伍建设、树公司形象"的服务理念，以确保"为项目顺利实现各项经营目标提供强有力的安全保障"为宗旨。全年来，共发生重大治安案件及群体性事件2起(8月25日出现我部主管在日常管理过程中与成保人员发生冲突事件，导致成保人员集体罢工，在此次事故处理过程中，始终本着尊重事实的原则，采取谨慎、负责的态度对参与者进行了思想说服教育，并对相关责任人作出了严肃处理；9月8日因管理措施不力，出现电梯公司丢失电梯配重铁事件，但9月10日我部在巡视丢失电梯配重铁的现场时发现，丢失的配重铁又出现在原地，此案目前公安机关正全力调查中)。劝阻1起业主私自安装卫星电视接收器的行为，及时制止散发小广告6起并将散发人员交到城管，平息斗殴事件3起，协助开发商解决民工讨薪事件1起，为开发商、业主发现和消除各类安全隐患10余次，消防跑点演练1次，圆满完成大型活动安全保卫任务2次。通过我部全体保安人员的共同努力，队伍不断壮大，为项目顺利实现各项经营目标和物业安全作出了贡献，为有效保障管理处的正常经营秩序提供了有力的保障。

二、坚持预防为主，狠抓安全防范

我部全体安保人员立足现有条件，充分利用监控系统，与人防结合，加强对各区域的安全监测，发现问题及时派人察看，立即处理。

1. 实行“重点目标重点管理，可疑分子跟踪监控”的原则。

2. 严格落实安全保卫工作责任制。

3. 建立防范体系。

4. 加大巡逻检查力度。

5. 加强消防安全工作。

三、狠抓保安服务质量，树立企业形象“窗口”

始终把树立企业形象放在首位，依法开展安全防范工作，抓好队伍自身建设，以服务质量提升工作标准。以最大限度地适应保安服务行业对安全防范方面“多层次、多形式”的需求，牢固树立以“项目为家、不计个人得失”的观念，全心全意为项目、业主服务。提高保安员主动服务、热情服务、爱岗敬业、忠于职守的工作道德，树立公司良好的形象“窗口”。

四、工作中存在不足

在这一年里，我部工作取得了一定成绩，但在很多方面仍有不足之处，离项目要求还有一定距离。鉴于部分保安队员工作责任心不强、服务意识差，我部对部分违规违纪较重、屡教不改的保安人员进行了辞退处理。

1. 部门管理工作有待进一步提高。由于管理工作不到位，对员工工作的领导不力，缺乏监督检查，致使发生电梯配重铁丢失事件，造成管理处工作被动，也严重地影响了我部的正常工作。在出现问题后，我部加大了管理力度，通过思想教育、组织培训，调整人员、岗位，使部门工作得到了较大改观。

2. 提升业务能力，培训仍需加强。外保公司现状不容乐观，整体素质参差不齐，这些需要我们在以后的工作中加强保安人员的治安防范意识，加大业务知识的培训，把安全意识深入到每个队员的思想中去，落实到日常工作、生活中去。

3. 服务质量需提高。在日常的工作中，还需提高服务质量、不断提升服务水平，严格要求保安人员履行岗位职责，加强保安人员的礼仪培训，提高服务意识，注重礼节、礼貌等细节。

五、新年工作计划

新年已经来临，为了确保管理处各项安保工作高效、有序地开展，为项目顺利实现各项经营目标提供坚强的安全保障，我们将着重抓好以下几个方面的工作。

1. 加大管理力度，调动人员的工作积极性、主动性，进一步完善安全保卫工作。

2. 加强部门员工学习、训练，不断提高队伍个人素质，提高部门整体工作水平。定期进行安全、消防知识培训，不断提升业务技能和处理各类突发性公共安全事件的能力，提高全体保安人员防范、处置事故的能力。

3. 加强监督检查，落实工作责任制。加大安全检查力度，在日常安全巡查、设施设备检查中，发现隐患，及时告知相关部门，立即整改并做好整改复查，以杜绝安全隐患。

评析：

①标题仅用"总结"过于简单。

②前言部分不够简单扼要，空话、套话过多

③文章主体部分脉络不清晰，逻辑混乱。前三项可分成工作成绩、经验与教训来安排，与第四项形成并列结构。

④详略不当。如第二部分全是条款，没有阐述，内容空洞。

⑤没有落款。

2.2.4 总结的结构和写法

常用的总结类型有全面总结、专题总结、个人总结等，其写法不尽相同。

(1) **全面总结**

全面总结，又叫综合性总结，是对一个地方、一个单位的各方面的工作情况，包括成绩和经验、缺点和教训等进行全面的总结。但是，全面总结也要突出重点，不能面面俱到。内容包括标题、正文、发文机关署名与成文日期。

1) 标题

标题的写法主要有两种形式。

①公文标题式。公文式标题结构为"单位名称 + 时间 + 事由 + 文种"，如"物业公司 2011 年保安工作总结"，有的只写"工作总结"等。

②非公文式标题。一种是新闻标题式，如"改制转业、探索创新、不断开拓物业

管理市场—物业管理公司改制工作总结”,此种形式要注意虚题与实题的搭配;一种是论文标题,如“从改变行风做起,加强本系统职工队伍思想政治工作”,主题明确、思路清晰,多用于专题总结,尤其是经验性总结。

2)正文

总结的正文一般由开头、主体两个部分组成,有的还有结尾部分。

①开头。又称前言或导语,一般概述基本情况和总结的缘由,交代总结所涉及的时间、地点、单位和背景,概述主要成绩等。然后以“特作如下总结”等语句来承上启下。

②主体。这是正文的重点,有多种写作方法和结构形式。内容包括基本情况、主要成绩、主要经验和体会、存在的主要问题、对今后工作的打算及努力方向等。

这是总结的主要部分篇幅大、内容多,要特别注意层次分明、条理清楚。

主体部分常见的结构形态有三种:

第一,纵式结构。就是按照事物或实践活动的过程安排内容。写作时,把总结所包括的时间划分为几个阶段,按时间顺序分别叙述每个阶段的成绩、做法、经验、体会。这种写法的好处是事物发展或社会活动的全过程清楚、明白。

第二,横式结构。按事实性质和规律的不同,分门别类地依次展开内容,使各层之间呈现相互并列的态势。这种写法的优点是各层次的内容鲜明、集中。

第三,纵横式结构。在安排内容时,既考虑到时间的先后顺序,体现事物的发展过程;又注意内容的逻辑联系,从几个方面总结出经验教训。这种写法,多数是先采用纵式结构,写事物发展的各个阶段的情况或问题,然后用横式结构总结经验或教训。

主体部分的外部形式,有贯通式、小标题式、序数式三种情况。

贯通式适用于篇幅短小、内容单纯的总结。它像一篇短文,全文之中不用外部标志来显现层次。

小标题式将主体部分分为若干层次,每一层加一个概括核心内容的小标题,中心突出、条理清楚。

序数式也将主体分为若干层次,各层用“一、二、三……”的序号排列,层次一目了然。

③结尾。结尾是正文的收束,应在总结经验教训的基础上,提出今后的方向、任务和措施,表明决心、展望前景。这段内容要与开头相照应,篇幅不应过长。有些总

结在主体部分已将这些内容表达过了,就不必再写结尾。

3)署名和日期

如果标题中已有署名,这里可不再写。

(2)专题总结

专题总结又叫经验总结,是对某一项或某一方面工作经验进行专题总结。专题总结的内容比较集中,针对性、思想性和理论性较强,对相关单位的工作具有较大的指导和借鉴作用。

专题总结既可以用第一人称来撰写,也可以用第三人称来撰写。内容一般包括标题、署名与成文日期、正文。

1)标题

专题总结的标题,侧重于经验总结,主要有两种形式:

①以总结的主题做标题。这种标题以精练的文字概括全文,集中反映总结的内容和特点,深刻地揭示总结的中心思想。

②采取新闻方式的标题。有时间、引题、正题、副题,适用于第三人称撰写。

2)正文

正文由开头、主体两大部分组成。

①开头。交代总结所涉及的时间、地点、单位、范围和基本经验,点明中心思想和主要成绩等。表述方式主要有结论式,即先作出结论,点明经验的核心,然后再论证。提问式,即先提出问题,点明经验总结的重点,然后再回答问题。对比式,即采用对比的方法,将工作中的主要情况进行对比,分出优劣,显示标题,为下文总结经验提供依据。

②主体。主体是经验总结的核心。按逻辑关系或时间顺序,将总结的内容分成若干部分,用小标题分项撰写。小标题既可是经验,也可是成绩、做法。

3)结尾

结尾包括署名与成文日期两部分。

(3)个人总结

个人总结,是对个人的工作、学习和政治思想方面的情况进行总结。既有全面的也有专题的、对某一个方面的总结。

个人总结的结构和写法与前面的全面总结、经验总结大体相同。在撰写个人总结的时候,应注意以下三点:

①要明确总结的目的、要求。是要进行全面的总结,还是单项的总结;是以总结成绩为主,还是以查找问题为主等。

②根据总结的目的和要求,确定不同的写作方法。个人的全面总结、专题总结与单位的全面总结、专题总结的写作办法和要求基本相同,只是个人署名和成文日期在正文之后。

③注意总结的结构和布局,可分段写,也可分项写,做到布局合理、结构严谨、层次分明、表述准确而恰当。要抓住主要问题,突出工作成绩和经验或思想上的收获和体会。对于失败的教训和存在的问题要抓准,要实事求是,切不可诿过,或只讲成绩不讲缺点,或只讲缺点不讲成绩。

2.2.5 情景写作训练

如果你是某物业公司的一名工作人员,已到该物业公司从事管理工作三个月,即将通过试用期,这时需要你对过去三个月的工作作一个总结回顾。请你按照要求,拟写一个个人工作总结,便于公司考察你三个月来的工作情况。

2.3 简 报

小王是某物业公司管理部的工作人员,为了便于宣传公司的服务工作,公司决定定期推出工作简报。经理将这项工作交给小王去做,小王该怎么做呢?

2.3.1 基础知识

(1)简报的含义和特点

简报,从字义上说,就是情况的简明报道。它是党政机关、企事业单位、社会团体为及时反映情况、汇报工作、交流经验、揭示问题而编发的一种专供内部使用的事务性文书。

简报主要有以下特点:

①内容专业。一般由有关单位、部门主办,专业性明显。

②简明扼要。主要表现在内容集中、篇幅短小、文字简要。一般一稿一事,不贪大求全。一份简报只抓住一个问题,不能面面俱到。简报的主题凝聚,篇幅短小,问题说得透彻。

③迅速及时。简报是单位领导对一些问题作出决策的参考依据之一,也是单位推动工作的一个重要手段。简报的功能,决定了简报的编者必须讲求时效。这就要求简报的作者思想敏锐、行动敏捷,对问题反映得快,对材料分析得快,写作构思快,动笔成稿快;同时,还要求简报的编辑、签发、打印、发稿速度快,共同把握发稿时机。

④内部交流。简报是机关、单位和部门用于汇报工作、交流经验、指导工作的一种内部刊物,只在系统内部交流发送,不对外公开发行。

(2)简报的主要类型

物业管理简报是物业管理企业编发的一种内部文件,是一种以反映情况、交流经验、传达信息为主要内容的简要报道。按物业管理简报的适用范围,可分为以下三种类型:

①工作情况简报。主要用于反映工作中的动态和一般工作的进展情况的简报。

②经验交流简报。专门用来介绍工作经验的简报。

③会议简报。在某一会议召开期间或之后,为交流代表观点、反映会议动态而写的简报。

此外,按使用性质,物业管理简报可分为会议简报、业务简报、动态简报三类。

2.3.2 阅读与分析

【例文1】

工作简报

第三期

市物业管理局　　　　　　　　　　　　　　　　　　2004年3月15日

团结一条心　邻里一家亲
——新村205号被评为“全国文明楼栋”

近日,在北京人民大会堂召开的第四届全国“五好家庭”表彰大会上,作为全国5个文明楼栋的代表之一的江苏无锡市新村205号楼的代表，怀着激动的心情走上领奖台，接过“全国文明楼栋”金色奖牌。这块来之不易的奖牌，凝聚着205号这个温馨大家庭居民持之以恒、创建先进的汗水。

搞创建：团结一条心

新村205号楼由18户人家、46位居民组成。大楼的创建活动是从20个世纪90年代开始的。由楼组居民民主推荐选出的民调、卫生、治保、文教、宣传等6大员组成的楼组委，长年坚持安排好楼组创建工作。居民们一起制定了文明居民行为规范、值日、活动及“五好文明家庭”评比等6项制度，楼道内设置了宣传栏、读报栏、好人好事表扬栏、特色家庭窗口栏等墙报，在第一时间内让党的方针、政策、社区各方面任务和身边的好人好事宣传到户，有效地凝聚了人心。多年来，凡涉及“大家庭”的事，从未有人袖手旁观过，公益事业一呼百应。从1996年开始，大家动手，每星期共2次拖地、擦洗楼梯扶手，每层楼面放上盆栽植物，已成为大楼雷打不动的规矩。尤其是去年“防非”的日子里，居民们建立了宣传教育、外来人员跟踪及消毒等6项制度，自发组成了一道坚固的防线。

大家庭：邻里一家亲

大楼常年开展文明楼栋创建活动，10多年来邻里之间没红过一次脸。“大家庭”里定下了这样的“家规”：18户人家的电话号码相互交换；每年2次慰问80岁以上的老人；“六一”节向“家”里的小朋友祝贺节日；“家庭成员”中有人生病住院，楼组委必定派人前去探望；有人乔迁，大伙聚在一起开个欢送会等。居民们关心“大家庭”的事，就像关心自家事一样。2003年4月一天，大楼突然停水，年轻人都在上班，在家的多数是老人，没水怎么办？家住101室的共产党员陈忠拿出自己清晨从惠山背回的泉水，挨家挨户送水，解了燃眉之急。该楼102室住着一位88岁的退休老教师朱德清，由于子女不在身边，老人的生活常遇到一些困难，于是楼组长熊利就主动承担起照料朱老人的差事。许多居民深情地说：“我们205号大楼，关起门来是小家，打开门来是大家，生活在这里无限温馨和幸福。”

创新路：更上一层楼

大楼居民自发开展“社会公德大家谈”“我为大楼添光彩”“两个率先争贡献”等教育实践活动，进一步提高了“大家庭”成员的道德素质。几年来，205号大楼居民积极参加社区各类扶贫帮困活动，先后捐献现金2 000多元、御寒衣被1 000多件。他们还自发捐款1 000多元，资助山西贫困地区的2名孩子读完小学。前不久，居民们又为陕西省延安市洛川县百业乡一所希望小学寄去100本新书。2003年,205号楼被评为无锡市的“科普文明楼”。

报:×××××;××××;××××

送:××××;×××××;××××

(共印××份)

评析:

这是一篇会议简报。标题采用新闻式标题,简洁明了、主题突出。正文开头用一段话概括了主要内容,开门见山。主体采用分条列项形式,分为三层,层次清楚,内容具体明确。

【例文2】

阳光华苑物业服务工作简报

第一期

阳光华苑·国际公寓物业管理部　　　　2009年1月31日

物业服务工作简报

为了创造一个优美、舒适、安全、文明的现代居住环境,不断提高我们的管理服务水平,体现“客户至上、服务第一”的服务宗旨,现将我们2009年1月1日至2009年1月31日的物业管理报告呈现于您,以便您能够较全面地了解我们服务的内容,敬请您提出宝贵意见。

第一部分:2009年1月1日至2009年1月31日工作报告

一、重要计划的制订、执行、完成

1. 春节布置。

2. 配合公司完成2008年度满意度调查工作。

3. 制订2009年度工作计划。

二、内部管理

1. 组织全体保安员对春节小区安全预案进行学习。

2. 完成新入职保安的 BI 培训工作。

三、关系到小区/大厦业主的重大事项公告

本月共张贴重大事项公告 15 份，其中停水通知 5 份、满意度通知 1 份、购电通知 2 份、特别提示 4 份、电梯检修 1 份、催费通知 1 份、游泳馆春节营业时间通知 1 份。

四、客户服务

1. 办理业主卡 23 张，办理居住证明 6 份。

2. 无装修扰民情况。

3. 办理车辆出入证 15 个。

五、大中小修工程服务/公共设施设备管理

1. 完成 8#楼公共区域窗户维修和加固工作。

2. 完成小区高层楼消防加压风机试运行和故障维修工作。

3. 完成圣诞节布置拆除和园区春节布置工作。

六、装修管理

项目	办理装修手续	正在装修	验收户数
户数	1	6	0

七、保洁服务/绿化服务

1. 完成园区节前卫生大清除和春节期间已燃后爆竹皮的清理工作。

2. 完成园区雨水井的清掏工作。

3. 完成组团各楼平台杂物的清扫工作。

八、保安服务/消防服务/车辆交通管理

1. 收到 24#楼业主表扬保安员××××表扬信 1 封。

2. 完成园区过期灭火器的调换工作。

3. 完成保安员工作流程的考核工作。

第二部分：下阶段重点工作安排

1. 继续配合地产公司进行内环车库改造。

2. 根据 2008 年度满意度调查结果制订 2009 年度满意度提升计划。

3. 对8#楼水泵房水箱间供水设备设施进行保养。

报：××××；×××××；××××

送：××××；×××××；××××

（共印××份）

评析：

这是一篇介绍物业服务的工作简报。开头简明扼要地点出写简报的中心——物业服务内容。由于是多期简报，正文内容按时间顺序进行安排。第一部分通报了2009年1月的工作情况；第二部分简单介绍下阶段的工作安排。全文内容完整，思路清晰。

2.3.3 病文修改

物业管理公司一周工作简报

单位名称：物业管理公司 第12周

一、××物业分公司工作概要

1. 本周三，集团召开关于物业契约化创甲方案及地热水停供前后的服务措施诊断会，就如何优化工作流程、提升服务质量进行了研究，对“创甲等”提出了进一步完善的要求。关于地热水停供后的服务措施目前正在落实当中。

2. 地热部召开了全体员工大会，对地热水停水前期工作进行布置，要求尽最大努力做好未停供前的各项服务，保障服务工作平稳运行。为强化安全管理，对浴室一层男士更衣柜门锁进行统一更换。5月14日西安市节水型社会建设领导小组组织水务局、市人大代表对我校一卡通节水设施进行检查。继续做好对室外管网的巡查工作，确保维修的及时性。

3. 学生公寓部对需要修整的7舍、21舍、25舍的室内家具、门窗玻璃、门锁及上下水管道等进行检查登记，发现问题，及时报修。认真做好期末阶段的各项公寓服务工作，严格控制门禁制度，增加对公寓内卫生间的保洁次数，认真检查班组条例的落实和班组记录情况,做好学生毕业前的各项服务工作。

二、新校区××物业分公司工作概要

由于原工程质量遗留问题,导致多处楼顶和雨水管处漏雨,各楼宇管理员组织员工对漏点进行检查、统计和报修。加强对各楼内重点实验室及计算机教室的巡查,保障服务工作平稳运行。

三、一周大事

针对雨天及时启动防汛预案,随时巡查和疏通积水处。

四、下周工作计划

1. 继续做好契约化考核材料的准备工作。

2. 组织各部员工加强对"两个条例"的贯彻落实。

3. 做好校园雨后的绿地补种、补栽及树木病虫害防治等工作。

4. 按时完成集团交办的其他工作任务。

物业管理服务中心

××××年×月×日

评析:

①报身部分缺少标题。

②主体部分详略分布不均。

③应删掉落款的单位和时间。

④没有报尾。

2.3.4 简报的结构和写法

简报一般由报头、报身、报尾三大部分构成。

(1)**报头**

简报一般都有固定的报头,包括简报的名称、期号、编发单位和发行日期。

①简报名称。印在简报第一页上方的正中处,为了醒目起见,字号宜大,尽可能套红印刷。

②期号。位置在简报名称的正下方,一般按年度依次排列期号,有的还可以标出累计的总期号。属于"增刊"的期号,要单独编排,不能与"正刊"期号混编。

③编发单位。应标明全称,位置在期号的左下方。

④发行日期。以领导签发日期为准,应标明具体的年、月、日,位置在期号的右下方。

报头部分与报身部分用横隔线隔开。

(2)**报身**

报身就是简报所刊发的文章,一般由按语、标题、正文、责任编辑和签收发人几个部分组成。

1)按语

按语又叫"编者按",是对简报所报道的内容的意义进行简要评价。

2)标题

简报大多采用单行标题,也有双行标题,即在主标题之外加引题或副题。简报标题要求准确、简练、醒目。

3)正文

正文由开头、主体、结尾组成。

①开头。这是简报的开头语,和新闻导语一样,要用最简明的文字概括报道的主要内容。形式可以多种多样,有用直叙式导语的,让读者对报道内容和主旨有一个总体把握。也可以是提问式,以引起读者的注意。

②主体。这一部分是对导语提出的问题用典型的材料进行具体的阐述,是导语内容的细化和具体化。一般有横式和纵式两种结构。横式结构,按材料的性质或逻辑关系分成几个并列部分作横向展开;纵式结构,以时间为线索,以事件发展过程的先后顺序来安排材料。

③结尾。简报结尾通常用一句话或一段话对全文所述内容加以归纳、概括,进一步点明深化主题。

(3)**报尾**

报尾主要用于标注报送的对象和印制的份数。

2.3.5 情景写作训练

×××物业管理中心拟将自己的工作情况编写成简报,定期向业主(使用人)公布,以增进物业管理机构中与业主之间的交流与了解。请你代写一份,要求格式规范。

2.4 述职报告

小李是某物业公司行政部的一名职员,已经在公司工作三年。近期,公司打算从基层遴选中层管理人员,竞选人员要进行公开述职。小李想要竞选,该怎么准备自己的述职报告呢?

2.4.1 基础知识

(1)述职报告的含义和特点

述职报告是指各级各类组织的管理人员、专业技术人员等接受有关考核,向有关部门、下属群众陈述自己在一定时期内的任职情况(包括履行岗位职责,完成工作任务中的成绩、经验教训,今后工作设想等)的一种文体。述职报告是一种自我回顾、评估、鉴定的事务性文书。述职报告主要有以下特点。

1)个人性

述职报告对自身所负责的组织或者部门在某一阶段的工作进行全面的回顾,要从工作实践中去总结成绩和经验,找出不足与教训,从而对过去的工作作出正确的结论。与一般报告不一样的是,述职报告特别强调个人性。个人对工作负有职责,自己亲身经历或者督查的材料必须真实。这就要求在写作上更多地采用叙述的表达方式,还要据实议事,运用画龙点睛式的议论,提出主题,写明层义。

2)规律性

述职报告要写事实,但不是把已经发生过的事实简单地罗列在一起。它必须对搜集来的事实、数据、材料等进行认真的归类、整理、分析、研究。通过这一过程,从中找出某种带有普遍性的规律,得出公正的评价和议论,即主题、层义以及众多小观点(包括了经验和规律的思想认识)。

3)真实性

述职报告是干部考核、评价、晋升的重要依据,述职者一定要实事求是、真实客观地陈述,力求全面、真实、准确地反映述职者在所在岗位履行职责的情况。对成绩和不足,既不要夸大,也不要缩小。

(2)**述职报告的主要类型**

物业管理述职报告的分类,可以从几个不同的角度进行划分。

1)从内容上划分

①综合性述职报告。是指报告内容是一个时期内所做工作的全面、综合的反映。

②专题性述职报告。是指报告内容是对某一方面的工作的专题反映。

③单项工作述职报告。是指报告内容是对某项具体工作的汇报。这往往是临时性的工作,又是专项性的工作。它用于直接发布行政法规和对下级某项工作的指示、要求,带有强制性、指挥性和决策性。

2)从时间上划分

①任期述职报告。这是对从任现职以来的总体工作进行报告。一般来说,时间较长,涉及面较广,要写出一届任期的情况。

②年度述职报告。这是一年一度的述职报告,写本年度的履职情况。

③临时性述职报告。是指担任某一项临时性的职务,写出其任职情况。

3)从表达形式上划分

①口头述职报告。这是指需要向固定人群进行述职时,用口语化的语言写成的述职报告。

②书面述职报告。是指向上级领导机关或人事部门报告的书面述职报告。

2.4.2 阅读与分析

【例文1】

述职报告

报告人:×××

尊敬的各位领导、各位同事:

大家下午好!

很荣幸能参加公司今年的述职大会,感谢公司,也感谢在座的各位。这是我进公司三年来,第一次参加公司述职大会。三年期间,我从刚出校门的懵懂青年,进而收获了人生初期最重要的工作和社会经验,接受了社会对我的第一次塑造。尽管是物业管理科班出身,但是,公司才是真正意义上让我掌握了物业管理专业知识。再次感谢公司,也感谢各位领导及同事对我的帮助和支持。我将一如既往地做好自己的本职工作,也希望在今后的工作中能继续得到大家的支持和帮助。总结过去,我们才能更好地展望未来,现在,我将就本人在2009年的工作作以下陈述。

一、任凤凰城主管期间的工作

在凤凰城担任客服中心主管的一年多时间里,我很荣幸能够带领这支优秀的管理员团队。我从他们身上感受到了对工作的热情和执着。我们一起经历过各种困难,一起分享成功的喜悦。从他们新入公司参加物业工作,到现在很多人成长为和我一样的主管,我很荣幸,我也在和他们一起成长。

在这里,我想说的是,在部门内部,部门主管对于人才的培养具有很大的影响。作为一个基层管理者,首先需要培养员工的不仅仅是专业技能和工作技巧,更多的时候我们要让他们树立自己的人生规划和职业规划,因为员工不会一辈子是员工,有了目标和机遇,他们就会成为和我们一样的管理者,甚至在若干年后成为我们的领导。因此,管理者要有眼光,不仅仅要将他们看成有潜力的公司员工,也应该看到他们是社会上一个优秀的人才。无论他们将来是否成为公司的生力军,我们管理者的职责就是将他们培养成社会的人才。

二、任左岸主管期间的工作

2009年夏天我有幸到左岸管理处工作、学习,在此期间,也是我后来工作的一大转折点。时值公司准备导入ISO 9001国际质量管理体系认证,我有幸与另一位同事参加质量体系的内审员培训,回来后参加公司在左岸"贯标"的试点工作。从一开始体系文件的编制到之后的试运行阶段,我们全程参与,并且对整个体系的运行和检查有了更深层次的认识和了解。

(略)

三、未来的计划

我目前的主要工作是推行ISO 9001质量管理体系的运行和监督,参加公司对新员工的培训,发展社区文化。在我未来的工作计划中,我将以推行ISO 9001质量管理体系的运行和监督为重点,协助领导建立全公司的质量管理运行体系。我将在体系运行过程中,在每月初定期及不定期地对各管理处的体系运行情况作相关调查,并在体系运行过程中不断根据实际情况，完善体系，使之更加契合我们的服务工作，在真正意义上发挥出体系对我们工作的指导作用。

培训方面，综合管理部制订了全年培训计划。我们将统筹全公司师资，在2010年完善公司培训体系，对刚入公司的新员工及部分主管或以上级别的员工进行针对性的培训。重点将是工作的方式、方法及工作思路，以期能达到提升服务水平的目的。

社区文化方面，综合管理部意欲在2010年让社区文化发展进入一个全新的阶段。不仅仅是针对我们的客户群，同时，也将积极开展公司内部的员工活动，加大社区文化的影响力和员工团队建设，并最终实现业主与员工的双满意。

我们始终坚信，物业公司在集团公司指导下，在置业公司的大力支持下，终将实现从优秀到卓越的跨越，我们的明天就是全国一流甚至是世界一流。

我的述职报告完毕，谢谢大家！

二〇一一年十二月七日

评析：

本述职报告标题采用单标题式，一目了然。主体部分，作者分三个方面对述职内容进行巧妙归结、理性概括。思路上紧扣主题，叙述上内容翔实、深入浅出，条理上序码排列、分门别类。结尾部分运用“呼吁式”的写法，鼓动听众。这种形式干净利索，极富人情味和鼓动性。

【例文2】

述职报告

报告人：×××

尊敬的各位领导、各位同事：

大家好！

2005年3月，组织上调任我为××社区副主任。回顾在××物业公司担任经理的6年来，所取得的成绩离不开中心党委和中心以及机关各科室的大力支持。在这6年中，我时刻不忘作为一名党员干部的神圣职责，虽然班子成员几经变动，但我始终与班子成员团结协作，带领公司全体干部职工以“创一流物业管理公司”为目标，艰苦创业，努力工作，不断强化管理，规范运作，拓宽市场，提高服务质量，较好的完成了公司的各项工作任务。现述职如下。

一、加强学习，努力提高自身素质

这些年来，我坚持学习十六大精神和“三个代表”的重要思想，并同落实上级要求和创造性地开展工作结合起来，以增强干好工作的责任感和使命感，并紧紧围绕“观念怎样转变，思路怎么创新，物业如何发展”这些深层次的问题去实践。自从玉山物业公司成立之日起，我便以一个物业新兵的姿态去努力学习物业管理知识，去研究物业企业的发展方向和物业市场的发展趋势，我始终认为物业公司要生存，就必须走规模化道路。对此，我在思想上始终与社区保持一致，超前工作，做到了“认识到位、思想到位、工作到位”，在较短的时间内使公司的各项工作实现了有序运转。在工作中，我同班子成员一起研究确定了公司的管理运作模式、工作目标和“规范化管理、标准化服务、规模化经营、品牌化建设”的总体工作思路，并围绕这一思路开展了一系列扎实有效地工作，使公司的整体管理水平得到了进一步提高。我深知，作为一名管理者，要想带领大家创市场、求生存就必须不断地学习。为了提高自身领导能力和管理水平，我几年如一日的坚持经常性学习，学习物业管理相关知识，学习市场经济理论，并挤时间参加 MBA 基础理论知识的学习，以不断充实自己，提高自己适应改革发展的需要。

二、履行职责，努力做好本职工作

作为公司经理，把精力用在管理上，用在抓服务上，用在抓队伍和品牌建设上，这是本职要求。6 年来，我坚持按照“精、细、美”的工作标准和“严、恒、细、实”的工作要求去安排、布置、检查各项工作，制定并完善了公司各项工作制度、工作标准和考核办法，按照精干、高效的原则，组建了符合公司特点的运行机构，并对基层工作运行情况进行不间断的检查。我坚持定期到各队站听取意见，指导工作，帮助解决困难，在基层干部中树立起了“不干则罢，干就干好”的争一流精神。在抓好管理和服务的同时，我与班子成员一起积极协调各方关系，努力开拓外部市场，增加公司收入，并积极筹措资金，改善基层的办公条件。为了强化素质教育，在抓好员工岗位培训的同时还积极创造条件组织管理人员外出学习，开阔视野，增长知识，以提高基层干部的工作能力。工作中，我注重发挥班子成员的作用，坚持“重大问题集体决策，具体工作分工负责”的原则，及时沟通交流，工作上能够尽职尽责，尽心尽力形成合力地做好各项工作，是一个团结稳健、充满活力的班子。

三、严格自律，树立良好形象

日常工作生活中，我严格要求自己，以身作则，注意听取班子成员的意见，尊重、团结每一个班子成员，不搞一言堂，不搞特权，不谋私利，自觉遵守廉洁自律的各项规定，对涉及采购、人员录用、合同签订等敏感问题，自己始终坚持“工作人员具体运作、分管领导严格把关、主要领导最后负总责”的工作原则，能够做到不插手、不介绍，严格要求自己“堂堂正正做人，踏踏实实做事”，要在职工中树立一个良好的干部形象。

四、6 年来的工作目标完成情况

6 年来，在公司全体干部职工的共同努力下，各项工作目标均圆满完成。

1. 完成了小区创建目标。2000 年清苑小区创建为局级优秀住宅小区，雅苑创建为省级优秀住宅小区，2002 年雅苑创建为国家示范住宅小区，2003 年清苑、舒苑两个小区顺利通过了省级物业管理优秀住宅小区的验收。

2. 基层建设目标的全部实现。截至 2003 年 12 月，共创建了一个“十佳示范队”，一个“名牌基层队”和两个“行业一强”，另有 3 个基层单位被评为“社区优秀基层队”。

3. 实现了历年成本指标不超的目标。2000 年公司成本控制在了 652.26 万元以内，并且水费实现了大幅节余；其他几年公司成本均控制在计划指标之内，并有一定节余。

4. 外拓市场有了进一步发展。2001 年，公司筹集 50 万元成立了以家政服务中心为依托的“玉山综合服务公司”，2003 年公司实现外拓物业管理收入近百万元。

5. 居民综合满意率历年来均保持在 98% 以上。

6. 日常物业管理工作在社区考核与评比中实现了争第一的目标。

7. 在探索物业管理“社会化、专业化、市场化”方面迈出了新的步伐。

五、存在不足及改进方向

1. 成本控制力度还略显不够，虽然成本控制指标不超，但成本控制的机制还没有完善起来。

2. 在摸准下情方面做得还不够，听取职工对公司发展的建设性意见较少。

3. 公司某些方面、某些环节按照“精细美”的工作标准去衡量还有一定差距，还没有把“精细美”的工作标准贯穿到各项工作的全过程，需要在精细管理上下功夫。

岗位的改变并没有改变我工作的热情,在今后的工作中,我将继续发扬成绩,克服不足,带领广大干部职工奋勇争先,努力做好上级安排的各项工作。

二〇〇五年五月七日

评析:

这是一篇个人述职报告。标题直接采用“述职报告”简单明了。主体部分采用“归纳法”和“排列法”,把零碎的、分散的、复杂的事实材料进行科学分类,归纳概括,使其条理和层次清晰,便于记忆。作者将每一部分内容冠以小标题,表示出每一部分述职的内容范围或主旨,使人一目了然。

2.4.3 病文修改

述职报告

在紧张忙碌中,2010年已经过去。回顾2010年,虽然没有轰轰烈烈的成绩,但也算经历了一段不平凡的考验。我现将2010年的工作情况总结如下。

在工作中,我接受了一系列突发事件的考验。9月30日停电事件,1月1日C座8户型漏水事件。在公司领导的安排下,在最短的时间内把事情处理完善,使业主的损失降到最小。这使我收获很多、学到很多。在物管费催缴中,我不怕辛苦,每日晚上19点对所管理楼座住户进行逐户催缴,在最短时间内,C座入住住户的物业费收缴率达到100%。通过公司的考验,在领导的信任和提拔下,让我负责做好公司员工的劳动纪律管理工作,检查每周会议纪要事项的落实。每周两次凌晨3:00—4:00,我对小区的巡检是雷打不动,检查夜班员工的劳动纪律。同时我还负责办理公司会所、经营场所的各项相关证照及各业务单位的外联工作。这些使我从一个对物业管理一知半解的物管员变成了行政主管,取得了很大进步,对这个岗位也有了一定的认识。物业管理很特殊,工作琐碎却非常重要。

在工作中我还有很多的不足,小区事故很多都是在平常工作中没有发现或及时处理,经过日积月累后,在某一天突然爆发。这就要求主管人员在平常工作中不但要在处理突发事件时及时快速,还要在平常工作中排查细微的危险隐患。在排查工作中我还有很多的不足,没有做到细致认真。对事件的前瞻性也有很多的不足,很多事情都是亡羊补牢。虽然补救及时,但是已经造成一定的损失。比如C座8户型漏水,我作为C座管理员对本次漏水也有不可推卸的责任。如果在平时我对业主多一点提示,如果在入冬之前能想到类似问题,如果可以从去年水管被冻事件中得到启发,这些事情就可以避免,将其解决在萌芽状态。范经理在晨会中提到过《捡拾金贝壳》的故事,我在工作中很多时候就像故事里的主角,工作过于程式化,缺乏自己的创新和对公司管理的合理化建议,一直是在补救,很少能发现问题,只是一味地跟从领导的脚步。再一点就是对会所人员及事务的监督管理工作不到位,在这里请公司领导批评。

在新的一年中,我在做好本职工作的前提下,将及时完成物业费的催缴工作,增加巡检次数,把问题处理在萌芽状态。积极督促各部门完成每周会议纪要安排的相关事宜,在督查各部门员工违纪时,做到正人先正己,加大处罚力度,杜绝一切损害公司利益及制度的事情发生。

我非常感谢我的部门经理及客服部全体同事,在我不懂的时候,手把手地教我;犯错误的时候,细心地教我。在这里工作,让我觉得很温暖。在今后的工作中,我将会更好地协助我的部门经理,做好自己的本职工作,帮助公司同事共同进步。在新的一年里,我会更加努力,争取为公司作更多的贡献。

以上述职报告妥否,请予审议。

谢谢!

评析:

①缺少称谓。

②主体部分内容显得混乱,条理不够清晰。其实全文涉及三个方面:工作成绩(积极应对突发事件)、工作中的不足、新一年的工作打算。即使不用小标题把每一部分归纳出来,至少也应该用序号标出,使文章脉络清晰、一目了然。

③文中多处语意不清。

④报告最后缺少落款。

2.4.4 述职报告的结构和写法

述职报告主要包括标题、称谓、正文和落款四部分。

(1)**标题**

述职报告的标题,常见的写法有以下三种。

①文种式标题。只写“述职报告”即可。

②公文式标题。结构为“名称+时限+事由+文种名称”,如“××物业公司2011年上半年工作述职报告”。

③双行标题。正题写主题,或者写述职报告类型,副题写述职场合题,如“继往开来,与时俱进——在××中学第二届教职工代表大会第四次扩大会议上的述职报告”。

(2)**称谓**

①书面报告的称谓,写主送单位名称,如“董事会”“××人事部”等。

②口头报告的称谓,写听众的称呼,如“各位领导、代表”等。

(3)**正文**

述职报告的写法依据报告的场合和对象而定,一般包括开头、主体、结尾三部分。

1)开头

开头又叫引语,一般交代基本情况。在这里,要用最精练的文字,概括性地交代主要情况、时间、地点、背景、事件经过等。

2)主体

主体是述职报告的中心内容,主要包括成绩、经验、体会或教训、问题、今后打算等。

①成绩经验。要分出层次来分析、证明主题,这才能做到条理分明。层次一般采取横向排列,每一层次都要有一个小的主题,写成层义句。

②问题教训。要实实在在、有条有理,不要避重就轻。

③今后计划。包括目标、措施、要求三要素,要切实可行。这部分与总结不同,内容应少一些。

3)结尾

报告结束时要用称谓礼貌用语,如“以上述职报告妥否,请予审议”“谢谢大家”等。

(4)落款

述职报告的落款要署名和写上成文日期。

2.4.5 不同类型述职报告的写法

作为物业管理企业,常用的述职报告类型有部门述职报告、个人述职报告等。

(1)部门述职报告

部门述职报告指报告内容是某个部门在一个时期内所做工作的全面、综合的反映。

部门述职报告的标题同于一般应用文种,通常采取"单位名称+时间+述职报告"的形式或是直接采用"单位名称+述职报告",如"宝江管理处述职报告"。

部门述职报告的称谓按照报告的形式分为两种。

①书面报告的称谓,写主送单位名称,如"董事会""××人事部"等。

②口头报告的称谓,写听众的称呼,如"各位领导、代表"等。

部门述职报告的正文由开头、主体和结尾三个部分组成。

①开头。包括两方面内容:一是基本情况介绍,说明本部门的主要职责,简要交代述职的内容和范围;二是评价,简明扼要地介绍本部门的工作情况,这一部分力求简洁明了。

②主体。这是述职报告的核心,主要陈述履行职务的情况,包括三个方面的内容:工作成绩、存在的问题及经验教训、今后工作的努力方向、目标或打算。

③结尾。一般要求用格式化的习惯语来结束全文,有谦逊式结尾、总结归纳式结尾或表决心式结尾等形式。

部门述职报告的落款包括署名、成文或述职时间两种。也可以将署名放在标题之下。

(2)个人述职报告

个人述职报告的标题比较简单,通常直接采用"述职报告"的形式,或者加上时间,如"2011 年述职报告"。称谓和部门述职报告相同。

正文主体部分的内容侧重介绍个人的工作情况,包括任职期间的任务完成情况、取得的主要工作成绩、存在的问题及经验教训、今后工作的努力方向、目标或打算等。

落款署名加上成文时间或是述职时间。

2.4.6 情景写作训练

如果你是一名物业公司管理事业部经理助理，公司在年末的时候要召开年会，各个部门的负责人要在年会上针对本部门一年的工作情况进行述职。请你按照要求，为经理准备一篇本年度本部门的述职报告。

模块3　制度文书

学习目标

知识目标：

- 了解制度文书相关的基本知识，掌握常用制度文书写作的基本格式和写作方法。
- 掌握规定（办法）、章程（制度）、公约（守则）、承诺书等常用制度文书的适用范围、类型、特点、结构。
- 具备撰写规定（办法）、章程（制度）、公约（守则）、承诺书等制度文书写作的基本能力。

能力目标：

- 能说明规定（办法）、章程（制度）、公约（守则）、承诺书的结构。
- 能在具体工作中正确使用规定（办法）、章程（制度）、公约（守则）、承诺书。
- 能撰写规范的规定（办法）、章程（制度）、公约（守则）、承诺书。

重点与难点

- 制度文书的种类及行文规范。
- 制度文书写作的基本格式。
- 规定（办法）、章程（制度）、公约（守则）、承诺书的写法。

知识框架

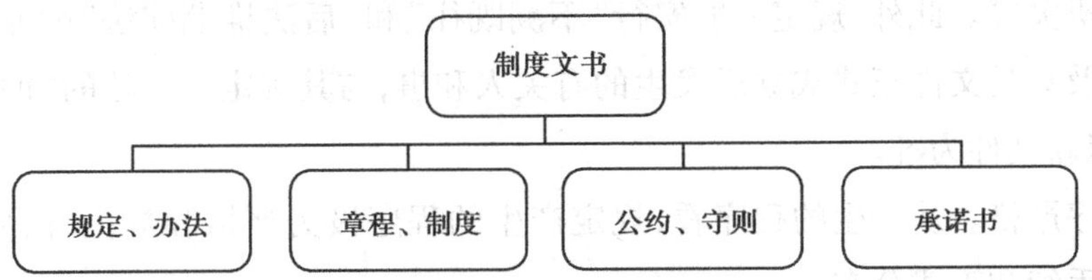

3.1 规定、办法

小王认为，在物业管理工作中，规定和办法是一个意思，可以相互替换。小张则不认同，他认为两者之间还是有区别的。

规定和办法的区别到底在什么地方？你怎么看？

3.1.1 基础知识

(1) **规定的含义和特点**

作为文种的规定就是领导机关或职能部门为贯彻某政策或进行某项管理工作、活动，而提出原则要求、执行标准与实施措施的规范性公文。

规定是规范性公文中使用范围最广、使用频率最高的文种。它是领导机关或职能部门对特定范围内的工作和事务制定相应措施，要求所属部门和下级机关贯彻执行的法规性公文。

规定是局限于落实某一法律、法规，加强某项管理工作而制定的，具有较强的约束力，而且内容细致、可操作性强。规定主要有以下特点。

①针对广泛。从针对的问题和涉及的对象看，规定都是针对带有一般性和普遍性的问题，涉及的是大多数人和事，并非少数或特定的人和事。

②约束力强。从约束力和法定效力看，规定都具有极强的强制约束力，它们的效力是由法定作者的法定权限与规范的公文内容决定的，包括效力所及的时间、空间、人员、机关等。此外，规定一般实行"不溯既往"和"后法推翻前法"的原则，即公文效力所及只是文件正式成立后发生的有关人和事；与其规定不一致的"旧文件"即行废止，以新文件为准。

③程序严格。从产生的程序看，规定产生的程序极为严格和规范，需要履行严格的审批手续和正式公布。

④语言规范。从公文语言的使用看，规定要求语言运用高度准确、概括、简洁、

通俗、规范。

(2)物业管理规定的主要类型

①政策性规定。用以规定某些政策,按照有关法律、法规的条文,制定有关的准则和政策,作为开展工作的主要依据。

②管理性规定。是社会组织在各自的管理权限范围内就某一项工作作出的管理要求。

③实施性规定。用法近似于实施办法,和实施原件配套使用。

④补充性规定。当法规性公文内容不够具体、贯彻执行有困难时,或者在贯彻执行过程中出现新情况、新问题时,要用此类规定作出一些补充。这类规定的使用要加以控制,最好直接对原件进行修改。

此外,还有多种分法:从部门上分,有政府的规定、社会团体的规定和企事业单位的规定;从时间上分,有暂时性规定和长远性规定,等等。

(3)办法的含义和特点

办法是国家行政主管部门等单位对贯彻执行某一法令、条例或进行某项工作的方法、步骤、措施等,提出具体规定的法规性公文,是应用文写作的一种。办法主要有以下特点。

1)具体性

办法和条例、规定是比较近似的文种。它们都有法规性,分章列条的外部形式也比较接近。它们之间的区别体现为:条例的制作单位级别高、意义重大,内容全面、系统、原则。规定的制作单位没有条例那么严格,内容比较局部化,方法、步骤、措施比较详细。办法则由分管某方面工作的职能部门作出,内容更为具体。但这些区别不是绝对的,彼此之间的界限很难划分清楚。例如同是对公文办理作出规定,中央办公厅使用的是条例,而国务院办公厅使用的却是办法。

2)普遍性

办法的应用范围广泛、使用率高,特别是在我们国家法制建设一步步前进、人们的法制观念一步步强化的时候,自觉守法已逐步成为人们行动的准则,事情无论大小,都要有法可依。而办法可以用于指导实施国家的某一法律、条例,也可以对某项工作作出具体规定,因而越来越广泛地被行政管理部门所采用。

3)实践性

办法的内容都是贴近于工作实践的方法、步骤和措施,带有很强的实践性特点。

4)派生性

有相当一部分办法是为贯彻落实某一法律而制定的,是法律的派生物。例如,国务院和中央军委发布的《中国人民解放军士官退出现役安置暂行办法》的第一条:“根据《中华人民共和国兵役法》和《中国人民解放军现役士兵服役条例》的有关规定,制定本办法。”其对法律和条例的依附性十分明显。

(4)***办法的主要类型***

根据内容、性质的不同,办法可分为实施文件办法和工作管理办法两种。

1)实施文件办法

这种办法的派生性很强,它是相关单位和部门结合现实具体情况,对有关法律、条例和计划如何落实作出指导性措施,有的从标题上就明确指出这一点。

2)工作管理办法

这种办法虽然也是以相关法律为依据制作的,但不是哪一部法律和条例的派生物,有一定的独立性。它是行政管理等部门对一些法律不可能具体涉及的局部性工作所作的安排。

3.1.2 阅读与分析

【例文1】

电梯系统管理规定

(××××年×月×日××会第二次会议审核通过)

1.目的

为规范电梯系统的管理,确保电梯运行安全和性能处于良好状态,特制定本规定。

2.范围

适用于重庆分公司。

3.职责

3.1 物业服务中心电梯设备责任人每天按《电梯巡视检查操作规程》对电梯进

行一次巡查，填写《电梯日巡视检查记录表》，发现问题及时处理或联络电梯维保公司处理。规程如下：

3.1.1 电梯巡视检查操作规程

为了确保电梯正常、安全、高效地运行，必须进行经常性巡视检查、例行保养、季度保养和年度保养，进行应急修、中修、大修及专项修理。一般中修周期为三年、大修为五年，具体视电梯状态可提前或延长。

3.1.2 日巡视标准

每天以看、听、嗅、摸为手段，以《电梯日巡视检查记录表》为依据，对运行中的电梯的主要部位进行一次巡视检查。发现异常及时处理，持续引导乘客正常使用电梯。巡视内容如下：

……

3.1.3 监控中心值班员24小时对电梯运行情况进行监控，发现异常情况时，应及时通知电梯设备责任人或电梯维保公司进行处理并在《电梯故障检修登记表》上作好记录。

4. 电梯使用管理规程

4.1 电梯不设司机操作，由乘客自行操作，实行24小时运行。

4.2 客梯以承载进出人员为主。

4.3 消防梯以承载进出货物为主。

5. 维修及保养

5.1 由物业服务中心工程主管在每月底之前安排好下一个月各物业服务中心的《电梯保养时间表》，电梯设备责任人负责电梯设备的按期保养工作，并配合、检查、督促电梯维保公司按《电梯保养合同》对电梯做好月、季、年的定期保养工作，并按合同规定填写相应的维修保养记录。

5.2 工程主管不定期地检查电梯维保公司的维修保养质量和电梯保养工作单的记录情况是否属实。

5.3 当电梯年检日期接近时，工程主管应按规定提前20天申报年检，配合特种设备检测所的年检工作。核对年检费用是否正确无误并按时缴纳，提醒电梯设备责任人督促维保公司做好电梯年检前的自查及整改工作，确保按时取得《电梯年检合格证》。

5.4 因维修、保养等原因造成停梯，应做好安全防护工作，并在首层及工作层放置警告牌(如需打开楼层门工作,还必须设置防护围栏)。

5.5 当电梯发生困人时,按“电梯困人故障救援程序”执行,电梯管理员到达现场的时间不应超过20分钟。

6. 异常情况处理规程

6.1 当火灾发生时

……

6.2 当地震发生时

……

6.3 当电梯进水时

……

6.4 电梯安全操作规程

……

6.5 质量记录和表格

GC-CQ01-14-F1 《电梯日巡查记录表》

GC-CQ01-14-F2 《分承包方设备保养维修记录表》

GC-CQ01-14-F3 《分承包方保养效果评估表》

GC-CQ01-14-F4 《外委维修保养申请单》

GC-CQ01-14-F5 《顾客服务分析报告》

评析:

这是某小区电梯系统管理规定。该文标题简单明了,彰显出文种特性。该文的写作采取了条款式,简明清晰;内容翔实全面,把电梯巡视检查操作、使用管理、维修及保养、异常情况处理等诸多方面都考虑到了,有很强的可操作性。

【例文2】

××市物业专项维修资金管理办法

第一章 总 则

第一条 为了加强物业专项维修资金管理,保障物业正常使用,维护物业专项维修资金所有者的合法权益,根据《中华人民共和国物权法》《××市物业管理条例》等法律法规规定,结合本市实际,制定本办法。

第二条 本市行政区域内物业专项维修资金的交存、使用、管理和监督,适用本办法。

第三条 本办法所称物业专项维修资金,是指专项用于物业共有部位和共有设施设备保修期满后的维修、更新、改造的资金。

……

第二章 交 存

第六条 有两户以上业主的下列物业应当建立物业专项维修资金:

(一)商品房;

(二)城市房屋折迁安置房;

(三)经济适用房;

(四)房改房;

(五)市人民政府确定的应当建立物业专项维修资金的其他物业。

第七条 物业专项维修资金应当由业主交存。本市主城区范围内,首期物业专项维修资金的交存标准为:

(一)有电梯的,按每平方米建筑面积80元交存;

(二)无电梯的,按每平方米建筑面积50元交存。

主城区范围外的首期物业专项维修资金的交存标准,由各区县(自治县)人民政府确定。

本市房改房首期物业专项维修资金的交存标准按照国家和本市相关规定执行。

……

第三章 使 用

第二十条 物业专项维修资金的具体使用范围和条件依据物业服务合同的约定。物业服务合同未约定或者约定不明的,以市房地产行政主管部门会同市价格行政主管部门制定的指导标准为准。

下列费用不得从物业专项维修资金中列支:

……

第四章 监督管理

第三十三条 负责代管物业专项维修资金的区县(自治县)房地产行政主管部门、负责管理房改房物业专项维修资金的机构及负责管理物业专项维修资金的业主委员会(以下简称“物业专项维修资金管理机构”)开立物业专项维修资金账户时,不得向专户管理银行索取任何好处。

专户管理银行应当严格自律,禁止采取不正当的营销手段。

……

第五章　法律责任

第四十五条 区县(自治县)房地产行政主管部门、房改房专项维修资金管理机构违反本办法规定,有下列情形之一的,由市房地产行政主管部门责令限期改正;对直接负责的主管人员和其他直接责任人员,依法给予行政处分;给业主造成损失的,依法赔偿;涉嫌犯罪的,移送司法机关依法追究刑事责任:

……

第六章　附　则

第五十二条 本办法实施前,开发建设单位或者物业服务企业已经收缴的物业专项维修资金及银行存款利息,应当自本办法施行之日起三个月内移交物业所在地区县(自治县)房地产行政主管部门。

……

本办法所称"共有设施设备",是指根据法律、法规和房屋买卖合同,由物业管理区域内全体业主或者部分业主共有的附属设施设备,一般包括:电梯、天线、照明、消防设施、防雷设施、绿地、道路、路灯、沟渠、池、井、管、公益性文体设施和共有设施设备使用的房屋等。

第五十七条 本办法自 2011 年 3 月 1 日起施行。

评析:

这是《××市物业专项维修资金管理办法》(节选)。该文标题规范,彰显出文种特性。该文的写作采取了章条式,内容翔实全面,把物业专项维修资金从交存到使用、监督管理、法律责任等诸方面都考虑到了,有很强的可操作性。

3.1.3 病文修改

【病例 1】

业主/用户投诉处理的管理通知

(××××年×月×日××会第一次会议讨论通过)

1.凡因工作不当,造成损失及不良影响、有损管理处的外在形象,并引致业主/用户不满而向管理处反映的行为(不含业主/用户对大厦管理的建议及善意的批评),均视为投诉。

2. 业主/用户的投诉方式可分为来人投诉、来函投诉、来电投诉和其他投诉四种。根据投诉的性质又可分为普通投诉和特殊或紧急投诉两种。

3. 业主/用户的投诉处理一般可分为投诉、接诉、处理、回复四个过程。投诉处理的责任部门为物业管理部。

4. 当业主/用户投诉时,接诉人均应以高度热情的服务态度予以受理,不能对投诉置之不理。

5. 接诉人在受理业主/用户投诉时,应根据其投诉性质的不同采取相应的处理方式。

(1)普通投诉。……

(2)特殊或紧急投诉。……

(3)非工作时间的投诉。……

6. 业主/用户投诉的处理要及时。普通投诉的处理一天左右,特殊投诉的处理三天左右。

7. 各部门负责人员处理完投诉后,应及时将处理情况反馈给物业部,以使物业部予以确认和统计。

8. 当投诉的问题得到解决后,物业部所属小组应根据业主/用户的投诉方式分别予以不同的回复。或走访投诉人,或回函投诉人,或打电话给投诉人,或按其投诉形式给予相应的回复。

9. 整个投诉问题完毕后,物业部接诉负责人对其投诉的材料应分别予以整理和归档,以备查用。

10. 在每个月末,物业部所属小组的负责人员要对投诉处理材料进行全面统计,并向部门经理汇报。

11. 各部门负责人员在处理投诉过程中,应公正廉明、认真负责,不得向业主/用户索取贿赂或进行其他不良行为,做到为业主/用户真正、及时地解决问题。

12. 各部门工作人员在平时的工作中应努力加强业务学习,提高业务水平,增强服务意识,共同做好物业管理工作。

评析:

①标题文种不正确,应为《业主/用户投诉处理的管理规定》。

②层次序列不规范,应为汉字小写形态的“一、二、三……”。

③内容表述不正确，如第六条“普通投诉的处理一天左右，特殊投诉的处理三天左右”应改为“普通投诉的处理一般不过当日，特殊投诉的处理一般不超过三天”。

【病例2】

城市新建住宅小区管理通告

一、为了加强城市新建住宅小区的管理，提高城市新建住宅小区的整体管理水平，为居民创造整洁、文明、安全、生活方便的居住环境，制定本办法。

二、本办法所称城市，是指国家按行政建制设立的直辖市、市、镇。

本办法所称“新建住宅小区”，是指达到一定规模、基础设施配套比较齐全的新建住宅小区(含居住小区、住宅组团，以下简称“住宅小区”)。

本办法所称“住宅小区管理”(以下简称“小区管理”)，是指对住宅小区内的房屋建筑及其设备、市政公用设施、绿化、卫生、交通、治安和环境容貌等管理项目进行维护、修缮与整治。

三、房地产行政主管部门负责小区管理的归口管理工作；市政、绿化、卫生、交通、治安、供水、供气、供热等行政主管部门和住宅小区所在地人民政府按职责分工，负责小区管理中有关工作的监督与指导。

四、住宅小区应当逐步推行社会化、专业化的管理模式。由物业管理公司统一实施专业化管理。

五、房地产开发企业在出售住宅小区房屋前，应当选聘物业管理公司承担住宅小区的管理，并与其签订物业管理合同。

住宅小区在物业管理公司负责管理前，由房地产开发企业负责管理。

六、住宅小区应当成立住宅小区管理委员会(以下简称“管委会”)。

管委会是在房地产行政主管部门的指导下，由住宅小区内房地产产权人和使用人选举的代表组成，代表和维护住宅小区内房地产产权人和使用人的合法权益。

七、管委会的权利和义务。

……

八、物业管理公司的权利和义务。

……

十五、物业管理公司违反本办法规定，应受到相应处罚。

十六、本办法生效前,未按本办法实施管理的住宅小区可参照本办法执行。

十七、各省、自治区、直辖市人民政府房地产行政主管部门可根据本办法制定实施细则。

十八、本办法由建设部负责解释。

十九、本办法自一九九四年四月一日起施行。

评析:

①标题文种不正确,应为《城市新建住宅小区管理办法》。

②层次序列不规范,应将“一、二、三……”改为“第一条、第二条、第三条……”。

③内容表述不正确,如第十五条“物业管理公司违反本办法规定,应受到相应处罚。”具体情况如何判断、受到哪些处罚未列出。

3.1.4 规定的结构和写法

规定由首部和正文两部分组成。

(1)首部

首部包括标题、制发时间和依据等项目。

①标题。一般有两种构成形式:一种是“发文单位+事由+文种”,另一种是“事由+文种”。

②时间和依据。用括号在标题之下注明规定发布和签发的时间与依据。有的规定是随“命令”“令”等文种同时发布的,这一项内容可不再写。

(2)正文

正文的内容由总则、分则和附则组成。

①总则交代制定规定的缘由、依据、指导思想、适用原则和范围等。

②分则即规范项目,包括规定的实质性内容和要求具体执行的依据。

③附则说明有关执行要求等。

正文的表述形式一般采用条款式或章条式。

3.1.5 办法的结构和写法

办法由首部和正文两部分组成。

(1)首部

首部包括标题、制发时间和依据等项目。

①标题。由“发文机关+事由+文种”构成。

②制发时间、依据。标题之下用括号注明规定制发的年、月、日和会议;通过的会议、时间及发布的机关、时间;批准的机关、时间等。有的办法随“命令”“令”等文种同时发布,这一项目内容可不再写。

(2)正文

正文一般由依据、规定、说明这三层组成,可分章、分条叙述。办法中的各条规定,是办法的主体部分,要将具体内容和措施依次逐条写清楚。办法的结尾,一般是交代实施的日期和对实施的说明。

3.1.6 情景写作训练

①如果你是一名物业管理员,你的主管经理让你写一份《××小区车位管理办法》,你该从哪方面着手写?

②××小区绿化经常遭人为毁坏,还有些业主在此堆放物品、踢足球、打羽毛球等不文明行为。就此现象,请你拟写一份《××小区绿化管理规定》。

知识拓展:

规定和办法的区别

简单来说,规定是个限制,对在规定内的不能违背;办法是手段,对一些事情发生了应该按照办法的要求来做。

“规定”的特点是使用范围广泛,对制定和发布机关的地位无严格限制。所涉及事物和问题不如条例重大,范围相对窄一些。内容详尽具体,针对性强;一般既可是“自主的”规范性公文,也可以是“补充的”规范性公文(内容为依法或根据授权补充其他规范性公文的内容,对其加以细化和完善),也可以是“执行的”规范性公文(直接为有效执行其他规范性公文而制定,自身不创造新的规则,只是对这些公文在何种情况下适用作出具体规定,对有关概念和问题作出精细的解释说明)。但从实际使用情况看,规定更适合作为“自主的”和“补充的”规范性公文。

“办法”比“规定”所涉及的事物和问题的规模要更小一些，性质也相对轻一些。针对性更强，内容也更加详尽、具体而精细，更重直接的可操作性。除了一部分为“自主的”公文外，大部分为“执行的”规范性公文，如各种“实施办法”即均具备这种性质。

3.2 章程、制度

问题思考：

小蔡刚从大学毕业，进入××物管公司从事文秘工作。一天，部门经理让他起草一份《员工考勤制度》。请问小蔡应该从哪些方面进行准备？

3.2.1 基础知识

(1)章程的含义和特点

章程是组织、社团经特定的程序制定的关于组织规程和办事规则的文书，是一种根本性的规章制度。章程主要有以下两个特点。

①稳定性。章程是组织或团体的基本纲领和行动准则，在一定时期内稳定地发挥其作用，如须改动或修订，应履行特定的程序与手续(经组织全体成员或其代表审议通过)；有关单位开展业务工作的章程，是基本的办事准则，也应保持相对稳定，不宜轻易变动。

②约束性。章程作用于组织内部，依靠全体成员共同实施，不由国家强制力予以推行。但要求下属组织及成员信守，有一定的规范作用和约束力。

(2)章程的主要类型

1)组织章程

组织章程由各类社会组织制定，用以对本组织的性质、宗旨、任务、机构、人员构成、内部关系、职责范围、权利义务、活动规则、纪律措施等作出明确规定。

2)业务工作章程

业务工作章程主要由有关企事业单位制定，阐明其业务性质、运作方式、基本要求、行为规范等。

(3)制度的含义和特点

制度是国家机关、社会团体、企事业单位,为了维护正常的工作、劳动、学习、生活的秩序,保证国家各项政策的顺利执行和各项工作的正常开展,依照法律、法令、政策而制定的具有法规性或指导性与约束力的应用文。

制度的使用范围极其广泛,大至国家机关、社会团体、各行业、各系统,小至单位、部门、班组,都可使用。它是国家法律、法令、政策的具体化,是人们行动的准则和依据,因此,制度对社会经济、科学技术、文化教育事业的发展,对社会公共秩序的维护,有着十分重要的作用。制度主要有以下特点。

①指导性和约束性。制度对相关人员做些什么工作、如何开展工作都有一定的提示和指导,同时也明确相关人员不得做什么以及违背了会受到什么样的惩罚。因此,制度有指导性和约束性的特点。

②鞭策性和激励性。制度有时就张贴或悬挂在工作现场,随时鞭策和激励着工作人员遵守纪律、努力学习、勤奋工作。

③规范性和程序性。制度对实现工作程序的规范化、岗位责任的法规化、管理方法的科学化起着重大的作用。制度的制定必须以有关政策、法律、法令为依据。制度本身要有程序性,为人们的工作和活动提供可供遵循的依据。

(4)制度的主要类型

制度可分为岗位性制度和法规性制度两种类型。

1)岗位性制度

岗位性制度适用于某一岗位上的长期性工作,所以有时制度也叫"岗位责任制"。如《办公室人员考勤制度》《机关值班制度》等。

2)法规性制度

法规性制度是对某方面工作制定带有法令性质的规定,如《职工休假制度》《差旅费报销制度》。制度一经制定颁布,就对某一岗位上的或从事某一项工作的人员有约束作用,是他们行动的准则和依据。制度的发布方式多样,除作为文件存在之外,还可以张贴和悬挂在某一岗位和某一项工作的现场,以便随时提醒人们遵守,同时也便于大家互相监督。

3.2.2 阅读与分析

【例文1】

××小区业主委员会章程(草案)

第一章 总则

第一条 ××市××小区业主委员会,是根据国务院《物业管理条例》和《业主大会规程》的有关规定成立的在物业管理区域内代表全体业主实施自治管理的组织。由业主大会或业主代表大会(以下统称“业主大会”)从全体业主中选举产生。是经物业管理行政主管部门核准登记,在实施物业管理工作中代表和维护全体业主合法权益的非法人组织。其合法权益受国家法律保护。

第二条 本业主委员会接受市物业管理行政主管部门的领导。执行国家及省市有关物业管理的法律法规及政策的规定。

第三条 业主委员会的宗旨是:代表本物业的合法权益,实行业主自治与专业化管理相结合的管理体制,保障物业的合理与安全使用,维护本物业的公共秩序,创造整洁、优美、舒适、文明的环境。

第二章 业主委员会的产生及职责

第四条 本业主委员会由本住宅小区业主大会选举产生,向业主大会负责并报告工作,接受业主大会及物业管理行政主管部门的监督。

第一届业主委员会,由物业管理行政主管部门会同开发建设单位或物业管理企业、业主代表组成筹备小组,筹备小组组织推荐业主委员会委员候选人名单,提交第一次业主大会实行差额选举产生。

第五条 业主委员会自选举成立15日内,持下列文件向物业管理行政主管部门办理登记。

(一)成立业主委员会登记申请书;

(二)业主委员会委员名单;

(三)业主委员会章程。

第六条 本业主委员会设委员9名,其中主任1名、副主任3名,由一名副主任兼任执行秘书,负责处理本会日常事务。

业主委员会主任、副主任从业主委员会委员中选举产生。

第七条　业主委员会在业主大会的监督下，履行下列职责：

（一）召集和主持业主大会，报告小区物业管理的实施情况；

（二）执行业主大会的决议、决定；

（三）修订业主公约、业主委员会章程；

（四）采用招标或其他方式选聘、续聘或组织解聘物业管理企业，与物业管理企业签订变更或者解除物业管理委托合同；

（五）审议物业管理服务费收取标准及使用办法；

（六）审议年度管理工作计划，年度费用概预算；

（七）检查、监督物业管理企业的物业管理工作；

（八）监督公用建筑、公共设施的合理使用，负责物业维修基金的筹集、使用和管理；

（九）听取业主、非业主使用人的意见和建议，监督和支持物业管理企业的管理服务活动；

（十）监督业主公约的遵守和物业管理制度的执行；

（十一）业主大会赋予的其他职责。

第三章　业主委员会会议

第八条　业主委员会会议每季度至少举行一次。有2/3以上的委员提议或主任、副主任两人以上认为有必要时，可召开特别会议。

第九条　业主委员会会议的召开应由召集人提前7天将会议通知及有关材料送达每位委员。委员因事不能参加，可以一次性书面委托代理人参加，包括会议日期、地点和议题，并代其行使表决权。

第十条　业主委员会会议由主任召集、主持，主任因故缺席时，由副主任主持，可邀请物业管理行政主管部门及政府有关部门（街道办事处、派出所等）、物业管理企业的人员和非业主使用人代表列席会议。

第十一条　会议决定问题，采取少数服从多数的原则，其决定必须经全体委员会半数以上通过才有效。

第四章　业主委员会委员

第十二条　本业主委员会委员从业主中选举产生，每届任期3年，可连选连任。在任期内，委员的撤换、增减，由业主委员会会议通过后，提交业主大会确认。

第十三条　业主委员会委员由道德品质好、热心公益事业、责任心强，有一定的组织能力和必要工作时间的成年人担任。但有下列情形的人员不得担任委员，已担任的须停任，并由下次业主大会确认：

（一）个人已宣告破产或担任企业法定代表人期间该企业破产3年内的；

（二）因身体或精神上的疾病而丧失履行职责的能力；

（三）无故缺席会议3次以上；

（四）已不是业主；

（五）有违法犯罪行为被司法部门认定或正在接受调查的；

（六）已以书面形式辞职的；

（七）业主大会已将其罢免的。

（八）其他不适宜担任本会委员的情形。

第十四条　业主委员会委员的权利义务。

（一）业主委员的权利。

1. 参加业主委员会组织的有关活动；

2. 选举权、被选举权和监督权；

3. 参与业主委员会有关事项的决策；

4. 对业主委员会的建议和批评权。

（二）业主委员的义务。

1. 遵守业主委员会章程；

2. 执行业主委员会的决议，完成交办的任务；

3. 参加业主委员会组织的会议、活动和公益事业；

4. 向业主委员会的工作提供有关资料和建议。

第十五条　业主委员会委员停任时，须在停任后1周内，将管理和保存的属于业主委员会的资料、财务手续等移交给业主委员会。

第五章　附 则

第十六条　业主大会通过的有关本章程的决议和细则都是本章程的组成部分。

第十七条　业主委员会任期内，有下列情形之一的，可以组织召开业主大会，选举新一届业主委员会。

（一）有20%以上业主联名要求改选的；

（二）业主委员会不履行职责和义务的；

(三)因决策失误给业主或物业造成重大损失的;

(四)2个以上物业管理区域合并为1个的;

(五)法院判决必需改选的;

(六)因其他原因确需改选的。

第十八条 业主委员会任期内被解散时,选举新一届业主委员会,按首届业主委员会成立办法组织实施。

第十九条 新一届业主委员会产生后,上届业主委员会在30日内将有关文件和资料移交给新一届业主委员会。

第二十条 业主委员会开展活动所需费用,由全体业主分担。

第二十一条 本章程的解释权属业主委员会。

第二十二条 本章程若与有关法律法规不符时,按有关规定执行。

第二十三条 本章程经业主大会通过后生效。

××小区业主委员会

××××年××月××日

评析:

这是××小区业主委员会的章程。该文的写作采取了章条式,属于规范性规章制度的范畴。这一章程的最大特点是内容翔实,把小区业委会产生及其职责、业委会会议召开、业委会委员产生办法及其权利与义务等诸方面都考虑到了,有很强的可操作性。

【例文2】

清洁人员现场管理制度

1. 目的

便于加强和规范对现场保洁人员的管理。

2. 范围

适用于重庆分公司各业务部门。

3. 职责

3.1 依据行业特征,清洁实行现场主管负责制。现场主管负责工地清洁的一切日常事务,包括员工考勤,质量检查,工作安排、调整等,具有本工作范围的员工人事处分权。

3.2 清洁员工直接对主管负责,主管对公司负责,公司对客户负责。

4. 方法与过程控制

4.1 档案和要求。

4.1.1 建立员工档案。公司将建立员工的个人档案,记录个人详细资料,一式三份,一份公司留底,一份甲方备查,一份现场主管保存。

4.1.2 制度公示。主要包括“员工守则”“岗位职责”“岗位礼仪”“考勤制度”“质量检查标准”“奖惩条例”。

4.1.3 统一着装。员工统一穿着工服,左胸佩戴工作牌。

4.2 工作检查与监督。

4.2.1 日巡查。主管每日随时在服务范围内进行巡查,并对员工工作进行现场指导。

4.2.2 日检查。每日下班前,主管对员工清洁工作情况进行一次检查并打分记录。

4.2.3 周、月检查。主管每周、每月组织员工对各自负责的清洁范围内固定性的工作进行全面检查并打分记录,作为月终总结、考核的依据。

4.2.4 季度检查。公司管理部每季度派出专职工作人员进行一次大的突击式检查,包括员工形象、工作记录、清洁质量、安全状态、拜访客户等。

4.2.5 客户拜访。定期拜访客户,认真听取其意见,在允许的情况下,邀请甲方相关人员一同检查。

4.3 训导与总结。

4.3.1 每日训导。每日开始清洁工作前,召集当班员工开班前会,主要内容包括交代当日工作的重点及需改进的地方、检查员工的仪容仪表。

4.3.2 每周小结。每周选择恰当的休息时间召集员工例会,对一周工作进行小结。

4.3.3 月总结。每月组织全体员工开一次总结会,表扬先进、总结经验、改进工作方法。

4.4 沟通联系。

主管佩有手机(或提供对讲机),可直接与之联系。清洁工应在指定的范围内工作,未经允许不得擅离岗位,以便于主管随时调配、指挥。

××物管公司

××××年××月××日

评析:

这是××物管公司清洁人员现场管理制度。该文标题简单明了,彰显出文种特性。该文的写作采取了条款式,简明清晰。内容上翔实全面,把清洁人员现场管理制度包括员工考勤、质量检查、工作安排、调整等诸方面都考虑到了,有很强的可操作性。

3.2.3 病文修改

【病例1】

设备机房值班室管理通告

1.机房值班室内不得吸烟,随地吐痰,乱丢杂物;各班组员工必须按时清洁机房地面,做到无明显污渍、无杂物、无粉尘。

2.机房内各设备需保持清洁,无积尘。

3.严禁在机房内聚会、聊天(包括上网)、嬉戏、睡觉、喧哗等,不得有影响工作、分散注意力的行为。

4.机房内严禁存放易燃易爆物,没有动火证不准在机房内进行动火作业。

5.机房内的内线和外线电话均为值班专用电话,应时刻保持待机状态;一般情况下不得打私人电话,如有急事,通话时间为3分钟左右。

6.严禁在机房电脑终端上使用配套之外的软件;未经允许,不得更改工作程序或改动任何数据。

7.经部门领导批准,外来人员(包括参观、学习和施工等)禁止进入机房;经批准进入机房的外来人员必须遵守机房有关规定,服从机房工作人员的安排与指导;值班人员应填写《设备房来访人员登记表》。

8. 机房钥匙是专用钥匙,任何员工不得持有或随意配制机房钥匙。

9. 未经批准,不得因私事脱离工作岗位。

××物业服务中心

××××年××月××日

评析:

①标题文种不正确,应为《设备机房值班室管理制度》。

②层次序列不规范,应为汉字小写形态的"一、二、三、四、五、六、七、八、九"。

③内容表述不正确,如第五条"如有急事,通话时间为3分钟左右"应为"如有急事,通话时间不宜超过3分钟";第七条中"经部门领导批准"应为"未经部门领导批准";第八条中"任何员工不得持有或随意配制机房钥匙"应为"未经主管批准,任何员工不得持有或随意配制机房钥匙"。

【病例2】

××物业管理有限责任公司制度

为适应社会主义市场经济的要求,大力发展生产力,依据《中华人民共和国公司法》(以下简称《公司法》)及有关法律的规定,××物业管理有限责任公司重新增资扩股,由××物业管理有限责任公司、××大厦、××工贸有限责任公司重新共同出资,并制定本章程。

一、公司名称和住所

第一条　公司名称:××物业管理有限责任公司(以下简称"公司")。

第二条　住所:××市××区新桥南大街甲28号。

二、公司经营范围

第三条　公司经营范围:接受委托从事物业管理(租赁房屋);停车场;装饰装修;房地产信息咨询(除中介);销售;食品;百货;机械电器设备;五金交电;建筑装饰材料;通讯器件(无线电发射设备除外);汽车配件;木材;钢材;针纺织品;办公用品;文化体育用品;儿童玩具;照相器材;箱包鞋帽;化工产品;家具;劳保用品;工艺美术品;日用杂品;酒;饮料;电子计算机及外部设备;食用油;烟;蔬菜;音像制品;食品加工;体育健身(经营项目以工商局核批为准)。

三、公司注册资本

第四条　公司增资为500万人民币。

公司增加或减少注册资本，必须召开股东会，由全体股东通过并作出决议。公司减少注册资本，还应当自作出决议之日起10日内通知债权人，并于30日内在报纸上至少公告三次。公司变更注册资本应依法向登记机关办理变更登记手续。

四、股东的姓名、出资方式及出资额

第五条　股东的姓名、出资方式及出资额如下：

股东姓名	出资方式	出资额(万元)
××机关服务中心	货币	300
××大厦	货币	100
××工贸有限责任公司	货币	100

第六条　公司成立后，应向股东签发出资证明书。

五、股东的权利和义务

第七条　股东享有相应的权利。

第八条　股东承担相应的义务。

……

十、股东认为需要规定的其他事项

第二十八条　公司根据需要或涉及公司登记事项变更的可修改公司章程，修改后的公司章程不得与法律、法规相抵触，修改公司章程应由股东会全体股东表决通过。修改后的公司章程应送原公司登记机关备案，涉及变更登记事项的，同时应向公司登记机关作变更登记。

第二十九条　公司章程的解释权属于股东会。

第三十条　公司登记事项以公司登记机关核定的为准。

第三十一条　本章程经各方出资人共同订立，自公司结构重组之日起生效。

第三十二条　本章程一式三份，并报公司登记机关备案一份。

全体股东亲笔签字、盖章

××机关服务中心　　　　　　××大厦

（签章）　　　　　　　　　　（签章）

评析：

①标题文种不正确，应为《××物业管理有限责任公司章程》。

②层次序列不规范，应将“一、二、三、…、十”改为“第一章、第二章、第三章……第十章”。

③内容表述不正确，如第五章“第七条　股东享有相应的权利”“第八条　股东承担相应的义务”等应具体化。

3.2.4　章程的结构和写法

(1)**标题**

组织章程的标题，一般为组织或社团名称＋文种。标题下面，写明什么时间由什么会议通过，加上括号；其位置也可以在正文之下，相当于公文落款。

有关组织的代表大会通过了，就算正式章程。如果是尚未经代表大会通过的，在标题末尾加上“草案”字样。

(2)**正文**

章程正文，包括总则、分则和附则三部分。

1)总则

总则又称总纲，从总体说明组织的性质、宗旨、任务和作风等。

2)分则规定的内容

①成员，讲成员条件、权利、义务和纪律。

②组织，讲全国组织、地方组织、基层组织，代表大会、理事会、常务理事会、专业小组、名誉职务。

③经费，讲经费来源和使用管理等。

3)附则

附则的功能是附带说明制定权，修改权和解释权等。

3.2.5　制度的结构和写法

(1)**标题**

制度的标题主要有两种构成形式：一种是“适用对象＋文种”，如《保密制度》

《档案管理制度》;另一种是"单位名称+适用对象+文种",如《××大学校产管理制度》《××市工业局廉政制度》。

(2)**正文**

制度的正文有多种写法,主要可以概括为三种情况:引言、条文、结语式;通篇条文式;多层条文式。

①引言、条文、结语式。先写一段引言,主要用来阐述制定制度的根据、目的、意义、适用范围等,然后将有关规定一一分条列出,最后再写一段结语,说明执行中的注意事项。

②通篇条文式。将全部内容都列入条文,包括开头部分的根据、目的、意义,主体部分的种种规定,结尾部分的执行要求等。逐条表达,形式整齐。

③多层条文式。这种写法适用于内容复杂、篇幅较长的制度,特点是将全文分为多层序码,篇下分项、项下分条、条下分款。如某省制定的《档案管理制度》,用"一、二、三……"来表示大项,用"(一)(二)(三)……"来表示大项下的条,用"1. 2. 3. ……"来表示条下的款。

(3)**制发单位和日期**

如有必要,可在标题下方正中加括号注明制发单位名称和日期,其位置也可以在正文之下,相当于公文落款的地方。

3.2.6 情景写作训练

①如果你是一名物业管理员,你的主管经理让你写一份《××物管公司档案管理制度》,你该从哪方面去着手呢?

②你所在的小区成立足球队,请你为该足球队拟写一份《××小区足球队章程》。

知识拓展:

章程与制度的区别

从章程与制度的特点和作用,可以看出它们的主要区别有如下两点。

一是内容要求不同。章程是社团、组织在设立、变更时必须提交的文件,主要是由发起方根据国家关于社团、组织设立、变更等方面的法律法规而制定的,对其内容有法规方面的要求。主要内容包括社团、组织的名称、注册地等方面的内容，主要是针对社团、组织发起人和国家的。简单地说，制度就是社团、组织内部管理员工的一套规章制度，如上班迟到、早退该惩罚多少等，当然应该也有奖励。这是两个完全不同的概念。

二是效力不同。章程的效力要比制度更为正式。在社团、组织设立之前，章程中的各项条件必须具备，否则社团、组织也无法成立。制度不在社团、组织成立的必要条件之列，但就管理而言，有一套健全、完善的制度更加有利于优化社团、组织的管理流程，提高管理效能，提升社团、组织的经济运行质量及员工工作效率。

3.3 公约、守则

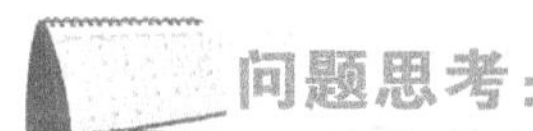

在公约与守则的问题上，王涛和张明产生了争议。王涛认为，公约和守则是一回事，都是参与制定的单位和个人共同信守的行为规范。但张明则不认同，他认为两者之间是有区别的。那么，什么是公约？什么是守则？

3.3.1 基础知识

(1)**公约的含义和特点**

公约是指各个国家、部门、人员之间的一个共同遵守的约定，一般是大家就有关国家、部门、人员之间的利益问题进行公开讨论，达成一致意见并且同意遵守的一个规定。公约是参与制定的单位和个人共同信守的行为规范，它对于维护社会秩序、促进安定团结、加强社会主义精神文明建设有着不可低估的作用。

公约主要有以下特点：

①公众约定性。约定性是公约的突出特点之一。公约虽有约束性，但它不是有关管理部门制定的强制性的法规，而是订约单位或订约人自愿协商缔结的公共约法。它一般不产生于行政管理部门，而是产生于社会团体或民众之间，有一定的民间特色。它不是正式的法律和法规，对参与者只有道德约束力，没有法律效应。

②长期适用性。公约所涉及的内容一般都具有长期的稳定性，因而公约也具有长期适用性，不会在短时间之内就因为时过境迁而成为废文。制定公约时应该充分考虑到这一点，要选择大家共同关心的、有长期意义的原则性事项，将其写入公约。如果发现原有的公约已经过时，则要讨论制定新的公约来取代它。

③集体监督性。公约一经公众认定，就是订约人的行为和道德规范，每个人都有履行公约的义务，不得违反。同时，它也是人们互相监督的依据，每个人也都有以公约为准则来监督别人的义务。一旦发现有违背公约的行为，大家都有权对其进行批评和谴责。

④基本原则性。公约的内容在多数情况下都是一些基本道德准则和精神文明建设的原则要求，一般不涉及具体的行动方法和实施措施，不像细则那样详尽具体，因而公约大多短小精悍。

⑤一致认同性。公约是在一个公共协商的基础上拟订的，应得到每个缔约者的认同。就一般情况而言，有弃权票，不影响公约的通过，但有否决票时公约则不能被通过，即每个制定者拥有"一票否决权"。在特殊情况下，在有否决票的情况下可以强制通过，但投否决票者可以选择不加入该公约。

(2)公约的主要类型

1)部门公约

这里所说的部门不是行政管理部门，而是群众社团、民间组织，如消费者协会制定的《消费公约》，爱国卫生委员会制定的《卫生公约》，首都精神文明建设委员会制定的《业主文明公约》等。

2)行业公约

行业公约是一个行业为了加强本行业的职业道德、保护公平竞争，由行业协会出面主持制定的公约，就是行业公约，如《北京市物业管理协会行业公约》。

3)民间公约

民间公约是由居委会、村委会或村民小组出面主持制定的公约，也就是俗称的"村规民约"，如《居民文明公约》。

(3)守则的含义和特点

守则是指某一社会组织或行业的所有成员，在自觉自愿的基础上，经过充分的讨论，达成一致意见而制定的行为准则，一般包括文明守则等、爱国卫生守则等、乡村守则等。守则的篇幅一般都比较短小,多采用通篇分条式写法。守则是国家机关、人民团体、企事业单位为了维护公共利益,向所属成员发布的一种要求自觉遵守的约束性公文。

守则的制定有三个依据:一是党和国家的方针、政策,二是有关法律、法规,三是全社会共同遵守的道德规范。因此,遵守守则,实际上也就是遵纪守法,就是讲文明、讲道德。

守则主要有以下特点:

①原则性。守则的原则阐述多于具体要求,它在指导思想、道德规范、工作和学习态度等方面,提出基本原则,但不过多涉及具体事项和方法、措施。

②约束性。守则是用来规范人的道德、约束人的行为的,通常在一个系统内部人人都要熟悉守则、人人都要遵守守则。它虽然不具有法律效力,也没有明显的强制性,但对有关人员的教育作用和约束作用还是很明显的。

③完整性。守则一般篇幅都比较短小,但内容涉及人员应该遵循的所有基本原则和规范,系统而完整。为此守则的撰写要注意条目清晰,逻辑严谨。

(4)守则的主要类型

守则是由国家机关、社会团体、企事业单位制定的,要求所属人员共同遵守的行为规范。守则属于规范人们行为的管理性事务文书,在各行各业的事务管理活动中使用范围非常广泛。按制作人和单位分类,守则有用于行政部门的,有用于教育部门的,有用于工矿企业的,还有用于某种生产工艺操作的。

3.3.2 阅读与分析

【例文1】

广州市物业小区管理规约
(示范文本)

第一章 总 则

第一条 为加强对本小区物业的管理,维护全体业主和物业使用人的合法权益,维护公共环境和社会秩序,保障物业的安全与合理使用,根据《中华人民共和国物权法》《物业管理条例》《业主大会规程》等有关规定,制定本规约。

第二条　本规约由业主大会通过，全体业主和物业使用人须自觉遵守。

第二章　业主的共有权

第三条　本物业小区内物业的基本情况

物业名称：

坐落位置：

物业类型：

建筑面积：

建筑物区域四至：

第四条　根据有关法律法规和物业买卖合同，业主享有以下物业共用部位、共用设施设备的共有权：

（一）住宅主体承重结构部位（包括基础、内外承重墙体、柱、梁、楼板、屋顶等）、户外墙面、门厅、走廊通道、楼梯间等；

（二）住宅小区或单幢住宅内，建设费用已分摊进入住房销售价格的共用的上下水管道、落水管、水箱、加压水泵、电梯、天线、供电线路、照明、锅炉、暖气线路、煤气线路、消防设施、绿地、道路、路灯、沟渠、池、井、非经营性车库、公益性文体设施和共用设施设备使用的房屋等；

（三）其他依据法律法规规定属于全体业主共有的物业。

第三章　物业使用原则

第五条 为维护业主的共同利益，经业主大会同意，可授予物业服务企业在物业服务活动中行使以下权利：

（一）根据本规约制定物业共用部位和共用设施设备的使用、公共秩序和环境卫生的维护等方面的规章制度；

（二）以批评、规劝、公告、法律诉讼等必要措施制止业主、物业使用人违反本规约和规章制度的行为。

第六条　物业服务收费采取（　　）方式。业主应按照物业服务合同的约定按时足额缴纳物业服务费用。

物业服务费用是物业服务活动正常开展的基础，涉及全体业主的共同利益，业主应积极履行缴纳物业服务费用的义务。

第七条　业主对物业的专有部分享有占有、使用、收益和处分的权利，但不得妨碍其他业主正常使用物业。

第八条　业主应遵守法律、法规的规定，按照有利于物业使用、安全、整洁、公平、合理、不损害公共利益和他人利益的原则，在供电、供水、供热、供气、排水、通行、通风、采光、装饰装修、环境卫生、环境保护等方面妥善处理与相邻业主的关系。

第九条　业主应按规划用途使用物业。因特殊情况需要改变物业规划用途的，业主应在征得相关业主及业主委员会同意后，报有关行政主管部门批准，并告知物业服务企业。

第十条　业主需要装饰装修房屋的，应事先告知物业服务企业或业主委员会，并缴纳1 000元装修押金给物业服务企业或业主委员会。装修押金在装修完工后，经物业服务企业或业主委员会派专业人员检查合格后退还。

业主应按有关法律法规的规定从事装饰装修行为，遵守装饰装修的注意事项，不得从事装饰装修的禁止行为。

第十一条　业主应按设计预留的位置安装空调，未预留设计位置的，应按物业服务企业指定的位置安装，并按要求做好噪音及冷凝水的处理工作。

第十二条　业主应在指定地点放置装饰装修材料及装修垃圾，不得擅自占用物业共用部位和公共场所。

装饰装修施工时间为早8:00至12:00、下午14:00至18:00，其他时间不得施工。

第十三条　因装饰装修房屋影响物业共用部位、共用设施设备的正常使用以及侵害相邻业主合法权益的，业主应及时恢复原状并承担相应的赔偿责任。

第十四条　业主应按有关规定合理使用水、电、气等共用设施设备，不得擅自拆改。

第十五条　业主及物业使用人使用电梯、扶梯，应遵守本物业小区电梯、扶梯的使用管理规定。

第十六条　本物业小区内行驶和停放车辆，应遵守本物业小区的车辆行驶和停车规则。

第十七条　本物业小区内禁止下列行为：

（一）损坏房屋承重结构，破坏房屋外貌，擅自改变房屋使用性质；

（二）违法搭建建筑物、构筑物；

（三）擅自改建、占用物业共有部分；

（四）损坏或者擅自占用、移装共用设施；

(五)未经业主大会同意及有关政府部门批准,擅自占用、改建、扩建小区内及周边市政道路;

(六)践踏、占用绿地,损毁树木、园林;

(七)存放不符合安全标准的易燃、易爆、剧毒、放射性等危险性物品,存放、铺设超负荷物品;

(八)排放有毒、有害物质;

(九)乱抛垃圾,高空抛物;

(十)发出超过规定标准的环境噪声;

(十一)法律、法规和管理规约禁止的其他行为。

第十八条　业主和物业使用人在本物业小区内饲养动物不得违反有关规定,并应遵守以下约定:

(一)不得在公共场所大小便;

(二)进入公共场所要使用绳索牵好,以防伤及他人;

(三)不得因喧叫而妨碍他人休息。

第四章　物业的维修养护

第十九条　业主应当按照国家有关规定缴纳维修资金。

专项维修资金属于全体业主所有,专项用于物业保修期满后物业共有部分、共用设施设备的维修和更新、改造,不得挪作他用。维修资金使用须经相关联专有部分占建筑物总面积三分之二以上业主且占总人数三分之二以上业主同意方可使用。

第二十条　业主转让或者出租物业时,应当将管理规约内容、物业服务费用标准等事项告知受让人或承租人,并自物业转让合同或租赁合同签订之日起五日内,将物业转让或者出租情况告知业主委员会和物业服务企业。业主转让物业时应提供缴纳维修资金的相关证明。

第二十一条　业主对物业专有部分的维修养护行为不得妨碍其他业主的合法权益。

第二十二条　因维修养护物业确需进入相关业主的物业专有部分时,业主或物业服务企业应事先告知相关业主,并在约定期限内恢复原状,相关业主应给予必要的配合。

相关业主阻挠维修养护的进行造成物业损坏及其他损失的,应负责修复并承担赔偿责任。

第二十三条 因维修养护物业或者公共利益，业主确需临时占用、挖掘道路、场地的，应当征得业主委员会或物业服务企业的同意，并在约定期限内恢复原状。

第二十四条 物业存在安全隐患，危及公共利益或其他业主合法权益时，责任人应当及时采取措施消除隐患。

第五章 违约责任

第二十五条 业主违反本规约关于物业的使用、维护和管理的约定，妨碍物业正常使用或造成物业损害及其他损失的，其他业主和物业服务企业可依据本规约向人民法院提起诉讼。

第二十六条 业主违反本规约关于业主共同利益的约定，导致全体业主的共同利益受损的，其他业主和物业服务企业可依据本规约向人民法院提起诉讼。

第六章 附 则

第二十七条 本规约所称物业的专有部分，是指由业主独立使用并具有排他性的房屋、空间、场地及相关设施设备。

本规约所称物业的共用部位、共用设施设备，是指业主建筑物区域内业主专有部分以外的，属于多个或全体业主共同所有或使用的房屋、空间、场地及相关设施设备。

第二十八条 业主转让或出租物业时，应提前书面通知物业服务企业，并要求物业继受人签署本规约承诺书或承租人在租赁合同中承诺遵守本规约。

××物业小区

××××年××月××日

评析：

该文是由小区业主共同制定的管理规约，采取了章条式写作，内容包括：物业共有界定，物业的使用、维护和管理，专项维修资金的筹集、管理和使用，违反管理规约应当承担的责任等内容，条理清楚。根据现代物业管理的特点，可根据情况增加物业共用部分的经营与收益分配方面的相关条款。

【例文2】

公共秩序管理守则

为加强小区公共秩序管理，维护业主（住户）的合法权益及小区良好生活秩序和治安秩序，制定本守则。

1. 小区的治安保卫工作，由管理处护卫部协助政府公安部门进行。

2. 小区内的业主（住户）要积极配合护卫人员做好小区的联防保卫工作。

3. 本小区已在公共部位装设闭路电视监控系统，严禁业主（住户）遮盖、损坏摄像头及相关配用器材，否则，视情节轻重给予赔偿并追究相应法律责任。

4. 发现形迹可疑人员，业主（住户）应立即通知护卫人员。

5. 发生偷盗等恶性案件，业主（住户）应立刻报告公安部门同时通知护卫人员并保护好现场。

6. 小区严禁下列妨碍公共安全和扰乱小区秩序行为：

（1）在小区内打架、斗殴、谩骂吵闹；

（2）制造噪音影响他人正常的工作和休息；

（3）撬开他人信箱或盗窃他人信件；

（4）在小区内摆摊叫卖，发放传单；

（5）在小区内使用气枪；

（6）挪用、损坏消防器材、标志，违者按相关消防管理规定处理；

（7）损坏小区各种公共设施；

（8）违反小区管理规定和扰乱社会秩序。

7. 对下列违法行为，将报送公安机关依法处理：

（1）非法携带、存放枪支弹药；

（2）非法运输储存和管理易燃、易爆、剧毒、放射性等危险违禁物品；

（3）非法携带匕首、弹簧刀等管制刀具；

（4）在小区内聚赌；

（5）窝藏各类犯罪分子；

（6）侵入他人住宅，损坏他人财物；

（7）在小区内吸毒、贩毒、制毒、嫖娼、卖淫，制造、复制、出售、出租或传播淫秽书刊及淫秽录像物品；

(8)小区内非法集会、结社等;

(9)其他违法行为。

评析:

该管理守则标题规范,彰显出文种特性。内容简洁、清楚,把公共秩序管理诸多方面都考虑到了,有很强的可操作性。

3.3.3 病文修改

【病例1】

××物业管理公司员工日常礼仪

1.职员必须仪表端庄、整洁。具体要求如下:

1)头发:员工头发要经常清洗,保持清洁,男性员工头发不宜太长。

2)指甲:指甲不能太长,应经常注意修剪。女性职员涂指甲油尽量用淡色。

3)胡子:不能留胡子,应经常修剪。

4)口腔:保持清洁,上班前不能喝酒或吃有异味的食品。

5)女性职员化妆应给人清洁健康的印象,不能浓妆艳抹,不宜用香味浓烈的香水。

2.工作场所的服装应清洁、方便,不追求修饰。具体要求如下:

1)衬衫:无论是什么颜色,衬衫的领子与袖口不得污秽。

2)领带:佩戴领带时,应保持干净整洁,不得肮脏、破损或歪斜松弛。

3)鞋子应保持清洁,如有破损应及时修补,不得穿底带钉子的鞋、运动鞋、拖鞋等。

4)女性职员要保持服装淡雅得体,不得过分华丽。

5)配有工作服的员工应穿着工作服,并保持整洁。

6)除公司休闲日(每月最后一个星期五)外,其余上班时间不准穿运动服、牛仔服等。

3.日常工作礼仪规范:

1)正确使用公司的物品和设备,提高工作效率。

A. 公司的物品不能野蛮对待,挪为私用。

B. 及时清理、整理账簿和文件,对墨水瓶、印章盒等使用后要及时盖好。

C. 借用他人或公司的东西,使用后应及时送还或归放原处。

D. 工作台上不能摆放与工作无关的物品。

E. 公司内以职务称呼上司,同事间直呼姓名,客户间以先生、小姐等相称。

F. 未经同意不得随意翻看同事的文件、资料等。

2)正确、迅速、谨慎地打、接电话。

A. 电话来时,听到铃响,至少在第三声铃响前拿起话筒接听。通话时先问候,并自报公司、部门。对方讲述时要留心听,并记下要点。未听清时,及时告诉对方重复。结束时礼貌道别,待对方切断电话,自己再放话筒。

B. 通话简明扼要,不得在电话中聊天。

C. 对不指名的电话,判断自己不能处理时,可坦白告诉对方,并马上将电话交给能够处理的人。在转交前,应先把对方所谈内容简明扼要地告诉接手人。

D. 工作时间内不得打私人电话。

4. 会客礼仪符合规范。

评析:

①标题文种不正确,应为《××物业管理公司员工日常礼仪守则》。

②缺少发文缘由部分,应在正文开头加上"为使公司员工日常工作、生活行为有所规范,养成良好的工作生活习惯,以形成良好的企业文化,特制定本规范。本规范适用于公司所有员工。具体礼仪规范如下:"等类似的语言。

③层次序列不规范,第一层次应用汉字小写形态的"一、二、三……",其次为"1.2.3……",再次为"(1)、(2)、(3)、……"。

④内容表述不清楚,如第5条"会客礼仪符合规范",应具体化,如从接待工作及其要求、介绍和被介绍的方式与方法、名片的接受和保管等方面加以具体说明。

【病例2】

××小区清洁卫生告示

a. 各业主、住户必须遵守《××市门前三包、门内达标市容卫生责任制规定》,搞好门前清洁卫生工作,并协助搞好公共清洁卫生。

b. 严禁任何人员在小区内随地吐痰,乱丢纸屑、烟头、果皮及瓜壳,违者罚款5元。

c. 不准乱倒垃圾、杂物和随地大小便,违者罚款10~20元。

d. 禁止把垃圾、布屑、胶袋等杂物投放厕所或下水道,如因使用不当导致下水道堵塞或损坏,业主、住户应承担全部修理费用。

e. 本区内任何公共地方,均不得乱涂、乱画、乱贴及乱立指路牌、广告牌等,违者负责清除和粉刷费用。

f. 养宠物必须符合政府的有关规定,办理有关手续。

g. 住户装修完毕,应立即清扫,不得将废物弃于走廊、楼梯道及公共场所。

h. 各业主、住户不得在公共场所、走廊堆放物品或占用公共场地,应在指定地方放置垃圾,不得造成蚊蝇滋生。

i. 业主、住户不得向室外(即窗外或阳台外)倾倒污水,抛丢纸屑、烟头、杂物等,违者罚款。

评析:

①标题文种不正确,应为《××小区清洁卫生公约》。

②缺少发文缘由部分,应在正文开头加上"为保证本小区清洁卫生,各业主、住户和进入本区的其他人员共同遵守、互相监督,特制定如下公约:"等类似的语言。

③层次序列不规范,应将"a. b. c. ……"改为"一、二、三……"。

④内容表述不清楚,如第9条"……违者罚款"多少? 应具体化。

3.3.4 公约的结构和写法

(1)标题

公约的标题有三种写法。

一是"适用人+文种",如《业主公约》。

二是"适用范围+文种",如《花园小区公约》。

三是"涉及事项+文种",如《园林绿化公约》。

(2)正文

公约的正文由引言、主体和结尾组成。

1)引言

引言主要用来写明制定公约的目的、意义,常套用"为了……特制定本公约"的固定格式。

2)主体

主体采用条文式写法,将具体内容一一列出。这部分最重要,一定要做到系统完整、层次清楚、言简意明、朴实通畅。如物业管理规约应当对下列主要事项作出规定。

①物业的使用、维护、管理。

②专项维修资金的筹集、管理和使用。

③物业共用部分的经营与收益分配。

④业主共同利益的维护。

⑤业主共同管理权的行使。

⑥业主应尽的义务。

⑦违反管理规约应当承担的责任。

3)结尾

结尾用来写执行要求、生效日期等。如无必要,可免去这一部分。

(3)署名与日期

对于有些公约而言,署名是很重要的一项,因为署名就意味着承诺,表明遵守公约的意向,表明愿意为违背公约而承担责任。特别是行业公约,这一点显得更为突出。

3.3.5 守则的结构和写法

(1)标题和日期

1)标题

守则的标题结构为"适用对象 + 文种",如《物管人员守则》。

2)日期

有些守则需要在标题下方正中加括号标注日期和发布机关(通过守则的会议)。如《××小区物业管理委员会组成人员守则》就注明:“2010 年 7 月 2 日××委员会第二次会议通过”。

(2)**正文**

守则的篇幅一般比较短小,多采用通篇分条式写法。如果内容复杂,为了更有条理性,也可采用条例、规定、章程、细则那样的章条式写法,由总则、分则、附则三部分组成,下面再分章,章下再分条,不过这种情况比较少见。

在正文的写作中,条与条之间的划分是否符合逻辑规律,能不能做到条理清楚、层次分明,是写作成败的关键。另外还要注意语言表达的简练、质朴和准确。

3.3.6 情景写作训练

①××小区环境卫生比较差,原因是有的业主乱扔垃圾,有的业主在小区内遛狗,有的业主……如果你是一名业委会委员,请你写一份《××小区业主文明公约》,希望全体业主自觉爱护小区环境。

②××小区有许多业主豢养宠物,给小区环境、安全带来很大的影响。你作为一名物管人员,请就此拟写一份《××小区豢养宠物管理守则》。

3.4 承诺书

杨云是重庆云端物管公司的一名员工,部门经理让他草拟一份业主装修承诺书样本。你认为杨云应从哪些方面着手准备呢?

3.4.1 基础知识

(1)**承诺书的含义和特点**

承诺书是承诺人对要约人的要约完全同意的意思表示的书面形式。通常是要求以书面订立的合同,其承诺也必须采取书面形式。如《美国统一商法典》第二篇第2-201条规定,凡价金超过500美元的货物买卖合同,除该法典另有规定外,均须以书面方式做成,否则不能要求法院强制执行,法院在诉讼中对这种合同原则上不接受口头证据。又如《中华人民共和国经济合同法》第三条中规定:"经济合同,除即时结清者外,应当采用书面形式。"这里所说的"书面形式"中就包括承诺书。承诺书主要有以下特点:

①严肃性。承诺的事项一般是比较重要甚至是重大的事项,所以在承诺时相关单位和个人应考虑清楚。

②约束性。事项一经承诺,就对相关的单位和个人具有约束性,在某种程度上还具有强制性,应该在规定的范围内完成并实现其承诺。

③时效性。承诺具有时效性的要求,在规定的时间内要完成承诺的相关事项。

(2)***承诺书的主要类型***

①个人承诺书。此类承诺书是以个人名义作出的,体现的是个人的意愿,其约束的也是个人的行为。

②集体承诺书。两个及两个以上的个人或某个群体、单位所共同作出的承诺,其体现的是集体的意愿。

3.4.2 阅读与分析

【例文1】

后期服务承诺书

××市××区××物业公司:

我公司承建的××二期工程35,37号楼,我方将保证严格按照国家相关规定进行维修和后期服务,特此承诺如下:

1.对工程进行定期回访,和物业、业主保持良好的沟通。保修期间每年定期回访不少于三次。设有24小时服务电话__________便于和贵方及业主联系,如果服务电话变更,我们将以书面形式通知贵方和建设方。

2.保修期间我们将在每次大雨后通过电话或派人上门的形式进行回访,查看屋面防水和外檐墙面、塑钢窗等是否有渗漏情况,发现问题及时派人维修。

3.在采暖保修期内,每年供暖前试水和开始供暖当天,我方将派人在小区物业待命,出现问题及时修理。

4. 属于保修范围、内容的项目,我方保证在接到保修通知24小时内到达现场,3天内派人维修,发生紧急抢修事故的,我方在接到事故通知后,立即到达事故现场抢修。

5. 发生如下几种情况贵方可以委托他人修理,费用由我方承担:①我方联系不上或不在约定期限内派人保修的;②我方3次以上维修仍然无法修复的;③由于我方原因造成业主不同意我方维修的;④出现紧急情况,贵方认为必要的;⑤我方的维修方案贵方和建设方均认为不合理的。

6. 对于涉及结构安全的质量问题,我方按照《房屋建筑工程质量保修办法》的规定,立即向当地建设行政主管部门报告,采取安全防范措施;由原设计单位或者具有相应资质等级的设计单位提出保修方案,我方实施保修。

7. 如果由于质量缺陷或者我方失误造成业主损失的,我方将积极和业主协商,负责赔偿业主损失,如果达不成协议,贵方可以结合建设方确定赔偿方案,我方无条件服从。

8. 如果我方不及时支付维修费用,贵方可以要求建设单位从我方的工程保修费中扣除。如果我方未按承诺书的承诺履行职责,贵方有权要求建设单位对我方采取措施(经济处罚)。

9. 我方保证上门服务保修时态度热情,并且耐心细致地与业主进行沟通,保证不与业主发生冲突,否则一切后果均由我方承担。

××××建设工程有限公司

××××年××月××日

评析:

该承诺书是建筑公司针对35,37号楼维修和后期服务向小区物业公司所作的承诺。承诺内容全面,条理清晰,一目了然。

3.4.3 病文修改

承　诺

1. 确认已详细阅读"××大学××校区教职工住宅区业主临时公约"(以下称

"本临时公约"),并认同本临时公约的全部内容。

2. 同意遵守并倡导其他业主及物业使用人遵守本临时公约。

3. 本人同意承担违反本临时公约的相应责任,并同意对该物业的使用人违反本临时公约的行为承担连带责任。

4. 本人同意在转让该物业时取得物业继受人签署的本临时公约承诺书并送交建设单位或物业管理企业,建设单位或物业管理企业收到物业继受人签署的承诺书前,本承诺继续有效。

评析:

①标题不正确,应为《承诺书》。

②缺少承诺缘由部分,应在正文开头加上"本人为××大学××校区教职工住宅区____幢____单元____号的买受人,为维护本物业管理区域内全体业主的共同利益,本人声明如下:"等类似的语言。

③缺少落款,应署名并加上日期。

3.4.4 承诺书的结构和写法

承诺书一般包括标题、称谓、正文和落款四部分。

(1)标题

承诺书的标题一般有两种写法:

①"事由+文种",如《创先争优活动承诺书》。

②只由文种组成,如《承诺书》。

(2)称谓

称谓一般写出承诺的对象,有的也可以省略。

(3)正文

正文包括前言、主体、结尾三大部分。前言部分交代承诺的原因和目的,主体部分详细说明承诺的事项,结语部分表明期望和决心。

(4)落款

应在正文结尾后右下方署名,署名下方写上发文的年、月、日。

3.4.5 情景写作训练

××小区楼盘准备进行接房工作。如果你是该楼盘的一名物业管理员，请就该小区《业主公约》的相关内容拟写一份业主接房承诺书。

模块4　礼仪文书

学习目标

知识目标：

- 了解常用礼仪文书的含义、种类等基本常识。
- 掌握礼仪文书写作的基本格式和写作方法。
- 掌握贺信（电）、感谢信、慰问信、开幕词、闭幕词、欢迎词、欢送词、讣告、悼词、求职信、演讲词、主持词等礼仪文书的适用范围、类型、特点和结构。

能力目标：

- 能说明贺信（电）、感谢信、慰问信、开幕词、闭幕词、欢迎词、欢送词、讣告、悼词、求职信、演讲词、主持词等的结构。
- 能在具体工作中正确使用贺信（电）、感谢信、慰问信、开幕词、闭幕词、欢迎词、欢送词、讣告、悼词、求职信、演讲词、主持词。
- 能撰写规范的贺信（电）、感谢信、慰问信、开幕词、闭幕词、欢迎词、欢送词、讣告、悼词、求职信、演讲词、主持词。

重点与难点

- 贺信（电）、感谢信、慰问信、开幕词、闭幕词、欢迎词、欢送词、讣告、悼词、求职信、演讲词、主持词等礼仪文书的写作注意事项。
- 开幕词、闭幕词、欢迎词、讣告、悼词、求职信、主持词的写法。

知识框架

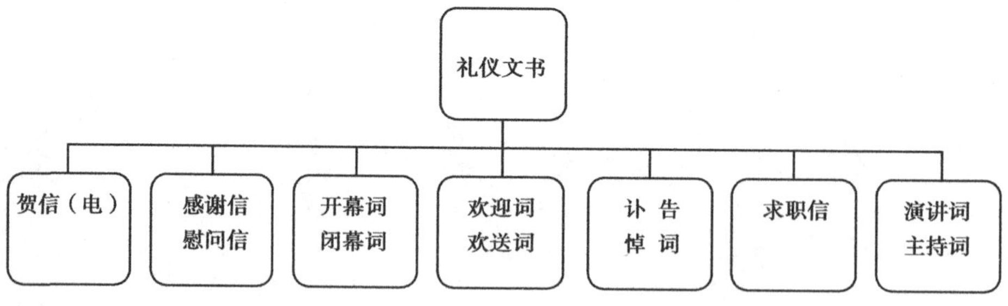

4.1 贺信(电)

在日常工作和生活中,我们常常会遇到值得祝贺的事情。当你要向对方表示祝贺的时候,会采取什么样的方式呢?

4.1.1 基础知识

(1)贺信(电)的含义和特点

贺信(电)是指党政机关、企事业单位、社会团体或个人向其他集体单位或个人表示祝贺的一种专用书信。它是日常应用文写作的重要文体之一。今天贺信已成为表彰、赞扬、庆贺对方在某个方面所作贡献的一种常用形式,它还兼有表示慰问和赞扬的功能。贺信(电)主要有以下特点:

①感情饱满、充沛。冷冰冰的陈述、评价是表达不出贺者的心愿的。

②贺信内容要真实,评价成绩要恰如其分,表示决心要切实可行。不可空发议论,空喊口号。

③语言要求精练、简洁、明快,不堆砌华丽辞藻,篇幅短小精悍。

(2)贺信(电)的主要类型

按其对象分,贺信可以分为行业之间的贺信、个人之间的贺信和国家之间的贺信。

①行业之间的贺信(电)。可以是节日祝贺,也可以是对工作成绩表示祝贺,同时还可以表明向对方学习的谦虚态度、保持和发展双方关系的良好愿望。

②个人之间的贺信(电)。用于亲朋好友在重要节日、重大喜事中互相祝贺、慰勉、鼓励,祝贺某人在工作、学习中取得了好成绩,以分享快乐。

③国家之间的贺信(电)。当有外交关系的国家新首脑就职或者友好国家有重大喜事时,一般要致贺信(电),这既是礼节上的需要,同时也是谋求双方共同发展、维护双方共同利益的方式。

4.1.2 阅读与分析

【例文1】

广东省物业管理行业协会致汕头市物业管理行业协会贺信

汕头市物业管理行业协会：

欣闻汕头市物业管理行业协会将于2010年12月21日隆重举行成立大会，在此，广东省物业管理行业协会特向贵协会致以热烈、真诚的祝贺！并预祝成立大会取得圆满成功！

汕头市物业管理行业协会的成立，标志着汕头市物业管理行业发展进入了一个新的阶段，它对于发挥汕头市物业管理行业的整体优势，推动、促进汕头市物业管理行业向纵深发展、增强企业的综合实力和竞争能力具有重要作用。

希望贵协会以揭牌为契机，紧密联系广大会员单位，全心全意为会员单位服务，积极开展行业交流、反映诉求，充分发挥行业协会的桥梁和纽带的作用，为政府部门制定政策提供科学论证和理论支持，为汕头市物业管理行业改革与发展创造良好环境，为提高物业管理行业的社会形象作出应有的贡献。

广东省物业管理行业协会

二〇一〇年十二月十五日

评析：

这是一篇行业之间、上级写给下级的贺信。标题采用"发文机关+受文机关+文种"的形式。正文第一段说明了表示祝贺的缘由，然后依次感情充沛地肯定协会成立的作用，由衷地表达本单位真诚的慰问和祝福，最后写了一些鼓励的话，提出希望和共同理想。

【例文2】

××致××的贺信

××公司：

欣悉贵公司今日隆重举行××仪式，我们非常高兴。在此，谨代表我公司所有员工向贵企业表示由衷的祝贺！让一纸信笺带去我们衷心的祝福！

回望过去，我们之间有着许多令人难忘的良好合作，在市场经济的惊涛骇浪中，共同携手搏击风浪。正是有了你们的支持与帮助，我们公司才有了今日蒸蒸日上的发展。

在发展中，我们彼此之间互惠互利，建立了良好的合作基础和深厚的友谊！今后，我们之间的合作前景更加广阔，愿同携手、共发展，不断加强合作、增进友谊，在市场经济的大潮中乘风破浪，共同开创新的胜利、新的辉煌！

恭祝贵公司：事业兴隆、前程似锦！

××物业管理有限公司

××××年×月×日

评析：

这是一篇公司之间的贺信。这篇贺信语言精练、简洁明快，没有华丽的辞藻，篇幅短小精悍，既是礼节上的祝贺，也是谋求双方共同发展、维护双方共同利益的一种方式。

4.1.3 病文修改

祝贺我们小区的×××先生被××市文明委评为“××市十佳文明市民”。这是我们小区的骄傲，也是小区广大业主的光荣。

××先生是我小区8号楼住户。8号楼是一座建成时间较早的楼，各项设施都不完善，再加上周围新的楼宇建设，使该楼30户居民生活遇到很大麻烦。为此，××先生克服了自身许多困难，义务为大家跑社区居委会，联系协调各相关单位，把全楼的事当自家的事来管。

××物业管理有限公司

××××年×月×日

评析：

①格式上不准确，没有写标题。

②内容虎头蛇尾，开头交代得比较详细，但最后没有结尾。文末应该提出一些号召或希望。

4.1.4 贺信（电）的结构和写法

贺信（电）一般由标题、称谓、正文、结尾和落款五部分构成。

(1) 标题

贺信（电）的标题通常由文种名构成。如在第一行正中书写“贺信”二字。有的还在“贺信”或“贺电”的前面加上谁写给谁的内容，或者写明祝贺事由等。个人之间的贺信、贺电也可以不写标题。

(2) 称谓

顶格写明被祝贺单位的名称或个人的姓名。写给个人的，要在姓名后加上相应的礼仪称呼，如“先生”“女士”等，称呼之后要用冒号。

(3) 正文

贺信（电）的正文要交代清楚以下三项内容：

第一，开门见山地对对方的喜庆之事表示祝贺。

第二，概括说明对方在哪些方面取得了成绩，分析其成功的主观、客观原因。贺寿的贺信，要概括说明对方的贡献及他的宝贵品质。总之这一部分是贺信（电）的中心部分，一定要交代清楚祝贺的原因。

第三，表示热烈的祝贺。要写出自己祝贺的心情，由衷地表达自己真诚的慰问和祝福。要写些鼓励的话，提出希望和共同理想。

(4) 结尾

结尾要写上礼貌用语或祝福语，如“此致，敬礼”“祝争取更大的胜利”“祝您健康长寿”等。

(5) 落款

文章底部写明发文的单位名称或个人姓名，并署上成文的日期。

4.1.5 贺信（电）写作要求

常用的贺信（电）是行业或个人之间的贺信（电）。根据亲疏关系的不同，个人之间的贺信可以随意一些。除此之外，写贺信（电）的时候还应该注意：要写得充满热情、喜悦，说些鼓励、褒扬的话，使对方确实感到温暖和振奋；赞美对方要做到实事求是、恰如其分，不要故意拔高，甚至献媚，以至于无法起到应有的表示祝贺的目的；要做到整洁、大方，用词要恰当、简练，篇幅不宜太长。

4.1.6 情景写作训练

某小区业主委员会成立，请以该小区物管公司的名义给小区业主委员会写一封贺信。

4.2 感谢信

问题思考：

你公司正值交接房之际，员工人手有限，于是你们从××学院借调了几名物管专业师生前来帮忙。在学院的师生的帮助下，你们顺利完成了任务。在他们即将离开公司的时候，经理让你写一封信给该学院，表达对帮助交接房的师生们的感谢之意，试问应该用什么文体？

4.2.1 基础知识

(1) 感谢信的含义和特点

感谢信是得到某人或某组织的帮助、支持或关怀后，对其表示答谢的书信。感谢信对于树立良好的社会风尚、促进社会主义精神文明建设有着重要意义。感谢信的使用范围很广，感谢帮助、感谢捐赠、感谢祝贺、感谢鼓励等，都可以使用。感谢信主要有以下特点：

①公开感谢和表扬。

②感情真挚。

③表达方式多样。

(2) 感谢信的主要类型

按感谢对象的特点来分，可以分为写给集体的感谢信和写给个人的感谢信。

①写给集体的感谢信。这类感谢信，一般是个人处于困境时，得到了集体的帮助，并在集体的关心和支持下，自己最终克服了困难、渡过了难关、摆脱了困境，所以要用感谢信的方式表达自己的感激之情。

②写给个人的感谢信。这类感谢信，可以是个人，也可以是单位，还可以是集体，为了感谢某个人曾经给予的帮助或照顾而写的。

4.2.2 阅读与分析

【例文1】

感谢信

尊敬的院长、老师及物业管理专业2010级同学：

你们好！

首先感谢贵院物业管理专业2010级同学对重庆×××公司××××物业管理处的支持。本次共有40名物业管理专业同学参加了前期物管——交接房的工作，取得了可喜的成绩。

在这次交接房工作中，同学们良好的精神面貌给公司各部门员工留下了深刻的印象。同学们在××××小区为期两月的工作已结束，在此，请允许我们××物管公司向你们致以最衷心的感谢！感谢贵院领导对这次交接房工作给予的悉心指导和热情关怀！感谢各位指导老师给予我们工作的协助！感谢同学们的辛苦工作！在这里我们向你们说声“各位辛苦了！”在这两个月的时间里，所有的同学在贵院领导和指导教师的帮助和指导下，顺利地完成了这次交接房工作，为物业管理后期服务打下了坚实的基础。

这次交接房工作是在贵院领导的关心和支持下进行的，所以我们的这次校企合作才能够如此成功。交接房初期，几位参与的同学为我公司做了大量的准备工作，期间非常耐心细致，专业能力很强。说到后勤工作，我们还应该感谢贵院的带队老师××和××，是他们无微不至的关心和指导增添了同学们的工作信心。××老师的工作态度让我们用人单位看到了贵校每一位老师严谨的治学态度和爱岗敬业的高尚情操。师道既尊，学风自善，是老师们凭着对教育事业的满腔热情，为社会输送了一批批高素质的人才。

在两个月的交接房工作中，我们还特别感谢物业管理专业2010级的40名同学。你们的综合素质非常高,你们在工作中展示的出色的物业管理专业能力、交接房能力以及前期准备的工作能力,给我们留下了深刻的印象。与你们在一起的时间虽然短暂,但是欢乐而幸福的。

贵院多年来为物业管理行业输送了大批高素质的职业技术人才,已经成为我市甚至全国物业管理职业技术人才培养的摇篮。贵院浓郁的学术氛围和敬业精神,令我公司全体同仁肃然起敬。寥寥数语,难以表达我们对贵院师生的感谢,唯有衷心地祝愿贵院越办越辉煌,在教育战线上永远健康持久地向前发展。祝愿贵院在今后的教育工作中能取得更加喜人的成绩,为社会输送更多的优秀人才。

最后,祝贵院的领导、老师、同学身体健康,工作顺利,学习进步!

×××物业管理公司

××××年×月×日

评析:

这是一篇写给集体的感谢信。文字叙述很清楚地交代了人物、事件、时间、地点、原因和结果,对关键时刻对方给予的关心和支持进行了重点叙述。文章在叙述事实的基础上,指出对方的支持和帮助对整个事情成功的重要性以及体现出的可贵精神;同时向对方今后的工作表示了衷心的祝福,文章感情真挚、令人感动。

【例文2】

感谢信

×××物管公司:

我是×××号房业主。贵公司工程部××先生在我家××问题上给予了大力且认真的关注,特以此信表达我感激的心情。

前几周,我发现家中××××出现问题。通过联系相关人员,我联系到了物管中心的××先生,他带领厂家售后服务人员先后3次来我家解决问题,每次都长达2至3个小时。其中有一次从中午11点半检查到下午近3点,大家都没有吃午饭,而随后××先生又赶去开会了。在这么多次的接触过程中,××先生从没有表现出厌烦的情绪,也从未有过抱怨,一直严格要求厂家全面查找原因,令我非常感动。

××先生认真负责的工作态度深深地感动了我,进一步加深了我对贵公司诚信、可靠这一形象的认可。我想过多的润色也没有必要,最真实的东西也最打动人,请贵公司再次转达我对××先生的感谢,并希望这种认真的工作态度能够代表×××物管公司大部分员工的面貌。

祝贵公司项目进展顺利。

×××号房业主

××××年×月×日

评析:

这是一篇写给单位的感谢信。信中首先介绍基本情况,表明写作意图;接着通过具体事例表现物管公司××员工热情细致的服务;最后表达感激之意。整篇文章用语朴实,内容真实具体,感情真挚。

4.2.3 病文修改

尊敬的领导、老师们:

感谢你们在前段时间对我们公司的帮助,在任务顺利完成之际,我代表我公司全体人员向你们表示衷心的感谢。祝你们在今后的生活中事事顺心,更加进步!

×××物管公司

××××年×月×日

评析:

①没有写标题。

②内容过于简单,没有交代清楚事件经过,让人不知道是为了什么事情而表示感谢。

③感情不够真挚动人,缺乏表达感谢的诚意。

④个别地方格式不正确。

4.2.4 感谢信的结构和写法

感谢信一般由标题、称谓、正文、结尾和落款五部分构成。

(1)**标题**

标题可只写“感谢信”三字;也可加上感谢对象,如“致李明同学的感谢信”“致平安物业公司的感谢信”;还可再加上感谢者,如“李明全家致平安物业公司的感谢信”。

(2)**称谓**

顶格写感谢对象的单位名称或个人姓名,如“××学院”“李明同志”。称谓后加冒号。

(3)**正文**

第三行空两格起,写感谢的内容,包括如下两方面:

①开头主要写感谢对方的原因,即为什么感谢?应对对方给予的关怀、帮助等作简要陈述,要交代清楚人物、时间、事件、地点、原因和结果等要素,突出对方的帮助、关怀、支援所产生的效果与意义,并向对方给予的帮助表示由衷的感谢。

②赞扬对方,表达自己向对方学习的态度和决心,也可以写自己今后的努力方向等。如果感谢的对象是个人,还可以向对方单位提出表彰建议。

(4)**结尾**

结尾另起一行,左空两格写“此致”,下一行顶格写“敬礼!”

(5)**落款**

落款写明发文的单位名称或个人姓名,并署上成文的日期。

4.2.5 感谢信的写作要求

叙述对方对自己或本单位的帮助,一定要把人物、时间、地点、原因、结果以及事情经过叙述清楚,便于组织了解和群众学习;信中要洋溢着感激之情,在叙述事实的过程中,除了要突出对方的好思想和表示谢意外,行文要始终饱含着感情,这种感情要真挚、热烈,使所有看到信的人都受到感染;写表示谢意的话要得体,既要符合被感谢者的身份,也要符合感谢者的身份;感谢信以说明事实为主,切勿不着边际地大发议论。

4.2.6 情景写作训练

“物业管理发展三十年”大会胜利闭幕了，××××杂志社为会议的顺利召开做了大量的准备工作，请以中国物业管理协会的名义给该杂志社写一封感谢信。

4.3 慰问信

2013年4月20日8时2分，四川省雅安市芦山县发生7.0级地震，造成38.3万人受灾，财产损失严重。在这种情况下，我们应该写一封怎样的信去安慰和鼓励他们呢？

4.3.1 基础知识

(1)慰问信的含义和特点

慰问信是有关机关或者个人，以组织或个人的名义，在他人处于特殊的情况下（如战争、自然灾害、事故等），或在节假日时，向对方表示问候、关心的应用文。慰问信主要有以下特点：

①发文的公开性。慰问信可以直接寄给本人，但大多是以张贴、登报，在电台、电视上播放的形式出现的。公开性是慰问信的一个特点。

②情感的沟通性。无论是对有突出贡献者还是对遭遇困难者的慰问，情感的沟通是支撑慰问信的一个深层基础。慰问正是通过表达崇敬之情，或关切之意来达成双方的情感交流和相互理解的。节日的慰问，尤其是为某一群体而设的节日的慰问，更是起着相互沟通情感的作用，如“三八妇女节”“教师节”等节日的慰问。

③书信体的格式。慰问信采用书信体格式。

(2)慰问信的主要类型

慰问信包括以下三种类型：

①表示同情、安慰的慰问信。对遭受意外灾难、蒙受重大损失、遇到巨大困难的

集体或个人表示慰问。这种慰问信侧重于表示同情、安慰和鼓励。

②表示节日问候的慰问信。用于节日期间的慰问信，往往洋溢着欢乐的气氛，用语多含喜庆意味和赞许。

③对先进单位或个人的慰问信。用于向作出重大贡献或成绩的集体或个人表示慰问，侧重赞扬功绩。

4.3.2 阅读与分析

【例文】

致公司员工及家属的新年慰问信

亲爱的各位员工及家属同志们：

大家好！

时光飞逝，回首2010年的艰辛征程，我们心怀喜悦、感慨万千，泪水与汗水交织、欢乐与理想共鸣！今天我们迈着稳健而坚定的步伐迎来了新世纪的又一个新年。值此万象更新之际，公司领导班子向节日期间辛勤工作、奉献在生产一线的全体员工表示节日的问候和崇高的敬意！向全体员工的家属同志们表示最诚挚的慰问和新年的美好祝福！

在过去的一年里，你们怀揣着美丽的梦想，离开家乡，告别亲人，奔赴祖国大江南北，东北、西北、华东、东南、华南、西南、中南地区都留下了你们的脚印，洒下了你们的汗水！从年初到岁尾，你们的每一个脚印、每一滴汗水，都闪耀着"××院监理人"的光辉，也浸透着思乡的情愫。作为父母、作为丈夫、作为妻子、作为儿女，你们心中有爱、心想公司，在各自的岗位上奔波着、忙碌着、守候着！作为××院监理公司的主人，你们是中国建设监理事业的脊梁，是祖国美好未来的创造者和建设者！

回首2010年，是公司捷报频传的一年，公司内部管理工作发生了可喜变化，市场得到了进一步开拓。这些成绩的取得无不凝聚着广大员工的心血和汗水、凝聚着各级管理者的执行力和闪光的组织才能！

展望未来，新的形势蕴含新的生机，公司正大踏步地向新的目标迈进。

值此辞旧迎新之际，公司领导班子真诚希望广大员工能够以更加饱满的热情和奋发有为的精神状态再谱新一年的胜利乐章！

最后，祝大家2011年新年愉快，身体健康，万事如意！

××公司总经理：×××
××××年×月×日

评析：

这是一篇用于节日期间的慰问信。信中热情而诚恳地肯定、赞扬慰问对象所作所为的价值，对慰问对象表示真诚、亲切的问候、勉励、褒奖和感激。这样写，可以使慰问对象感受到奉献的愉悦，提升其成就感和自豪感。可见，一封用语及语气恰如其分的慰问信所发挥的作用是不可低估的。

4.3.3 病文修改

慰问信

你们是全国各级各类学校上千万教师和教育工作者，是心灵花园的园丁，是我国工人阶级知识分子队伍中的一个重要方面军。新中国成立以来，你们为提高全民族的科学文化水平，为培养数以万计有文化、有体力的各行各业的劳动者，为培养上千万能够适应现代科学技术发展的专门人才，作出了巨大的贡献。祖国社会主义物质文明和精神文明建设的每一项成就，都渗透着你们的辛勤劳动。党感谢你们，政府感谢你们，人民感谢你们！

评析：

①格式不准确。没有称呼，没有落款。

②内容不完整，没头没尾，慰问的缘由说得不够清楚，显示的诚意不够，达不到慰问的目的。

4.3.4 慰问信的结构和写法

慰问信通常由标题、称谓、正文、结尾和落款五部分构成。

(1)**标题**

第一行正中写"慰问信"三个字，也可写成"×××致×××慰问信"。

(2) **称谓**

顶格写受慰问的单位或者个人的称呼。写单位要写全称;写个人,要在姓名之后加上称呼,如“同志”“先生”“师傅”等,后边用冒号。在个人姓名前边,往往还要加上“敬爱的”“尊敬的”“亲爱的”等字样,以示尊重。

(3) **正文**

正文的内容要另起一行,空两格写。一般要求写出下列内容:

①先说明写慰问信的原因,或是因为对方在工作中取得了成绩,或是因为对方遭到了暂时性的困难和挫折。

②叙述对方的模范事迹或在遇到困难时表现出来的高尚品质,并向对方表示慰问。

③写一些鼓励和祝愿的话。

(4) **结尾**

在正文后面或是另起一行空两格写“祝”“此致”,然后在下一行顶格写“节日愉快”“取得更大的成绩”“敬礼”等用语。

(5) **落款**

落款应写明发文单位名称或个人姓名,并在右下方注明成文日期。

4.3.5 慰问信的写作要求

在写慰问信的时候,一要根据所慰问的不同对象,确定信的内容。对在工作中有贡献的集体和个人,应侧重于赞颂他们的成绩;对遭到暂时困难的集体和个人,则应侧重于向他们表示关怀和支持,否则会给人一种不真实、虚伪的感觉。二是字里行间要洋溢着深厚感情,要充分体现组织的关心和温暖,使受慰问者在精神上得到安慰和鼓励,增强克服困难的勇气和继续前进的信心。慰问信的抒情性较强,语言要亲切、生动。

4.3.6 情景写作训练

教师节到了,请你以校团委、学生会的名义给老师们写一封洋溢着深厚感情的慰问信。

4.4 开幕词

何谓开场白？开场白与开幕词有何区别？

4.4.1 基础知识

(1)开幕词的含义和作用

开幕词是党政机关、企事业单位和社会团体的领导人在重要会议或重大活动正式开始前所作的带有提示性、方向性和指导性的致辞。它是会议或活动的第一个发言，有为会议或活动确定主题、奠定基调的作用。

开幕词具有宣告和引导的作用。人们常说“良好的开端是成功的一半”，所以，不论召开什么重要会议、开展什么重要活动，按照惯例，一般都要由主持人或主要领导人致开幕词。这是一个重要的程序，标志着会议或活动的正式开始。作为一个活动的前奏曲，开幕词说得好，能使活动在一开始就紧紧吸引人的眼球，抓住人心。所以，开幕词一定要努力创造出良好的氛围，为活动的正式开始蓄势兴波。

(2)开幕词的特点

开幕词主要有以下特点：

①简明性。开幕词要简洁明了、短小精悍，最忌长篇累牍、言不及义。文中多使用祈使句，表示祝贺和希望。

②口语化。开幕词的语言应该通俗、明快、上口。

(3)开幕词的主要类型

按照内容，开幕词可分为侧重性开幕词和一般性开幕词两种。

①侧重性开幕词。侧重性开幕词往往只对会议召开的历史背景、重大意义或会议的中心议题等作重点阐述，其他问题则一带而过。

②一般性开幕词。一般性开幕词只对会议的目的、议程、基本精神、来宾等作简要概述。

4.4.2 阅读与分析

【例文】

×××花园首届业主代表大会开幕词

（××××年×月×日）

各位领导、各位代表、同志们：

首先，我代表×××花园居住区物业管理委员会筹备委员会，祝贺在座的业主代表当选和首届业主代表大会的诞生。同时，热烈欢迎区房地产行政管理局物业科的领导和社区领导的莅临指导。

为了加强×××花园居住区的管理，提高小区的整体管理水平，维护产权人、使用人的合法权益，有利于规范产权人、使用人和物业管理企业之间的委托代理关系，为居民创造整洁、文明、安全、方便的居住环境，组建业主委员会，监督并协助物业管理企业工作，使物业工作进一步得以改进完善、提高管理水平，是完全必要的。

今天的会议将听取《×××花园居住区开发建设情况的工作报告》《物业管理工作的报告》和《业主委员会章程（草案）的报告》，请各位代表审议，并请各位领导给予指示。我想，通过这次会议，将为完善×××花园居住区的物业管理工作起到一定的推动作用，使小区的物业管理工作再上一个新台阶，继续为居民创造更舒适、更优美的生活环境和安全的社会秩序。

本次会议要高举邓小平理论的伟大旗帜，深入贯彻落实“三个代表”的重要思想，联系实际，加强精神文明建设，为把×××花园居住区尽快建成全国一流的示范居住小区而努力奋斗。

本届代表57人，都是经过全体业主民主协商、选举产生的，大家肩负着代表和维护全体业主在物业管理活动中的合法权益的重任。今天，57位代表全部到会，相信他们能够不负众望，在房管局领导和社区领导的指导下完成大会的使命。

祝本次会议取得圆满成功！

谢谢大家！

评析：

这篇开幕词的标题、称谓和正文均符合文体要求。文中提到了与会人数、会议召开的意义等,并指明了前进的方向。文章内容紧凑,以短小的篇幅获得了很好的效果,富有号召力和鼓舞性。

4.4.3 病文修改

各位领导、同志们:

大家好!

金风送爽,丹桂飘香。在这收获的季节,在这金色的九月,我们迎来了第 26 个教师节。今天,我们隆重召开庆祝教师节表彰大会。值此机会,我代表党委、政府向辛勤耕耘在教育战线上的全体教职员工致以节日的问候和崇高的敬意!向在百忙中莅临大会的教育局领导同志和关心支持教育工作的各级领导及社会各界人士表示衷心的感谢!

在新的学年里,让我们在教委的正确领导下,团结奋斗、开拓创新、求真务实、与时俱进,努力开创我校教育工作新局面!

最后,祝全体教师节日愉快,工作顺利!

预祝大会圆满成功!

谢谢大家!

2010 年 9 月

×××

评析:

①格式上需要调整,文章没有标题,应加上;落款日期应在名称下方并写全。

②正文只有开头,中间没有内容,结尾就直接提出了希望,内容显得过于单薄。

4.4.4 开幕词的结构和写法

开幕词通常由标题、称谓及正文三部分组成。

(1)标题

标题通常有如下三种写法:

①用会议名称做标题,如"××××第××次业主代表会议开幕词"。

②前边再加上领导人姓名，如“××同志在××会议上的开幕词”。

③用提示内容中心或主旨的标题，通常在后面加上副标题，如“贴近业主生活，标举时代精神——××小区第一次业主委员会开幕词”。

标题下边可以写上发表开幕词的讲话人的名字和日期。

(2)称谓

称谓在第二行顶格书写，通常用“同志们”“朋友们”“各位代表”等。

(3)正文

正文一般包括开头、主体和结尾三部分。

开幕词的开头部分一般开门见山地宣布会议或活动开幕，也可以对会议或活动的规模及与会者的身份等作简要介绍，如“参加这次大会的代表有×××人，其中有来自……”，并对会议或活动的召开及对与会人员表示祝贺。

需要说明的是，开头部分即使只有一句话，也要单独列为一个自然段，将其与主体部分分开。

开幕词的主体部分是开幕词的核心，通常包括以下三项内容：

①阐明会议或活动的背景和意义。通过对以往工作情况的概括总结、对当前形势的分析，说明是在什么形势下，为了解决什么问题和达到什么目的而举行的仪式、召开的会议或开展的活动。

②阐明会议或活动的指导思想、性质、目标和任务，说明会议或活动的主要议程和安排等。

③为保证会议或活动顺利举行，向与会者提出会议或活动的要求。

结尾部分一般是提出会议或活动的希望，要简短、有力，要有号召性和鼓动性。写法上常以呼告语引领一段，如“预祝×××圆满成功”。

4.4.5 开幕词写作要求

①开幕词对会议宗旨、意义、议程只能作画龙点睛的提示，切忌长篇大论，不要成为大会报告的缩写。

②要注重营造庄重热烈的会议气氛。为此，要求开幕词除庄重严肃外，还要求生动且富有感情色彩。

③语言明快、流畅。要求用字谨慎，大方有礼，不卑不亢。语言可适当口语化，

注重与会议场景气氛的和谐与融洽。

4.4.6 情景写作训练

请你为公司即将开展的运动会写一篇开幕词。

4.5 闭幕词

有人说，有开幕词就应有闭幕词，两者缺一不可。又有人说，重要会议或活动开幕时很重要，必须有开幕词，而闭幕时大家都知道结果了，闭幕词仅仅是一个形式而已，可有可无。对此，你是怎样认为的？

4.5.1 基础知识

(1)闭幕词的含义和作用

闭幕词是党政机关、社会团体、企事业单位的领导人在活动闭幕或者会议闭幕时所作的总结性致辞。其内容一般是概括大会进行的情况及所取得的成果，对大会所解决的问题进行评价，对大会的经验进行总结，对贯彻大会精神提出要求和希望。它既是对活动和会议基本内容的突出和强调，又是对活动和大会的总结，标志着整个会议或活动的结束。凡是重要会议或重要活动，为与开幕词相对应，一般都有闭幕词，这是一项必不可少的程序。

(2)闭幕词的特点和类型

闭幕词除了与开幕词一样，具有简明性和口语化两个共同特点外，还具有总结性、概括性和号召性的特点。

①总结性。闭幕词是在会议或活动的闭幕式上使用的文种，要对会议内容或会议精神和进程进行简要的总结并作出恰当评价，肯定会议的重要成果，强调会议的主要意义和深远影响。

②概括性。闭幕词应对会议的进展情况、完成的议题、取得的成果、提出的会议精神及会议意义等进行高度的语言概括和评价。因此，闭幕词的篇幅一般都短小精

悍，语言简洁明快。

③号召性。为激励参加会议的全体成员实现会议提出的各项任务而奋斗，增强与会人员贯彻会议精神的决心和信心，闭幕词的行文往往充满热情，语言坚定有力，富有号召性和鼓动性。

闭幕词的类型与开幕词类似，有侧重性闭幕词和一般性闭幕词两种。

4.5.2 阅读与分析

【例文】

×××花园首届业主代表大会闭幕词

（××××年×月×日）

各位领导、各位代表、同志们：

首先，我代表×××花园居住区首届业主代表大会，在区房地产行政管理局和社区领导的指导下，经过全体代表的认真参与和有关方面的热情支持，圆满地完成了大会的各项议程。

会议审议通过了×××房地产开发总公司常务副总经理×××同志所作的《关于×××花园居住区开发建设情况的报告》、×××花园居住区物业管理处×××经理所作的《关于×××花园居住区前期物业服务的工作报告》和街道办事处×××主任所作的《关于×××花园居住区业主委员会章程（讨论稿）的报告》。本届大会还选举产生了首届业主委员会，它将是我们这届大会的执行机构，当选委员将肩负着全体业主的重托，代表和维护全体业主在物业管理活动中的合法权益，行使物业管理自治权利，监督物业管理企业和广大业主共同履行物业服务合同。由此，对×××花园居住区的开发建设，特别是物业管理工作水平的提高和发展，将打下良好的基础。

各位代表，本次会议已为×××花园居住区今后的发展指出了方向，明确了奋斗目标。希望大家代表×××花园居住区广大业主的意志，以主人的身份认真行使权利，切实履行义务，依法监督、检查物业管理工作，进一步提高物业管理水平，为早日实现创建全国一流的居住小区的目标而努力。

本次大会得到了各位领导和广大业主的大力支持，获得了圆满成功。对此，我表示衷心的感谢，希望我们在下一届大会上再次相会。谢谢大家！

现在，我宣布，×××花园首届业主代表大会闭幕。

评析：

这篇闭幕词的标题、称谓、正文符合文体要求。首先概括了会议情况等；其次提出了今后努力的目标；第三，对相关人员表示感谢；最后宣布会议闭幕。整体内容紧凑，短小精悍，富有号召力和鼓舞性。

4.5.3 病文修改

2012年职工代表大会闭幕词

在市房管局的关怀和指导下，××物业管理有限公司第三届职工代表大会经过大会主席团和全体代表的共同努力，圆满完成了预定的各项任务，现在就闭幕了。

这次会议，全体代表以高度的政治使命感，畅所欲言，献计献策，使这次大会开成了团结、求实、开拓、奋进的大会，开成了一个继往开来的大会。

在大会即将闭幕之际，请允许我以大会名义，向全体代表、各位职工表示最衷心的敬意！

评析：

①没有称谓。应加上“各位代表、同志们”，后面加上冒号。

②缺乏对大会基本情况的介绍。应概括说明大会完成了什么任务，如“听取并一致通过了……报告，选举产生了……”等。

③应有对未来工作的要求和希望，以鼓舞人心。

④结尾一般应宣布大会闭幕。

4.5.4 闭幕词的写法

闭幕词出现在会议终了，因此，要写得与开幕词前后呼应、首尾衔接，显示大会开得圆满、成功。

闭幕词的写作结构由标题、称谓、正文三部分组成。

(1)**标题与称谓**

标题与称谓的写法与开幕词基本相同。

(2)正文

正文由开头、主体和结尾组成。

①开头部分说明会议已经完成预定任务,现在就要闭幕了;然后概述会议的进行情况,恰当地评价会议的收获、意义及影响。

②主体部分要写明:会议通过的主要事项和基本精神;会议或活动的重要性和深远意义;向与会人员提出贯彻会议精神或基本要求等。一般来说,这几方面内容都不能少,而且顺序是基本不变的,写作时要掌握会议或活动的情况,有针对性地对会议或活动内容予以阐述和肯定,同时可以对会议或活动未能展开但已认识到的重要问题作出适当强调或补充。行文要热情洋溢,文章要简洁有力,起到激发斗志、增强信念的作用。

③结尾部分一般先以坚定的语气发出号召,提出希望,表示祝愿等。最后郑重宣布闭幕,通常只有一句话:"现在,我宣布:×××大会闭幕。"

4.5.5 情景写作训练

结合上面的开幕词,给你公司的第一届运动会写一篇闭幕词。

4.6 欢迎词

欢迎词应该在什么样的场合下使用?在称谓上要注意什么问题?

4.6.1 基础知识

(1)欢迎词的含义

欢迎词是指对来宾或即将加入团体的新成员表示欢迎之意的致辞。如外宾来访、领导视察、同仁参观、新生入学等都要表示欢迎之意;当多个机构或组织共同主办一场大型活动时,通常主要承办者也应致欢迎词,以尽地主之谊。

(2)欢迎词的主要类型

从表达方式上分,欢迎词可分以下两种:

①现场讲演欢迎词。一般由欢迎人在被欢迎人到达时，在欢迎现场口头发表。

②报刊发表欢迎词。这是发表在报纸或公开发行刊物之上的欢迎稿，它一般在客人到达前后发表。

从社交的公关性质上分，欢迎词可分以下两种：

①私人交往欢迎词。私人交往欢迎词一般是在个人举行较大型的宴会、聚会、茶会、舞会、讨论会等非官方的场合下使用的欢迎稿，通常要在正式活动开始前进行。私人交往欢迎词往往具有很大的即时性、现场性。

②公事往来欢迎词。这样的欢迎词一般在较庄重的公共事务中使用。通常要有事先准备好的得体的书面稿，文字措词上的要求较私人交往欢迎词更正式和严格。

(3)欢迎词的特点

①欢愉性。中国有句古话，“有朋自远方来，不亦乐乎”。所以致欢迎词时应有一种愉快的心情，言词用语务必富有激情和表现出致词人的真诚。只有这样，才会给客人一种“宾至如归”的感觉，为下一步各种活动的顺利举行打下良好的基础。

②口语化。欢迎词本意是在现场当面向宾客口头表达的，所以口语化是欢迎词在文字上的必然要求。在遣词用语上，要运用生活化的语言，即富有生活的情趣又简洁明了(通常只需三五分钟)。口语化会拉近主人同来宾的亲切感。

4.6.2 阅读与分析

【例文1】

欢迎词

尊敬的×××董事长先生，尊敬的贵宾们：

×××董事长先生与我们合资组建公司已经两年了。今天他亲临物业服务分公司与物业管理现场，对管理技能、技术、经营管理进行现场指导，我们表示热烈的欢迎。

两年来，让我们全体员工感到高兴的是，我们的公司在董事长及董事会的正确领导下，业绩蒸蒸日上，呈现出一派欣欣向荣的景象，经营管理的科学化一直稳步向前发展。

我应当高兴地指出，我们的工作能取得这么好的成绩，是跟全体员工努力拼搏的精神分不开的，是员工的敬业精神与董事会的英明领导双方共同努力的结果。

我相信，通过这次×××董事长亲临分公司进行指导，将更加激励我们员工的斗志，更能进一步增强我们的竞争实力，使我们的分公司更加兴旺发达。

最后，让我们以热烈的掌声，向×××董事长表示欢迎！

评析：

这是一篇公事交往的欢迎词。致词人用愉快、富有激情与真诚的语言介绍了参加现场指导的宾客并致以热烈欢迎与衷心的感谢；然后就近两年的工作成绩作出简要评价；最后，再次向来宾表示诚挚的谢意，表达了美好的祝愿。总体而言，这篇欢迎词是非常精彩与成功的，真诚热情地表达出代表者的内心感受，说出了全体与会成员的心声及意愿。

【例文2】

欢迎词

女士们、先生们：

值此××物业公司五周年庆之际，请允许我代表××公司，向远道而来的贵宾们表示热烈的欢迎。

朋友们不顾路途遥远，专程前来贺喜，为我公司五周年庆更添了一份热烈和祥和，我由衷地感到高兴，并对朋友们为增进双方友好关系所作出的努力表示诚挚的谢意！

今天在座的各位来宾中，有许多是我们的老朋友，我们之间有着良好的合作关系。我公司在成立五年内能取得今天的成绩，离不开老朋友们的真诚合作和大力支持。对此，我们表示由衷的感谢。同时，我们也为能有幸结识来自全国各地的新朋友感到十分高兴。在此，我再次向新朋友们表示热烈欢迎，并希望能与新朋友们密切协作，发展相互间的友好合作关系。

"有朋自远方来，不亦乐乎"。在此新朋老友相会之际，我提议：

为今后我们之间的进一步合作，

为我们之间日益增进的友谊，

为朋友们的健康、幸福，

干杯！

评析：

这是一篇公司庆典时在宴会上对来宾所致的欢迎词。致词人首先对各位宾客表达欢迎之意和感谢之情；然后对公司5年的发展和彼此的合作作简要概括；最后，再次向来宾表示诚挚的谢意，表达了美好的祝愿。因为是在宴会上的致辞，所以结尾一般要邀请宾朋举杯共饮。

4.6.3 病文修改

今晚我们相聚××广场，借中国物业管理卓越服务指数体系启动仪式之机，××物业能提供服务，感到无比荣幸。借此机会，本人代表××集团、××物业对各位的光临表示热烈欢迎、衷心感谢！

中国物业管理曾经辉煌，几许迷茫，起源于深圳。恰逢30年的回顾之际，物业管理百强峰会恰好在深港两地，我想这不仅是时间地点巧合，不仅是舆论政策的结果，而是物业管理行业在历经30年，蓬勃力量的勃发。我们有6万多家兄弟单位，600多万孜孜不倦的工作者，其中有很多朋友、同行坚持了十多年乃至30年，也有很多朋友满腔热情与期待地加入这个行业，这都是我们物业管理者对行业的认可、追求和理解。

无论怎么样，我们都是行业的一分子，理应为行业发展作出贡献。物业管理从1981年到今天的时代广场，从住宅物业走向高端的商业物业，我们服务的层次丰富，范围更广阔，所以我们更需要有更加精确、科学、让社会认可的东西。因此，我们达成中国指数研究院、中国房地产指数系统的，以××物业服务高端为卓越服务指数的研究杠杆，共同研发物业服务的内涵与价值。致力于使中国物业管理卓越服务体系成为中国物业管理高端服务的标准与标杆，并广泛推广、普及，实现中国物业管理与国际标准接轨。

××物业是××市同行的一分子，更是中国物业管理业的一分子，我不下地狱谁下地狱，我们愿做试验田、先行者，为行业作出应有贡献。这更需要各位朋友的理解和大力支持，谢谢，祝各位度过一个愉快的晚上。

评析：

①此文没有标题和称呼，只有主干部分，在结构上是不完整的。

②文中多处文句不通，需要修改。如，“中国物业管理曾经辉煌，几许迷茫，起源

于深圳”“恰逢30年的回顾之际，物业管理百强峰会恰好在深港两地，我想这不仅是时间地点巧合，不仅是舆论政策的结果，而是物业管理行业在历经30年，蓬勃力量的勃发”等。

③用词不当，如，“我不下地狱谁下地狱”应删除。

4.6.4 欢迎词的结构和写法

欢迎词一般由标题、称谓、正文、落款四部分组成。

(1)**标题**

欢迎词的标题写法一般有两种：

①单独以文种命名，如《欢迎词》。

②由活动内容和文种名共同构成，如《在××讨论会上的欢迎词》。

(2)**称谓**

称呼要求写在开头顶格处。要写明来宾的姓名、称呼，如“尊敬的各位先生、女士，各位代表”。

(3)**正文**

欢迎词的正文一般由开头、中段和结尾三个部分组成。

①开头部分通常应说明现场举行的是何种仪式，发言者是代表什么人，向哪些来宾表示欢迎。

②中段部分一般要阐述和回顾宾主双方在共同的领域所持的共同立场、观点、目标和原则等内容，较具体地介绍来宾在各方面的成就及在某些方面作出的突出贡献。同时，要指出来宾本次到访或光临，对增加宾主友谊及合作交流所具有的现实意义和历史意义。

③结尾处再次向来宾表示欢迎，并表达自己对今后合作的良好祝愿。

(4)**落款**

通常用于讲话的欢迎词不需要署名落款。若需刊载，则应在题目下面或文末署名。

4.6.5 欢迎词的写作要求

(1)**看对象说话**

会议欢迎词多用于对外交往,而在各社会组织的对外交往中,所迎接的宾客可能是多方面的,如上级领导、检查团、考察团等。来访目的不同,欢迎的情由也应不同。会议欢迎词要有针对性,表达不同的情谊。

(2)**看场合说话**

欢迎的场合、仪式也是多种多样的,有隆重的欢迎大会、酒会、宴会、记者招待会,有一般的座谈会、展销会、订货会等。会议欢迎词要看场合说话,该严肃则严肃,该轻松则轻松。

(3)**热情而不失分寸**

欢迎应出于真心实意,热情、谦逊、有礼。语言亲切,饱含真情;注意分寸,不卑不亢。

4.6.6 情景写作训练

你是××物管公司的秘书,你们公司将召开成立5周年的庆祝大会,请你写一篇欢迎前来贺喜的贵宾的欢迎词。

4.7 欢送词

问题思考:

欢送词在什么样的场合下使用?在写作时应注意什么问题?

4.7.1 基础知识

(1)**欢送词的含义**

欢送词是指对即将离开的客人或团体工作人员表达送别之意的致辞。会议闭幕、学生毕业、客人结束访问、派出团体或个人执行某项任务时,都要表示热烈欢送。

(2)欢送词的分类

欢送词按表达方式来分,可分为现场讲演欢送词和报刊发表欢送词;按社交的公关性质来分,可分为私人交往欢送词和公事往来欢送词。

欢送词同欢迎词在分类上大致一样,这里不再详细说明。

(3)欢送词的特点

①惜别性。有句古诗说的好,"相见时难别亦难",中国人重情谊这一千古不变的民族传统精神在今天更显得珍贵。欢送词要表达对亲朋远行时的感受,所以依依惜别之情要溢于言表。当然格调也不可过于低沉,尤其是公共事务的交往,更应把握好分别时所用言辞的分寸。

②口语性。与欢迎词一样,口语性也是欢送词的一个显著特点之一。遣词造句应注意使用生活化的语言,使送别既富有情趣又自然得体。

4.7.2 阅读与分析

【例文1】

欢送词

尊敬的×××董事长先生,尊敬的贵宾们:

首先,我代表全体员工,对你们的考察取得圆满成功表示热烈的祝贺。

××× 先生是我们的老领导、老朋友了,他非常熟悉我们各方面的情况。这次,他在分公司的考察中提出许多宝贵的意见,使我们受益匪浅。在此,我代表物业服务分公司全体员工向他表示衷心的感谢!

明天,×××先生就要离开分公司回到上海总部了,在即将分别的时刻,我们的心情都是依依不舍。大家相处的时间是短暂的,但我们之间的友好情谊是长久的。我国有句古语:"来日方长,后会有期"。我们欢迎×××先生在方便的时候再次来我们分公司指导、考察,相信我们的分公司会在×××先生的英明领导下、在总公司的支持下日益鼎盛。

祝××× 先生一路顺风,万事如意!

评析：

这是一篇公事往来的欢送词。致辞人首先对来宾考察取得圆满成功表示祝贺，其次表达感谢之情，然后再表达不舍之情和期待再次相逢，最后表达了美好的祝愿。整篇欢送词言简意赅，自然得体。

【例文 2】

让我们扬眉出剑
——在解放军外国语学院毕业典礼上的讲话

同学们：

花开花谢，潮起潮落，三年的大学时光马上就要结束。作为即将要跨出校门的毕业生，我们应该做些什么？应该怎样把我们自己的形象和最后的努力，自己的梦想和民族的希望紧紧连在一起？

“毕业生”这三个沉甸甸的字眼今天终于落在我们的头上。但我们蓦然发现，这并不是什么耀眼的光环，反而是一种压力，甚至可以说是一种无奈，一种你非往前走不可的无奈。

这也是一种动力，一种责任。一种催人奋进的动力，一种青年人不可推卸的责任。不久，我们就会握手言别、各奔东西，但无论你是远赴天涯、戍守边疆，还是工作于条件优越的大都市，有一点是相同的，那就是，我们真正开始了从军报国的生涯。父辈们已经把希望寄托在我们的身上，那我们靠什么来实现父辈为之梦回千转的希望呢？

靠的是我们手中的“剑”！

我们手中的剑，不光是指自己的专业知识是否过硬，还有你的报国思想是否坚定，你的身体素质是否优秀……所有这些，铸成了我们手中这把来日依其建功立业的“长剑”！

十年磨一剑！

这把剑我们已经磨了很久，就要派上用场了。再把剑磨利些，再把剑擦亮些。毕业来临时，祖国、人民都会凝视着我们拔出长剑，看我们手中的长剑是否寒光闪闪？看纷繁的日月，许多勇士冲锋陷阵，谱写了一曲又一曲惊天动地、荡气回肠的歌，我们相信，年轻的军人大学生们也一定能在地平线上立下一桩又一桩的辉煌。

同学们,让我们扬眉出剑吧。

评析:

这是现场讲演的欢送词。告别三年同窗的师友,步入大千世界,每一个"毕业生"都会伤感。分别之际,我们应该怎样话"离情别意"呢?《让我们扬眉出剑》无疑为我们注射了"兴奋剂",让我们昂首挺胸一直向前走、迎接新的挑战。离别是一种无奈,一种你非往前走不可的无奈。无奈之后是消沉还是奋进呢?握手言别,今日的分别是为了祖国明天的发展进步,为了建功立业。作为毕业典礼的欢送词,它并没有催人泪下,而是把握了言辞的分寸,为"明天"的"辉煌"奠定基础,恰到好处的致辞表达了发言人真挚诚恳的感情与心愿。最后勉励大家"扬眉出剑"去创造"辉煌""建功立业",可谓做到了"情切意尽"。

4.7.3 病文修改

在楚雄的游览即将结束,到达酒店后我们将彼此道一声"再见"。"人非草木,孰能无情",虽然我们相处的时间很短暂,但我们之间却建立了友谊。在即将分别的时候,我要衷心地向你们说声"谢谢",感谢你们给予我的支持与配合,同时,也感谢全陪、领队和司机师傅的支持与合作,使我能够圆满地完成了这次接待任务。当然旅途中也还存在一些不尽如人意的地方,敬请大家原谅。欢迎大家多提宝贵意见,我们会在工作中不断改善,希望大家忘记所有的不快,带走美好的记忆,回到你们的快乐老家!这两天,我们游览了紫溪山、博物馆、黑井古镇、十月太阳历文化园,相信大家对紫溪山的茶花、黑井古镇的古朴宁静、彝族风情的绚丽多姿还记忆犹新吧!无论我怎样舍不得你们离开,但毕竟"天下没有不散的宴席"。另一方面,我也为大家感到高兴,因为你们很快就要回到自己家中和家人团聚,和朋友叙情。他乡的山虽好,他乡的水虽美,却锁不住那思乡念家之情。我希望各位回到家乡后,能把你们对我州山水的美好感受告诉你们的家人朋友,让他们也和你分享旅游之乐。希望他们也能和各位再到云南来,再到彝州来,武定狮子山的神奇、禄丰侏罗纪公园的神秘正等着你们去探寻。我们楚雄州××旅行社热忱欢迎各位再游楚雄,并为大家提供优质服务,我也很乐意再为大家导游,我们将随时欢迎你的到来。

评析：

从内容上看，这是导游在送别游客时所写的欢送词，表达出惜别之情、感谢合作、征求意见、小结旅游和期盼重逢等内容。

这篇欢送词的不足之处有三点：

①结构不完整。没有标题、称呼和落款。

②内容不完整。结尾应有祝福性的话语。

③内容逻辑顺序不当。“征求意见”部分应作调整。

4.7.4 欢送词的写法

欢送词出现在访问结束的时候，因此，要写得与欢迎词前后呼应、首尾衔接。写法上同欢迎词一样，欢送词也由标题、称呼、正文和落款组成。

(1) **标题**

标题的写法一般有两种：

①单独以文种命名，如《欢送词》。

②活动内容和文种名共同构成，如《在××研讨会结束典礼上的讲话》。

(2) **称呼**

称呼要求写在开头顶格处。要写出宾客的姓名、称呼，如“尊敬的各位先生、女士：”“亲爱的×××大学各位同仁：”。

(3) **正文**

欢送词的正文一般由开头、中段和结尾三部分构成。

①开头通常应说明此时在举行何种欢送仪式，发言人是以什么身份、代表哪些人向宾客表示欢送的。

②中段欢送词要回顾和阐述双方在合作或访问期间在哪些问题和项目上达成了一致的立场、取得了哪些有突破性的进展，陈述本次合作交流中双方的合作和交流给双方所带来的益处，阐述其深远的历史意义。对于私人欢送词，还应注意表达双方在共事合作期间彼此友谊的加深以及分别之后的想念之情。若为朋友送行，还要加上一些勉励的话。

③通常在结尾处再次向来宾表示真挚的欢送之情，并表达期待再次合作的心愿。亲朋远行尤其要表达希望早日团聚的惜别之情。

(4) **落款**

欢送词在落款处要署上致辞的单位名称,致辞者的身份、姓名,并署上成文日期。

4.7.5 情景写作训练

一年一度的毕业时间又要到了,请以学生会的名义给学长写一篇欢送词。

4.8 讣告

人们常常可以在报纸上或者电视等新闻媒体上看到如下内容。请问:从文种的角度来看,这是什么文种?是否符合规范?

××同志讣告

××同志于××××年××月××日××时××分病卒于××寓所,享年××岁。即日移置××殡仪馆,由××日××时至××时为各位亲朋瞻仰的时间。

依××同志的遗言:"不得因为丧事收受任何人的一文钱。"除祭奠和表示哀悼的挽词、花圈等以外,谢绝一切金钱上的赠送。

谨此讣闻。

××同志治丧委员会

××××年××月××日

4.8.1 基础知识

(1) **讣告的含义**

讣告,又称"讣闻""讣文"。讣告是逝者的亲属或者治丧委员会,把某人去世的不幸消息向逝者的亲属、朋友以及相关单位发出的通告性文书。讣告可以通过张贴、登报、电视、广播、通知等形式发出。

(2)**讣告的分类**

讣告通常有三种形式。

①一般式讣告。内容简单、扼要、庄重,一般适用于发布普通人的去世消息。

②公告式讣告。形式比较隆重、庄严,一般适用于发布对社会和企业的发展有一定贡献的人去世的消息。

③新闻报道式讣告。文字质朴、概括性强,一般适用于在新闻媒体上发布对社会和行业发展作出突出贡献的人去世的消息。

4.8.2 阅读与分析

【例文1】

鲁迅先生讣告

鲁迅(周树人)先生于一九三六年十月十九日上午五时二十五分病卒于上海寓所,享年五十六岁。即日移置万国殡仪馆,由二十日上午十时至下午五时为各界瞻仰遗容的时间。依先生的遗言:“不得因为丧事收受任何人的一文钱”。除祭奠和表示哀悼的挽词、花圈等以外,谢绝一切金钱上的赠送。谨此讣闻。

鲁迅先生治丧委员会
蔡元培　内山完造
宋庆龄　等
一九三六年十月十九日

评析:

这是一则公告式讣告。

①标题直接写“鲁迅先生讣告”,简洁明快,一目了然。

②正文首先写明了逝者的姓名、逝世时间、逝世地点、逝世原因和享年岁数等基本信息;其次写明吊唁的办法与时间、地点;结尾特别说明吊唁的注意事项,突出了鲁迅先生的高尚品质。

③落款处写明了发送讣告的团体以及个人的名称和称谓,以及讣告发布的日期。

4.8.3 病文修改

××同志讣告

××同志于2010年7月13日15时23分病在医院病逝,享年63岁。

14日9时至16时为各位亲朋瞻仰的时间。

评析:

①逝者的生平介绍不全,应写明任职单位、职务等基本信息。

②吊唁和举行丧葬仪式的时间、地点不明确。

③缺少结束语。应有“谨此讣闻”“此讣”之类的结束语。

④落款没有写明发送讣告的团体或者个人的名称和称谓,也没有日期。

4.8.4 讣告的基本结构和写法

讣告一般由标题、正文、落款三部分组成。

①标题。在首行中间位置写“讣告”两个字,也可写上逝者姓名或主要成就。字体要大,用黑色字体。

②正文。正文一般由开头、主体、结尾三部分组成。

开头要写明逝者姓名、职务、逝世原因、地点、时间和终年岁数;主体可简单扼要地介绍逝者的生平和成就;结尾一般要写明吊唁、追悼会或者遗体告别仪式等丧葬仪式的办法与时间、地点。

正文可以一段,也可以分段来写,具体要根据讣告的类型来确定。

③落款。要写明发送讣告的团体或者个人的名称和称谓,讣告发布的时间,需要联系的要写明联系人及联系方式。

4.8.5 讣告写作注意事项

①讣告的语言应当庄重、严肃、简明、扼要。语言色彩必须是哀悼的、沉痛的。

②讣告内容应结合逝者的生平实际,实事求是地用最简洁的言语作出总结陈述。避免出现言过其实或者随意夸大内容的现象发生。内容尽量简明、扼要,可根

据逝者的生平成就来选择、突出重点。

③讣告以张贴或者通知的形式发送的，一定要选择较厚的白色纸张，内容用黑色字迹书写。需要邮递的，信封也应选择白色。

④讣告需要在报纸上刊登的，常常在讣告内容外围添加黑框，以示庄重和哀悼。

4.8.6 情景写作训练

请根据给出材料写一篇讣告。

××市二轻工业系统的优秀干部、原××市汽车大修厂党支部书记×××同志。

×××同志1945年10月17日出生于××市×××村。因患肝癌，经多方救治无效，于2005年3月12日去世。

知识拓展：

尽管讣告的分类不同，但写作方法和内容格式基本相同。为了给大家一个完整、全面的认识，除上面的范文外，下面再提供一些范文供大家参考。

格式一：公告式讣告

讣　告

中华人民共和国全国人民代表大会××届常务委员会委员，××省人民政府××领导××同志，因病医治无效，于××××年××年××月××日××时××分在××市逝世，终年××岁。

依××同志的遗言，丧事从简、不开追悼会、不搞遗体告别仪式。

谨此讣闻。

××同志治丧委员会

××××年××月××日

格式二：新闻报道式讣告

××省××市××院院长，××学科带头人，××津贴享受者××同志逝世。

××省政协委员、××协会会长、××院院长、××学科带头人，××特殊津贴享有者××同志，于××××年××月××日由于××（原因）不幸逝世，享年××岁。

××同志一生追求进步，热爱国家，拥护中国共产党的领导，严谨治学，对××领域的有着资深的研究，他提出的××理论曾获得××奖项，为××行业的发展作出了卓越的贡献。

××同志的遗体告别仪式将于××××年××月××日××时起在××殡仪馆举行。

××××年××月××日

4.9 悼　词

有的人在写悼词时，结尾处喜欢用"安息吧"这句话。你认为妥当吗？

4.9.1 基础知识

(1)悼词的含义

悼词是对逝者表示哀悼、缅怀和敬意的纪念性文章，它既是对逝者的悼念，也是对逝者家属的安慰。从某种程度上说，悼词是组织或单位对逝者一生所作的总结和评价，它一般在追悼会上发布或在纪念前后发表。

现代的悼词是由古代的诔辞、哀辞、吊文、祭文等文件嬗变而来的。它分为广义悼词和狭义悼词两类。

广义的悼词是指向逝者表示哀悼、缅怀与敬意的悼念性文章，多由逝者的亲朋好友或师长学生撰写。文章一般叙述逝者的生平事迹和优秀品质，特别是突出逝者的杰出贡献或感人事迹以及对自己的勉励和影响等。文章一般以抒情为主，也有以叙事议论为主的。

狭义的悼词则专指在逝者的追悼大会上表示哀思与敬意的宣读式的专用文体。由于受追悼大会本身的时间、条件、地点的限制，因此一般以记叙或议论逝者的生平业绩为主,而不以抒情为主。

(2)悼词的作用

1)寄托哀思

悼词对逝者的一生进行评价,一方面是为了表达对逝者的敬意,更重要的是寄托对逝者的哀思,让活着的人能够通过"悼词"的仪式作用将悲痛告一段落,然后好好活着。

2)安慰生者

生命总是短暂的,亲朋好友的离去,一方面会让我们感到悲痛,另一方面让我们对生命的理解更深刻。悼词中对逝者优点的总结与赞扬,将激励着生者更加乐观、积极地看待生活、珍惜生命。

(3)悼词的种类

按不同的标准划分,悼词可分为不同的种类。

①按照用途分,可分为宣读体悼词和艺术散文类悼词两种。

宣读体悼词专用于追悼大会,由一定身份的人进行宣读。它是对在场参加追悼的同志讲话,而不是对逝者讲话。悼词表达出全体在场的人对逝者的敬意与哀思,同时勉励群众化悲痛为力量。宣读体悼词以记叙或议论逝者的生平功绩为主,而不以个人抒情为主。另外,宣读体悼词受追悼大会本身的时间、地点、条件的限制,在形式上相对来说也较为稳定。

艺术散文类悼词内容广泛,包括所有向逝者表示哀悼、缅怀与敬意的情文并茂的文章,这类文章大都发表在报刊杂志上。这种文章通过对逝者过去事情的回忆,展现逝者的品质和精神,虽志在怀念,但却落脚在逝者的精神对活着的人的鼓舞和激励上。

②按照表现手段分,可分为记叙类悼词、议论类悼词和抒情类悼词三种。

记叙类悼词以记叙逝者的生平业绩为主,并适当地结合抒情或议论。这是现代悼词最常见的类型。朴实的记叙文体,字里行间充满对逝者的哀悼和怀念之情。宣读体悼词和书面体悼词均可以采用这种形式,如朱自清的《哀韦杰三君》。

议论类悼词以议论为主,抒情、叙事为辅。这类悼词重在评价逝者对社会的贡献,能够和现实生活紧密结合,是社会意义较强的一种哀悼文体,如恩格斯的《在马克思墓前的讲话》。

抒情类悼词以抒发对逝者的悼念之情为主,并适当地结合叙事或议论。抒情类悼词经常以抒情散文的形式出现，文学色彩浓厚，能在情感上打动人。它与一般抒情散文的不同在于悼词的情感不同于普通的情感，它崇高而真挚、质朴而自然，如郭沫若的《罗曼·罗兰悼辞》。

(4)**悼词的特点**

悼词具有以下四个特征：

①内容针对性。在悼词中，要总结逝者生平业绩，肯定其一生的贡献。悼词是一种具有高度思想性和现实性的文体，人们既以此寄托哀思，又通过逝者的业绩激励后来者。

②高度评价性。悼词是对逝者盖棺定论的评价，往往多溢美之词，充分肯定逝者对社会的贡献，真诚表达生者对逝者的悼念和敬意。在悼词中，切忌对逝者的缺点进行评价。

③情感积极性。悼词的内容是积极向上的，情感基调是昂扬健康的。它不像古代哀悼文，一味宣泄情绪，充满悲伤的情调，让人感到愁闷压抑。它应该排除一切感伤主义、悲观主义、虚无主义等消极内容。它不是面向过去，而是面向现在和将来，人们常说的“化悲痛为力量”就是这个意思。

④表现多样性。悼词既可以写成记叙文或议论文，又可以写成优秀的散文作品；既能以叙事为主，也能以议论为主，还可以以抒情为主。同时既有供宣读的形式，又有书面形式。

4.9.2 阅读与分析

【例文1】

在追悼陈毅同志大会上周恩来同志的悼词

周恩来

我们怀着十分悲痛的心情，悼念陈毅同志！

陈毅同志是中国共产党第九届中央委员会委员、中央军委副主席、中华人民共和国国务院副总理兼外交部长、中国人民政治协商会议全国委员会副主席、国防委员会副主席。陈毅同志在病假期中，因患肠癌，治疗无效，于1972年1月6日23时55分不幸逝世。终年72岁。

陈毅同志1922年加入中国共产主义青年团，1923年加入中国共产党。1927参加中国工农红军。红军时期，历任师长、军长、江西军区司令员兼政治委员；抗日战争时期，历任新四军一支队司令员，新四军代理军长；解放战争时期，历任华中野战军司令员，华东野战军司令员，华东军区兼第三野战军司令员。全国解放后，曾任上海市市长。

陈毅同志是中国共产党的优秀党员，是中国人民的忠诚战士。几十年来，陈毅同志在毛主席、党中央的领导下，在长期革命战争中，在社会主义革命和社会主义建设中，坚持斗争，坚持工作，努力为人民服务。

陈毅同志的逝世，使我们失去了一位老战友，老同志，是我党我军的一大损失。我们沉痛地悼念陈毅同志，要学习陈毅同志的革命精神，化悲痛为力量，在以毛主席为首的党中央领导下，在毛主席无产阶级革命路线指引下，谦虚谨慎，戒骄戒躁，为完成国际国内新的战斗任务，争取新的更大的胜利而奋斗。

陈毅同志安息吧！

评析：

①这是周恩来总理在陈毅同志追悼会上的讲话，是一篇宣读性的悼词。

②正文的第一段主要写了逝者的姓名、职务、身份、逝世的原因、时间、地点、享年。

③正文的第二段简要写了逝者的一生经历及职务。

④正文的第三段写逝者生前主要业绩和优秀品质，即对人民、对社会作出的贡献，对逝者的评价。

⑤正文的结尾表明对逝者的怀念以及化悲痛为力量的决心，同时激励生者，号召人们学习逝者的高贵品质。

【例文 2】

罗曼·罗兰悼辞

郭沫若

罗曼·罗兰先生，你是一位人生的成功者，你现在虽然休息了，可你是永远存在着的。你不仅是法兰西民族的夸耀，欧罗巴的夸耀，而是全世界、全人类的夸耀。你的一生，在精神生产上的多方面的努力，对于人类的贡献非常的宏大，人类是会永远纪念着你的。你将和历史上各个民族各个时代的伟大的灵魂们，象太空中的星群一样，永远在我们人类的头上照耀。

罗曼·罗兰先生，在二十年前你的杰作《约翰·克利斯朵夫》初次介绍到中国来的时候，你曾经向我们中国作家说过这样的话："我不认识欧洲和亚洲，我只知道世界上有两种民族——一种是上升，一种是下降。上升的民族是忍耐、热烈、恒久而勇敢地趋向光明的人们——趋向一切的光明：学问、美、人类爱、公众进步；而在另一方面的下降的民族是压迫的势力，是黑暗、愚昧、懒惰、迷信和野蛮。"你说，只有上升的民族是你的朋友，你的同志，你的弟兄。你说，你的祖国是自由的人类。这些话对于我们中国的文艺工作者是给予了多么正确的指示，多么有力的鼓励呀！

在今天的世界，正是这两种民族斗争着生死存亡的时候。你所说的上升的民族就是我们代表正义、人道的民主阵线，你所说的下降的民族就是构成轴心势力的法西斯蒂。一边是赴汤蹈火，视死如归，牺牲自己的一切以解救人类的困厄；另一边是奴役，饥饿，活埋，杀人工场，毒气车，庞大的集中营，一个鬼哭神号的活地狱。但今天，上升的不断地上升，下降的不断地下降，光明终竟快要把黑暗征服了。我们要使全人类都不断地上升，全世界成为自由人类的共同祖国。

罗曼·罗兰先生，你伟大的法兰西民族的儿子，当你看到法兰西民族又恢复了她的光荣的自由，而你自己在这时候终结了你七十九年的人生旅程，在你那肃穆的容颜上，怕必然表露出了一抹更加肃穆的微笑的吧？但当你想到你的朋友，你的同志，你的兄弟的好些民族，依然还呻吟在法西斯蒂的控制下边没有得到自由，在和死亡、饥饿、奴役、恐怖作决死的斗争，在你那肃穆的容颜上，怕也必然表露出了一抹更加肃穆的悲愤的吧？

但是，罗曼·罗兰先生，伟大的人类爱的使徒，你请安息吧。上升的要不断地自求上升，下降的要不断地使它下降，我们要以一切为了人类解放而英勇地战斗着的民族为模范，我们要不避任何的艰险、凶暴的压迫势力、法西斯蒂、现世界的魔鬼，搏斗！我们中国是绝对不会灭亡的，人类是必然要得到解放的，法西斯魔鬼们是必然要消灭的！

罗曼·罗兰先生，你请安息吧。我们中国的文艺工作者们，更一定要以你为模范，要象你一样，把"背后的桥梁"完全斩断，不断地前进，决不回头；要象你一样，始终走着民主的大道，把自己的根须深深插进黑土里面去，从人民大众吸收充分的营养，再从黑土里面生长出来。我们一定要依照你的宝贵指示："每天早上，我们都得把新的工作担当起来,把前一天开始的斗争继续下去。……对于错误,对于不公正,对于死,我们必须不断地力争,为着更大的更大的胜利。"

一九四五年三月二十一日

(引自《沫若文集》第十三卷)

评析:

①这是一篇艺术散文类的悼词。悼词标题简洁明了,采用的是"人名+悼词"格式。

②这篇悼词情文并茂,充满感情。悼词的第一段,对逝者的赞颂之情溢于言表,对其评价与地位很高。

③该悼词紧接着以抒发对逝者的悼念之情为主,结合叙事或议论,表达了逝者给中国文艺工作者产生的积极影响。同时,对逝者给全世界追求自由的民族所带来的精神动力进行了积极的评价。

④该悼词以抒情散文的形式出现,文学色彩浓厚,能在情感上打动人。感情崇高而真挚,质朴而自然。

4.9.3 病文修改

天堂在招手,他驾鹤西去

同志们、朋友们:

今天,天空下着朦胧的雨,似乎在和我们一起以无比沉痛的心情深切悼念离休干部×××同志。雨在轻柔地哭,风在轻柔地吹,想要唤醒我们亲爱的×××同志。呜呼,哀哉!呜呼,哀哉!我站在这里已经无法言语了,我听见风雨呜咽,我听见山河痛哭,我还看见天堂里,他的四周都是天使。他是一个好同志啊,他把一生献给了革命事业,他就这样走了。我们多么舍不得啊。今天,×××同志因患肝癌医治无效,于2006年6月15日晚9时15分在××市人民医院与世长辞,享年91岁。

×××同志1925年4月生于广东省××县,1947年5月参加革命工作。1949年12月加入中国共产党。新中国成立前夕担任××纵队联络员。新中国成立后,任××县粮食局科长、副局长、××公社副书记、书记。后任××市财政局副局长,

××集团公司党委书记兼董事长。1985 年 5 月离休。

在几十年的革命工作生涯中，×××同志忠于共产党，热爱祖国，热爱人民。在错误路线干扰下，受到极不公正待遇，蒙冤 10 多年仍坚贞无悔、坚持革命信念，其高尚的品格勘为后人楷模。

×××同志一生勤勤恳恳，任劳任怨。他无论是在行政管理岗位，还是在企业管理岗位，他总是一心扑在工作上，敬业爱岗，廉洁自律。×××同志为人正直、谦虚谨慎；生活节俭、家庭和睦；他对子女从严管教、严格要求。他的子女都茁壮成长，一个个成为栋梁之才。大儿子在教学岗位工作，女儿在外贸公司做副总经理，他还有一个儿子因为自身天赋不足，没有能够进入大学读书，但也没有成为社会负担。

×××同志的逝世，使我们失去了一位好同志。他虽离我们而去，但他那种勤政廉政和无私奉献的精神，仍值得我们学习和汲取。虽然他也有一些不足，比如因为年纪大了，顽固不化，思想保守，跟不上新形势，对社会现状认识不足。但我们会怀念他，我们要化悲痛为力量，以×××同志榜样，勤奋学习和努力工作，再创佳绩。以慰×××同志在天之灵。

×××同志安息吧！

评析：

①标题拟定太过文学化，可以修改为《在×××同志追悼会上的悼词》。

②这是一篇宣读式悼词，正文第一段只需要简单地介绍逝者的姓名、职务、身份、逝世的原因、时间、地点、享年等就可以了，不用在前面加太多渲染环境与气氛的语言。

③正文应该只针对逝者生前事迹进行评价，没有必要对其子女的现状进行过多表述。

④悼词一般只对逝者的优点进行评价，不会指出逝者的缺点与不足，这样做是为了对逝者表示尊重。故文中对逝者缺点的评价应该删去。

4.9.4 悼词的基本写法

通常来讲，悼词没有固定的格式，但宣读体悼词形式却相对稳定。这里主要介绍一下宣读体悼词的格式。

宣读体悼词主要由标题、正文、落款三部分构成。

(1)标题

标题的组成方式有以下两种方式:

①直接由文种名称承担标题,如“悼词”。

②“逝者姓名+文种名”,如“在宋庆龄同志追悼会上的悼词”“悼念聂荣臻同志”“写在艾芜前辈的灵前”“悼××同志”。

(2)正文

悼词的正文通常由开头、主体、结尾三部分构成。

①开头。以沉痛的心情说明召开或参加此次追悼会的目的,尽可能全面而准确地说明逝者的职务、职称和称呼,以示尊崇,同时要注意这些称呼之间的先后排列顺序。接着简要地概述逝者何年何月何日何时何原因与世长辞以及所享年龄等。

②主体。该部分主要由两方面组成。一是对逝者的生平作概括评价,要在逝者的姓名前冠以简单扼要的评价性语言,例如,教育家、科学家等;二是详细介绍逝者的生卒年月、生平事迹、成就和贡献,概括其为人品质等,介绍其对他人和社会产生的积极影响,如鼓舞、激励了青年人为后人树立了榜样等,表达对逝者的敬仰、爱戴之情;三是抒发对逝者的怀念之情,号召继承和发扬逝者的优秀品质。

③结尾。主要写明生者对逝者的悼念及如何向逝者学习、继承其未竟的事业、化悲痛为力量,为国家、社会作出更大的贡献等内容。最后可用“××同志永垂不朽”“××同志永远活在我们心中”“××同志安息吧”“××同志精神永存”等词语来做结束语。

(3)落款

悼词一般在开头就介绍了参加追悼会的人员情况,所以悼词的最后落款一般只署上成文的日期即可。

4.9.5 悼词的写作注意事项

①明确写悼词的目的主要是介绍逝者的生平事迹,歌颂逝者生前的功绩和高尚的思想品质,让人们从中学习逝者好的思想作风,继承逝者的遗志。但是这种歌颂、赞美之词是严肃的,不夸大、不粉饰,要根据事实,作出合理的评价。悼词一般不涉及逝者的缺点。

②要化悲痛为力量。有的逝者生前为党、为人民做了很多好事,他们的美德会

时时触动人们的心灵，悼词应勉励生者节哀奋进。

③语言要简朴、严肃，避免带有消极、迷信色彩的词语。宣读悼词人的身份要高于逝者或和逝者平级。悼词一般由所在单位派专人负责起草，有些特殊人物的悼词，还要呈报有关上级部门批准，或者成立治丧委员会，进行专门研究。

4.9.6 情景写作训练

①请根据给出材料写一篇宣读式悼词。

××市二轻工业系统的优秀干部、原××市汽车大修厂党支部书记×××同志。

×××同志1945年10月17日出生于××市×××村。

1964年，在手工业联社砖瓦厂参加工作。

1965年，应征到北京军区某部服役。

1966年调入某部队汽车连。

服役期间，刻苦钻研修车技术，积极参加部队训练，多次被评为“修车能手”“五好战士”，并被破格提拔为副排长。

1968年，从部队转业到××农具厂工作。

工作积极，思想先进，多次被评为劳动模范，并光荣地加入中国共产党。

1971年，他亲手创建了××轮胎翻新厂，试制出了小四轮前轮胎，为发展“五小工业”作出了巨大贡献。

1976年，他被任命为××轮胎翻新厂副厂长。

1981年，××轮胎翻新厂与××汽修厂合并，他被任命为××汽修厂副厂长。

1995年，任汽修厂党支部书记。

此后，汽修厂被国家交通部评为“质量信得过单位”荣誉称号，他本人也多次被评为“优秀党员”“先进党务工作者”。

2004年，年满60岁的他光荣退休。

因患肝癌，经多方救治无效，于2005年3月12日不幸去世，享年61岁。

该同志一生对工作勤勤恳恳、兢兢业业、任劳任怨、默默奉献，丝毫不计较个人得失；对同事，他为人正直，真诚豪爽，公平公正；对自己，他严格要求，严以律己，认真刻苦，不断进取；对家人，他又是真诚负责、值得信赖的家庭支柱。他的革命风范、敬业精神、道德风貌永远是我们做人的楷模、学习的榜样！

该同志正正派派做人，清清白白做官，踏踏实实做事，认认真真工作，是一个平凡而高尚的人、一个有益于人民的人。

该同志有不图名、不牟利，不讲索取、讲奉献的优良品德；有着艰苦创业、求真务实、真抓实干的工作作风；他爱岗敬业，干一行、爱一行，在平凡的工作岗位上做出了不平凡的业绩。

②在你的生命中，是否有离去的亲朋好友？如有，请将你对他们的怀念写成一篇艺术散文式的悼词，以表追思。

4.10 求职信

问题思考：

物业管理企业人事部门常常在招聘时收到很多应聘人员的求职信件，请问：求职信该如何写，才能给面试官留下深刻印象？

4.10.1 基础知识

(1)求职信的含义

求职信也称自荐信，是求职者向用人单位自我举荐、表达求职愿望的一种书信。求职者通过求职信来向用人单位展示自己的学识、具备的能力、对未来工作的设想以及是否具有使用书信进行良好沟通的能力。因此，如何写好一封求职信，对于求职者来说就显得极其重要。

(2)求职信的分类

按求职渠道分，求职信一般分为应聘信和自荐信两种。

①应聘信，顾名思义，就是在报纸、杂志、电视、电台或互联网上刊登或播发了招聘广告之后，求职者写信应聘。

②自荐信则是求职者主动给某个单位寄发求职信。自荐信主要用于以下三种情况：一是求职者给某个地方的人才交流中心或职业介绍所寄发求职信，请这种中介机构向有关用人单位推荐自己；二是从亲朋好友处得到某个单位招聘人才的信息时，求职者不失时机地写出求职信；三是直接给某个单位写求职信，看该单位是否有

空缺,需要自己专业的人才。

(3)**求职信的特点**

①针对性。写求职信的目的是谋取某个职业,所以,撰写求职信时,要根据读信人的心理来写。要针对求职目标写,一定要把缘由叙述清楚,实事求是地把自己介绍清楚,使对方了解并录用自己。

②自荐性。求职者往往需要用自身的成绩、特长、优势,甚至个性、闪光点去吸引对方,争取获得录用,因此,求职信具有自荐性的特点。

③独特性。求职本身就是竞争。当今社会,求职活动越来越普遍,在一些有实力的大型企业,它们的人力资源部门每年都要收到成千上万封求职信,招聘主管看一份简历的时间也不过是短短的几秒钟而已。因此,要想在求职竞争中取胜,就要在写求职信的时候,除了要求做到信如其人外,还要有自己的个性和特点,学会在商业环境中推销自己。

4.10.2 阅读与分析

【例文1】

求职信

尊敬的领导:

您好!

我是 ×× 学院物业管理专业一名即将毕业的专科学生,我叫 ××。我想在贵公司谋求一份经理助理的职位。

×× 学院是我国物业管理专业人才的重点培养基地,素以宽厚育人、严谨治学而著称。在这样的学习和生活氛围下,无论是在知识能力,还是在个人素质修养方面,我都受益匪浅。

三年来,在良师的严格教益及个人的努力下,我具备了扎实的专业基础知识,系统地掌握了 ×× 等相关理论,熟悉了物业管理不同时期的工作,具备较好的设备维护、系统检测等能力。同时,我利用课余时间搜集和阅读与物业管理相关的书籍,以加深自己对该行业的认知、掌握最近的行业动态。更重要的是,严谨的学风和端正的学习态度塑造了我严谨、稳重、创新的性格。

此外,我还积极地参加各类社会实践,抓住每一个机会锻炼自己。大学三年,我深深地感受到，要想在激烈的竞争中获胜，就必须敢于面对挑战、善于总结经验、脚踏实地、勇于创新。贵物管公司是我仰慕已久的大公司，尤其是贵公司提出的“以人为本，服务至上，热情至上，业主至上”的经营理念更是令我敬佩不已，我渴望成为贵公司的一员。如果我有幸加入这个集体，我一定会兢兢业业、任劳任怨、服从领导，尽我自己最大的努力为公司的发展贡献出自己的力量。

最后，非常感谢您能够在百忙之中抽出宝贵的时间来阅读我的求职信！无论求职成功与否，都要感谢您给了我这样一次可以展现自己的机会。期待您的回复。

此致

敬礼

×××

××××年××月××日

联系地址：重庆大学城重庆×××学院××系物业管理专业2009级

邮编：400000

联系电话：138××××××××

邮箱：cq×××@163.com

附件：1. 个人简历

2. 毕业证书

3. 获奖证书

4. ……

评析：

这是一封传统的求职信。求职信的标题、称谓以及自身的专业和谋求的职位都写得很清楚。写信者在正文当中不仅突出了自己毕业院校的特色和优势，而且也向面试官强调了自身具备的优势和长处，进一步表达了自己的求职愿望及对今后的工作态度等，落款和日期清晰，联系方式详尽，附件一目了然，是一封合格的求职信。

4.10.3 病文修改

求职信

××领导：

我是原××物业管理公司的一名员工，由于在原公司得不到重视甚至被排挤，所以我想在贵公司谋求一份经理助理的职位。

在原公司工作的这些年，我觉得自己对于物业管理这个行业的每一个环节都已经非常熟悉，完全能够胜任你们公司的经理助理职务。假如您不录用我，这是你们公司的损失。请尽快回复。

×××
××××年××月××日

评析：

①称谓不当，应该增加敬辞，如，“尊敬的”。

②正文诉求缘由不当。如“由于在原公司得不到重视甚至被排挤”，这种贬损原公司形象的做法是欠妥的。

③自荐条件的陈述过于简单、空洞，而且自我评价过高，应该详细介绍自身对物业管理行业的认识和已经具备的知识能力。

④结尾威胁、催促的语气态度不当，缺乏应有的礼貌。“假如您不录用我，这是你们公司的损失”可改用“假如录用我为……那么在今后的工作当中我会……”的方式来表态；“请尽快回复”可改为“期待您的回复”；结尾应有“此致、敬礼”或者其他感谢的话，以示谦逊、礼貌。

⑤要素不全。文中缺少求职人的联系方式、证明自身能力水平的附件等。

4.10.4 求职信的内容要素

(1) 求职缘由

即要简明扼要地交代求职的理由，说明为什么想到该单位工作，为什么想得到这份工作。

(2) **求职目标**

即要求到什么单位工作,想从事什么岗位的工作。在求职信中,这些内容必须明确写出,不能模棱两可,使读信人不明白。

(3) **求职条件**

即针对求职目标所展示的能胜任该项工作的种种知识、能力和素质。求职条件主要包括以下三个方面。

①自身的基本情况。主要包括年龄、学历、职称(务)、就读学校、专业及毕业时间、现工作状态等。

②工作能力。包括主修专业知识能力、工作相关知识能力、有关技能掌握情况、工作经历、成绩荣誉等。

③特长爱好、性格态度、为人处世等方面的情况。

(4) **联系方式**

附有有效的通信地址和联系办法。这一点非常重要。

(5) **附件**

这是附在求职信末尾,起到证明、介绍作用的材料。它包括个人简历、推荐信、专业课程成绩表、正式出版的专著、发表的文章、学历证书、资格证书、获奖证书或其他成果证书等复印件。

4.10.5 求职信的基本写法

求职信一般由标题、称谓、正文、落款、联系方式、附件六部分组成。

(1) **标题**

一种是直接写“自荐信”“应聘信”或“求职信”,另一种是写成“致×××公司的求职信”。

(2) **称谓**

这是求职者对受信者的称呼。其写法有以下两种。

①写单位名称,如“×××公司”,有的还加上负责录用的部门名称,如“×××公司人力资源部”。

②写单位领导个人,如"尊敬的×××总经理""贵公司负责同志""×××先生"等。

称谓顶格写在第一行。

(3)正文

正文一般由开头、主体和结尾三部分组成。

①开头是自我介绍并阐明诉求目标。首先要开门见山地作自我介绍,一般首先说明自己的学历或者重要的工作经历,使用人单位首先对自己有一个大概的了解和定位。如:"我是××大学××应届毕业生××。我希望在贵公司(或单位)谋求一份××工作。"又如:"获知贵公司××××年×月×日在××报上招聘××的信息后,我寄上简历,敬请斟酌。"注意,切忌在没有对招聘单位决策者的好恶有所了解的情况下,采用标新立异的开头方式。

②主体部分是重点,要详细阐明自己的诉求缘由以及自身具备的自荐条件。首先应向用人单位说明其最吸引自己之处,然后向用人单位介绍自身学识、能力和成就,已经具备哪些可以适应工作的条件等。在这部分当中,一定要重点突出自身的长处以及成就,并明确展示自身所具备的能够适应该项工作的条件等。语言一定要简练明确,内容要恰如其分,以达到使用人单位在有限的时间内就能掌握自己的基本信息,从而作出决定的效果。

③结尾进一步表达自己的求职愿望及对今后的工作表态等,也就是希望用人单位能够仔细考虑自己的求职愿望,同时明确表达自己在获得工作之后将以怎样的精神状态来工作等。

求职信的正文结束时与一般书信的格式一样,应有结束语。结束语可以采用"此致、敬礼"这样的常见形式,也可以写其他感谢的话,以进一步拉近与用人单位的距离。

(4)落款

最后一定要亲笔署上自己的姓名,出于尊重和重视考虑,署名需要写信人亲自用楷体书写,并在姓名后加上"敬上""谨上"等敬辞,然后另起一行写明日期。

(5)联系方式

要注明有效的通信地址和联系方式,以便于得到回音。

(6)附件

附件是求职者能力素质的证明材料。要选择最有说服力、最能代表求职者水平的材料，如学历证书、职业资格证书、计算机水平证书、英语水平证书、获奖证书、本人简历、专家推荐意见等。如果学习、工作经历很简单，可以不用附件，有关情况直接在正文中说明即可。

以上介绍的是传统求职信的写法。随着信息社会的发展，个性化的求职信越来越受到青年学生的青睐。个性化求职信突破了纸张的限制，融入了现代的科技手段和通信方式，使求职信变得更加直观，更具有吸引力。例如，山西一名叫马文的大专毕业生，通过自己亲手制作的一段很精彩的视频，不仅赢得了就业机会，而且还让更多的人认识了他。他之所以能够取得成功，不仅仅是因为他自荐信的新奇性，更关键的在于他通过这段视频，很好地展示了自己的专业功底和素养，使得用人单位对他有一个更加直观和肯定的认识。

4.10.6 求职信写作注意事项

(1)**要素齐全**

求职目标、求职缘由、求职条件、联系方式和相关的附件不能遗漏，必须齐全。

(2)**有针对性**

要善于收集求职信息，了解对方，针对读信人的心理和求职目标来写。

(3)**简洁、清晰**

求职信内容宜简不宜繁，通常控制在一页(A4 标准纸)或400～600 字的篇幅内比较合适。(附件除外)陈述求职目标和缘由时，要直截了当，简明扼要；介绍个人情况时，要层次分明、条理清晰，使读信者一目了然。

(4)**真实、准确**

用人单位在正式录用应聘者之前，大都是通过应聘者的自荐信和相关材料来获取信息，并对应聘者作出定位的。因此，求职者对自己的评价要准确、真实。写作中不可自吹自擂，而要实事求是，尽量用数据和事实说话；语言要做到达意准确，多用书面语，少用口语，不用方言俚语；措辞要严密，避免出现语法上的错误。

(5)**措辞讲究分寸**

语言表达能力是一个人文化素养的直接体现。在写求职信时，不能过于自大，也不能自卑，应该适度地表现谦虚，做到自信而不自大；说话要有礼貌，既要尊重对方，又要切忌迎合、恭维或表现得过分热情，态度要不卑不亢；求职信中特别忌讳出现贬低他人、抬高自己等行为。

4.10.7 情景写作训练

结合以下情景，分别采用自荐求职信和应聘求职信两种类型来写一篇求职信。字数要求600字左右。

重庆惠民物业管理有限公司因业务扩大，需要招聘物管员数名，主要从事房屋产权登记管理、公共设备检测与维修和处理业主投诉等工作。要求应聘人员能够吃苦耐劳，具备一定专业知识，持有岗位证书者优先，有工作经验者优先，性别不限。联系人：王经理。联系电话：××××××××。

4.11 演讲词

阅读以下材料，说说瞿秋白“二十六”字演讲的特点，并试分析演讲稿的写作应注意什么问题？

瞿秋白的“二十六”字演讲

北伐战争开始前夕，国民革命军总司令部在广州请瞿秋白先生给全军政工人员作演讲。与会者对瞿秋白先生演讲的名气早有耳闻，都把这当作一次难得的学习机会，做了详细记录的准备。然而出人意料的是，瞿秋白走上讲台只说了一句话：“宣传关键是一个‘要’字，鲁智深三拳打死镇关西，拳拳打在要害上。”一句话，26个字，当瞿秋白走下讲台时，全场愕然。寂静了几秒钟后，全场才爆发出雷鸣般的掌声。

4.11.1 基础知识

(1)演讲词的含义

演讲词又称为“发言稿”“演讲稿”。它是根据召开会议或者群众集会的需要，事先把讲话的内容有条理地写成书面材料的文章。

(2)演讲词的分类

演讲词可以分为以下三种类型:

①叙事型。以叙述为主要表达方式,辅以适当议论、说明和抒情。叙事演讲词通过对人物、事件、景物的记叙和描述,表达演讲者的思想感情,反映社会生活的本质和规律。

②说理型。以议论为主要表达方式,它具有正确深刻的论点,使用确凿充足、具有说服力的论据,进行富有逻辑的论证。

③抒情型。以抒情为主要表达方式,在演讲中抒发演讲者爱、恨、悲、喜等强烈感情,对听众动之以情,以“情”这把钥匙来开启听众的心灵。

(3)演讲词的特点

①目的的明确性。演讲词是根据会议或者集会的需要而写的,而任何一个会议或者集会都是具有鲜明的主题的。因此演讲词要根据会议或者集会的宗旨,确定文章的中心,编排演讲词的内容,做到目的明确、内容集中,这样才能增强讲话的效果。

②内容的实在性。演讲稿的内容要实事求是,避免空话、套话以及与会议内容无关的话。演讲词的内容与会议或者集会的主题是统一的,讲话的内容必须与与会者的需求相关。只有这样,才能引起与会者的共鸣和反响,起到传播信息和导向的作用。

③语言的通俗性。演讲词主要是演讲者面对广大受众,通过口头表达,向其传达信息,因此语言一定要通俗易懂、深入浅出、形象生动,条理清晰。只有这样,才能被广大受众所理解和接受。

④适当的感情色彩。演讲既要通过冷静地分析来晓之以理,又要用诚挚热烈的感情来动之以情,这样才能使讲话既有说服力,又有鼓动性。

4.11.2 阅读与分析

【例文1】

丁肇中在1976年诺贝尔奖授奖会上的发言

国王、王后陛下、皇族们、各位朋友:

得到诺贝尔奖是一个科学家最大的荣誉。我是在旧中国长大的。因此想借这个机会向发展中国家的青年们强调实验工作的重要性。

中国有句古话:“劳心者治人,劳力者治于人”。这种思想使很多发展中国家的学生都倾向理论研究,而避免实验工作。事实上自然科学理论不能离开实验的基础,特别是物理学是从实验中产生的。

我希望由于我这次得奖,能够唤起发展中国家的学生们的兴趣,从而注意实验工作的重要性。

评析:

一位科学家,在如此隆重的会议上,其演讲稿不足二百字。他完全跳出了荣誉的羁绊,想到的是“向青年们强调实验工作的重要性”。开宗明义、列举事实,正反比较、现身说法,恰中肯綮,表明这位科学家献身科学、不忘故国的情怀。与那些洋洋大篇、哗众取宠的演讲截然不同。

【例文2】

泥土的联想

在座的各位领导、同志们:

谁不希望有个理想的职业?谁不希望有个辉煌灿烂的前途?可是生活之路却偏偏把我引进了卫校的大门,毕业后当了一名护士。我和许多同命的姐妹一样,在短暂的兴奋之后,留下的只是自卑和迷茫。我苦苦地思索着,难道我自己的一生就这样度过?一次偶然的机会,使我认识了泥土。于是,我的思路也发生了巨大的转变。今天,我要给大家讲的题目是:泥土的联想。

在山清水秀、景色迷人的地方,你常可见参天的大树、争艳的百花。它们令你心旷神怡、诗兴大发,发出由衷的赞叹。然而,在这样的时刻,你是否会留意到它的脚下培育它的泥土呢?

或许,你不会留意,因为它是那样的默默无闻,终身只知奉献,不计个人得失。尽管人们不愿正视它,对它的事业嗤之以鼻,但它仍然甘当花木的培育者,视培养花木为己任与乐趣。这种无私的奉献精神,这种对事业始终不渝的责任心,不能不说是泥土的可贵之处。

我常常在想,我们护士这个职业,不正是具有泥土的这种高贵品格吗?

清晨，当人们还在酣睡的时候，我们却正在巡视着病房，察看病人病情的蛛丝马迹，不断地给病人注入战胜疾病的信心和勇气。在长长的走廊里，在洁净的病房里，洒下了我们辛勤的汗水，留下了我们赤诚的足迹。我们的柔和，我们的真诚，使忧郁者舒展紧缩的眉头，使消沉者精神振奋，使痛苦者笑逐颜开，使濒死者绝处逢生。当看到由自己精心护理的病人康复出院，与亲人团聚、重返工作岗位的时候，我们真正体会到了自己存在的价值。

尽管我们的工作辛劳而平凡，待遇不高，且常因世俗偏见被人瞧不起，但我们却乐在其中。因为，我们的事业是人类崇高的事业，我们的工作是神圣而伟大的工作。我们绝不是仅仅依靠打针、发药过日子。你看，我们敏锐的眼睛，能从病人微小的变化中，识别出潜在的危险的症候；我们灵巧的双手，能在危急的时刻将针头准确无误地刺入病人干瘪的血管，为患者架起“生命的桥梁”；我们轻捷的双腿，能在病人需要时，将“生命之气”迅速地带到床边。“三分治疗，七分护理”，病房——走廊——药房，这循环往复的轨迹里，辐射着我们青春的全部光和热。虽然没有为国家生产一吨钢、一粒粮、一尺布，但是，在祖国的各行各业里，却遍布着我们亲手治愈的建设者。他们的成就，就是我们的骄傲；他们的幸福，就是我们的欢乐。

我们是一抔默默无闻的泥土，但我们却用自己的青春，让树木结下累累硕果，让花草开出灿烂、耀眼的花朵！

我们甘当这样一抔泥土！我们喜爱具有泥土精神的护士行业！

评析：

这篇演讲稿有如下特点。

①引人入胜，扣人心弦。先从听众心理讲起，“谁都想有一个理想的职业”，然而自己卫校毕业后却当了一名普通护士。开讲征服了听众，使其有了非听下去不可的想法。

②感情充沛。整篇演讲稿以理为骨架，以情为血肉，事中有情、情中含理，洋溢着对病人真挚的情感，能引起听众的共鸣。

③语言生动活泼。演讲以泥土为线索，通过联想，运用叙述、描写、议论、抒情等表达方式，辅以排比、比喻等多种修辞方式。文章妙语连珠，句句激扬着听众的心扉。

4.11.3 病文修改

抓住机遇，迎接挑战
——竞争上岗演讲稿

尊敬的各位评委、领导、同志们：

大家好！

首先，我为能参加××公安分局的首次竞争上岗而感到自豪。下面是我的自我介绍。

一、我的工作经历。

我叫×××，是派出所教导员，今年36岁。1984年市警校毕业参加公安工作；1988年市公安学院管理班大专毕业，1999年就读于广东省社科院在职法律研究生班。在公安工作的16个春秋里，我怀着对公安事业的满腔热情，抱着维护法律、服务人民的愿望，从专区、治安、内勤民警干起，努力向业务精通、经验丰富的领导和同志们学习，政治思想觉悟和业务水平有了较快提高。1993年担任了分局团委副书记、1995年调任金花街派出所副教导员，1997年后，历任光扬街、南源街、华林街派出所教导员。先后8次受到市公安局的嘉奖；被评为1997—1999年度××区精神文明建设先进工作者和1999年度分局优秀党务工作者等。

二、我的有利条件。

16年来，组织给了我很多锻炼的机会。我从基层到机关再到基层，积累了较丰富的基层工作经验和一定的机关工作经验。多年来，我坚持学习马列主义、毛泽东思想和邓小平理论，努力提高自己运用党的基本理论、基本路线、基本方针分析问题、解决问题的能力，养成了以身作则、保证政令警令畅通的工作作风和组织纪律观念。长期的基层工作实践，使我掌握了队伍管理的技巧，熟悉了业务工作的内容，特别是面对“上面千条线，下面一根针”的基层工作实际，我学会了运用十个手指“弹钢琴”的领导方法，注意轻、重、缓、急，既抓住中心环节，又兼顾其他各项工作。这几年主要的工作成绩有以下四个方面。

……

16年的工作历程，我体会最深的有两点：一是个人的进步离不开组织的培养和同志们的支持。二是要做好公安工作必须有强烈的工作责任心和献身精神。

三、我的工作设想

假如组织信任,同志们支持,让我当选副局长,我将摆正位置、协调好关系,按照区委、区政府、市局和分局党委的工作部署,围绕“抓班子、带队伍、促工作、保平安”的工作思路,加强理论和业务学习,从严治警,实现“发案少、秩序好、群众满意”的目标。

我的演讲完了。谢谢大家!

二〇〇〇年十一月十六日

评析:

这是一篇竞争上岗的演讲稿。这一类演讲稿主要包括两方面的内容,一是对自己能力、经历的介绍,让别人了解你;二是对未来工作的设想,使别人信任你。工作设想越具体可行,演讲人得到的信任度就越高,竞争成功的把握就越大。

这篇演讲稿的不足之处在于下面六点。

①标题一般化,无特色,不是好主题句。

②开场白不全面,应该写出感谢和主要内容。

③“工作经历”部分是最重要论据,这部分内容显得空洞,应简洁地写明学习和工作经历,突出工作成绩。

④“我的有利条件”部分不能写成成绩,而应总结、概括成几条道理,如有开拓精神等优点。

⑤“工作设想”是重点,应该详细写出具体可行的“施政方略”。本文这部分显得过于笼统。

⑥结尾应对选上和没有选上有一个表态。

4.11.4 演讲词的基本写法

演讲词一般由标题、称谓、正文、尾部四部分组成。

(1)**标题**

演讲稿的标题,是演讲稿不可缺少的有机组成部分,是一篇演讲稿的定音之弦。演讲稿的标题形式一般分为公文式标题和文章式标题两类。

公文式标题有多种形式,一种是由“单位+事由+汇报”组成,如《××物业管理公司人事制度改革的汇报》;一种是由“事由 + 演讲稿”组成,如《竞聘演讲稿》;一种是由“演讲人 + 地名(会议名) + 演讲”组成,如孙中山的《在东京中国留学生欢迎大会上的演说》、铁托的《在普拉的演说》、拿破仑的《在米兰的演说》等。

需要说明的是,由“演讲人 + 地名(会议名) + 演讲”组成的标题是一种特殊的演讲稿标题,即以其发表的地点或会议的名称而定标题。采用这类标题往往是因为召开的会议和会议的地点具有特殊意义,会上由有相当身份的人发表的演讲的意义往往超过任何演讲标题的意义。对这种特殊的标题,我们不能简单效仿、照搬。比如说,举办全国职工演讲邀请赛,如果几十位演讲人都以《在全国职工演讲邀请赛上的演讲》为题,岂不成了笑话。

文章式标题也有多种形式。一种是正副式标题,正标题说明讲话的内容或主题,副标题进行补充说明,如《区分建筑物所有权,全面提升物业管理服务工作——在2008年物业管理工作总结会上的讲话》《共育共建共享,繁荣社区文化——在加强社区文化建设会上的演讲》;一种是单标题,如《挺立改革大潮,争做物管先锋》,这种标题突出演讲的主要内容,多用于个人演讲。还有一种是论文式标题,这种标题具有很浓的论述性特点,一般在专业性较强的专题研讨会上的发言稿常用此类标题,如《明确权责,区分穷尽,是建设和谐社区的有效途径》。

怎样提炼演讲稿的文章式标题呢?

1)文章式标题的一般类型

①提要型。即概括演讲的基本内容,把演讲的核心内容简明地提示出来,如《人总是要点精神的》《没有金钱并非“万万不能”》。这种写法,有利于集中表达演讲者的思想,使听众一听便知道演讲的中心问题,在思想上打下一个烙印,有利于听众领会、吸收。

②象征型。即运用比喻或象征等修辞手法,把抽象的哲理或某种特殊意义具体化、形象化,从而深入浅出地揭示主题,如《扬起生命的风帆》《托起新世纪的彩虹》。这类标题,一般具有强烈的感情色彩,容易引起听众感情上的共鸣,强化演讲效果。

③含蓄型。即用婉转的话来烘托或暗示某种内涵,造成悬念,引而不发,撩拨听众思维,让人思而得之,而且越思含义越多,如《红绿灯下赤子情》《蜡炬成灰泪始干》。

④警醒型。即运用哲言镌语,立片言以居要,提醒、劝谏、鼓励听众,以激发听众的警觉,使之猛醒,如《天下兴亡,匹夫有责》《有志者事竟成》。

⑤设问型。即通过设问方式，提示演讲所涉及的内容，而演讲内容则是对标题设问的回答，如《人生的价值何在?》《他们很傻吗?》。

⑥抒情型。即以情感人，具有浓烈的感情色彩的标题，如《自豪吧！光明的使者》《我爱长城，我爱中华》。

2)标题拟定要领

①标题要有具体内容。标题的内容必须与整个演讲稿的内容直接相关，或者揭示、涵盖演讲稿某一方面的内容。如马寅初的《北大之精神》告诉了人们演讲的主旨；蔡畅的《一个女人能干什么》则表现了演讲的内容；朱自清的《论气节》指出了讲述的对象；而彭德怀的《我们一定能够打胜仗》所示的是方向。

②标题要简短明快。演讲稿标题的字数不要太多，句子不要太长，意思要明白易懂。所有标题要在有内容的前提下，越简短明快越好。像奥斯特洛夫斯基的《生活万岁》、陈独秀的《妇女问题与社会问题》、郭沫若的《科学的春天》就很好。然而若简短到没什么内容，例如《信念》《责任》之类的标题，就不见得好。

③标题要表态、含情。演讲者对自己所讲的问题总是有自己的态度和情感的，并且常常是很明朗、强烈的。把这种态度和情感渗透在标题里，标题就有表态、含情的作用了。如马克·吐温的《我也是义和团》、卢森堡的《在帝国议会讲坛的反战演说》、卓别林的《要为自由而战斗》、毛泽东的《反对党八股》、周恩来的《中美友好往来的大门终于打开了》等，都明确地表现了演讲者的态度和爱憎的情感，令人过耳不忘。

(2)称谓

称谓是对听者的称呼，意在引起听者的注意，也表示对听者的尊重。称谓写在标题之下空一行，居左顶格。通常在工作会议上使用“同志们”“各位领导、各位员工”等。在礼仪性的场合使用“女士们，先生们”“同志们、朋友们”等。如果有贵宾、上司或尊长在场，应首先称呼他们，如“尊敬的×××，……”。

(3)正文

演讲需要形成或创造现场的情绪氛围，因此，所讲的内容应该较为集中。通常一篇演讲稿“最多只能讲两三个问题，而且这两三个问题还得很紧密地在逻辑上串联起来，以层层推演的方式，一环扣一环地展开，这时最忌的是平面罗列：甲乙丙丁，一二三四，ABCD。尤其忌讳的是先亮论点，后举例子，这只能使听众停止思考，甚至昏昏欲睡。分散的论点和被动的(亦即无分析的，不能发展论点的)例子，无异于催

眠曲。而在演讲比赛中,尤其要求集中论点,因为时间的限制更大”。(孙绍振.《关于演讲稿的写作》)

在写作正文时,要注意开头、主体、结尾三个部分。

1)开头

开头要抓住听众,引人入胜。

演讲稿的开头,也叫开场白。它在演讲稿的结构中处于显要的地位,具有重要的作用。瑞士作家温克勒说:“开场白有两项任务:一是建立说者与听者的同感;二是如字义所释,打开场面,引入正题。”好的演讲稿,一开头就应该用最简洁的语言、最经济的时间,把听众的注意力和兴奋点吸引过来,这样才能达到出奇制胜的效果。

①开场白的写作关键主要有以下四个方面。

第一,楔子。用几句诚恳的话与听众建立个人间的关系,获得听众的好感和信任。

第二,衔接。直接地反映出一种形势,或是将要论及的问题,用某一件小事、一个比喻、个人经历、轶事传闻、出人意料的提问等,将主要演讲内容衔接起来。

第三,激发。可以提出一些激发听众思维的问题,把听众的注意力集中到演讲中来。

第四,触题。一开始就告诉听众自己将要讲些什么。世界上许多著名的政治家、作家和国家领导人的演讲都是这样的。

②演讲稿的开头有多种方法,常见的主要有以下三种:

第一,开门见山,提示主题。这种开头是一开讲就进入正题,直接提示演讲的中心。例如宋庆龄《在接受加拿大维多利亚大学荣誉法学博士学位仪式上的讲话》的开头:“我为接受加拿大维多利亚大学荣誉法学博士学位感到荣幸。”运用这种方法,必须先明晰地把握演讲的中心,把要向听众提示的论点摆出来,使听众一听就知道讲的中心是什么,注意力马上集中起来。否则,就容易显得过于平淡、冷静,很难吸引人。

第二,介绍情况,说明根由。这种开头可以迅速缩短与听众的距离,使听众急于了解下文。例如恩格斯在1881年12月5日发表的《在燕妮·马克思墓前的讲话》的开头:“我们现在安葬的这位品德崇高的女性,在1814年生于萨尔茨维德尔。她的父亲冯·威斯特华伦男爵在特利尔城时和马克思一家很亲近;两家人的孩子在一块长大。当马克思进大学的时候,他和自己未来的妻子已经知道他们的生命将永远地连接在一起了。”这个开头对发生的事情、人物对象作出必要的介绍和说明，为进一步向听众提示论题作了铺垫。

运用这种方法开头，一定要从演讲的中心论点出发，不能信口开河、离题万里，更要防止套话、空话。

第三，提出问题，引起关注。这种方法是根据听众的特点和演讲的内容，提出一些激发听众思考的问题，以引起听众的注意。例如弗雷德里克·道格拉斯1854年7月4日在美国纽约州罗彻斯特市举行的国庆大会上发表的《谴责奴隶制的演说》。它一开始就能引发听众的积极思考，把人们带到一个愤怒而深沉的情境中去：“公民们，请恕我问一问，今天为什么邀我在这儿发言？我，或者我所代表的奴隶们，同你们的国庆节有什么相干？《独立宣言》中阐明的政治自由和生来平等的原则难道也普降到我们的头上？因而要我来向国家的祭坛奉献上我们卑微的贡品，承认我们得到并为你们的独立带给我们的恩典而表达虔诚的谢意么？”

除了以上三种方法，还有释题式、悬念式、警策式、幽默式、双关式、抒情式等写法。

2)主体

主体要层层深入，扣人心弦。

这是演讲稿的主要部分。在行文的过程中，要处理好层次、节奏和衔接等几个问题。

①突出层次。由于演讲是直接面对听众的活动，听众凭借听觉来把握演讲稿的结构层次是比较困难的。那么，怎样才能使听众明了演讲稿的结构层次呢？基本方法就是在演讲中树立明显的有声语言标志，以此适时诉诸听众的听觉，从而获得层次清晰的效果。演讲者在演讲中反复设问，并根据设问来阐述自己的观点，就能在结构上环环相扣、层层深入。此外，演讲稿用过渡句，或用“首先”“其次”“然后”等语词来区别层次，也是使层次清晰的有效方法。

②把握节奏。演讲的节奏，主要是通过演讲内容的变换来实现的。演讲内容的变换，是在一个主题思想所统领的内容中，适当地插入幽默、诗文、名人轶事等内容，使听众的注意力既保持高度集中，又不因为高度集中而产生兴奋性抑制。优秀的演说家几乎没有一个不擅长使用这种方法的。演讲的节奏既要鲜明，又要适度。平铺直叙、呆板沉滞，固然会使听众紧张疲劳，而内容变换过于频繁，也会造成听众注意力涣散。所以，插入的内容应该为实现演讲意图服务，而节奏的频率也应该根据听

众的心理特征来确定。

③搞好衔接。由于演讲的节奏需要适时地变换演讲内容,因而也就容易使演讲稿的结构显得零散。衔接是对结构松紧、疏密的一种弥补,它能使各个内容层次的变换更为巧妙和自然,使演讲稿富于整体感,有助于演讲主题深入人心。演讲稿结构衔接的方法主要是通过与两段内容、两个层次均有联系的过渡段或过渡句来实现。

3)结尾

结尾要简洁有力,余音绕梁。

结尾是演讲内容的自然收束。怎样才能给听众留下深刻的印象呢?美国作家约翰·沃尔夫说:“演讲最好在听众兴趣到高潮时果断收束,未尽时戛然而止。”这是演讲稿收尾最为有效的方法。在演讲处于高潮的时候,听众大脑皮层高度兴奋,注意力和情绪都由此而达到最佳状态。如果在这种状态中突然收束演讲,那么保留在听众大脑中的最后印象就会特别深刻。

演讲稿的结尾没有固定的格式,或是概括要点,揭示主题,对演讲全文要点进行简明扼要的小结;或是展望未来,鼓舞斗志,以号召性、鼓动性的话语收束;或是饱含哲理,发人深思,以诗文名言以及幽默俏皮的话结尾。不管怎样,一般原则是要给听众留下深刻的印象。

(4)**尾部**

演讲结束时,出于礼貌,最后都应说“谢谢”“我的演讲完毕,谢谢”之类的话。

4.11.5 情景写作训练

①××物管公司面向社会招聘人才,你顺利通过笔试进入面试。现在是面试现场,请你作3~5分钟的即兴竞聘演说。

②现正值学生会换届选举,你打算根据自己的特长竞选学生会的某一职务。请写一篇《竞选学生会××××(职务)的演讲稿》。

4.12 主持词

问题思考:

在每年春节由中央电视台主办的春节联欢晚会上,除了精彩的节目给大家留下深刻的印象外,那些主持人是否也同样让人印象深刻呢?是什么让我们记住了主持人呢?

4.12.1 基础知识

(1)主持词的含义和作用

主持词是主持人在主持节目过程中串联节目的串联词。在如今的各种演出活动和集会中,主持人往往成了主角,而主持人在台上表演时所用的主持词,则是集会的灵魂之所在。一些单位或部门,在举行各种会议、联欢会或竞赛活动时,大都采用节目主持人的形式,而一篇好的主持词不但能够起到烘托气氛的作用,而且还是发挥主持人主持水平的关键。

(2)主持词的分类

主持词根据不同的标准,可分为不同的种类。

①按其内容和性质,可分为会议主持词、晚会主持词、庆典活动主持词、婚丧活动主持词、交际礼仪活动主持词和比赛活动主持词等。

②根据作用和使用范围,可分为完整主持词和阶段性主持词。完整主持词是指主持人在整个会议或活动过程中为主持需要所使用的讲稿;阶段性主持词则是指会议或活动的某个阶段中为主持需要所使用的讲稿。有的会议或活动由于时间较短、议程简单,可以由一个人主持,这时主持人使用的就是完整主持词。有的会议或活动跨度时间长,每一阶段只能进行部分议程,或虽时间跨度不大,但考虑其他因素和需要,中途要更换主持人,这时,主持人使用的就是阶段性主持词。

(3)主持词的特点

主持词相对于其他材料和文件,其主要特点有:

①开门见山,开宗明义,紧扣会议或活动主题,简洁明了。忌拖沓冗长,言不达意。

②通俗易懂,明确具体,适宜口头表达。忌笼统含糊,饶口难读。

③注重语气起伏,在遣词造句上要有助于表达与会议或活动内容相应的气氛。忌千篇一律,呆板没有生气。

4.12.2 阅读与分析

【例文1】

某某社区“缘分的天空”文艺晚会主持人串词

1.社区腰鼓表演

开场白

女:尊敬的各位领导、各位来宾:

男:亲爱的观众朋友们:

合:晚上好!

女:首先请允许我代表××社区居委会、××物业管理公司和××小区的业委会,对来到现场的各位来宾表示热烈的欢迎和衷心的感谢。

男:虽然我们来自不同的地域,但是缘分使我们相聚在一起;虽然我们平日里分工不同,但是缘分使我们在一起工作、在一起生活;也是因为缘分,今晚我们大家快乐地相聚在一起,共同感受这份美好。下面让我们以热烈的掌声欢迎××为我们带来歌曲《今生的缘》。

……

男:哎呀,真是太好听了,听着这歌声我还以为是宋祖英来到了我们晚会的现场。

女:生活中酸甜苦辣是缘,聚散离合也是缘。可以说“缘”在中国人的心目中已经不仅仅是一种观念了,而是已经内化了的生命观。正是因为我们坚信“缘份”,所以我们才能不断发现生活里新奇的宝藏,才能不断感受生活带给我们的美感,才能珍惜这千里相聚的缘分。那么,下面让我们一起来倾听由×××给大家带来的《缘分》。

……

女:哎,××(男主持的名字),怎么样?

男:美,真是太美了,这简直就是天籁之音啊!

女:不过听来听去都是我们女性同胞在唱,怎么你们这"半边天"就没有什么表示?

男:怎么会没有呢?你看,这不已经有两位小伙子迫不及待地要上场了。下面让我们以热烈的掌声欢迎××和××给大家带来的相声表演《都是缘分惹的祸》。

……

男:怎么样,这相声说的不比冯巩老师的差吧?

女:相声说的是很精彩,可是我们想听听你们唱歌,你们说是不是?

男:看来今晚我不露两手,你还真以为我是怕了你们了。

女:呀,看不出来啊,你也会唱歌?

男:听着,来了。……

女:(作捂住耳朵状,被马上制止)就你这声音不怕把观众吓跑啊?

男:(不服气)嘿,你别看我唱得不咋地,可是要是××一出场保准你服气。

女:那还等什么,快请啊。

男:下面让我们以热烈的掌声有请××为大家带来《缘分的天空》。

……

男:怎么样,好听吧?

女:嗯,确实非常好听。

男:那是,你也不看看他是干什么的?

女:哦,(作沉思状)那你知道他是干什么的吗?

男:当然,他可是我们小区"少儿艺术团"的团长啊。

女:啊(作吃惊状),我们小区还有个"少儿艺术团"?

男:这你就不知道了吧(作得意状)。我跟你说啊,别看我们小区规模不大,可是我们小区的"少儿艺术团"在方圆百里(夸张的口气)可是小有名气的。不信,就请看由他们带来的《爱我你就抱抱我》。

……

男:怎么样,这群小朋友可爱吧?

女:哎呀,真是太可爱了!

男:表演的节目精彩吧?

女:精彩,真是太精彩了！不过你可别太得意,下面有个节目可是更精彩哟。

男:(作惊叹状)

女:下面有请由我们社区的“老年舞蹈队”给大家带来的歌舞《夕阳红》。

……

男:精彩,太精彩了。你看啊,刚才是一帮活泼可爱的小朋友,现在又有一群活力四射的大爷大妈,要是我再加上一男一女两个中年人,你看这是什么?

女:(一皱眉头,继而作惊喜状)这不正好是一家人吗?

男:对,上有老下有小,中间两个受不了。

女:(扯一下男的胳膊)哎,你怎么说话呢?什么叫“上有老下有小,中间两个受不了”啊?

男:别急,看完由××家庭带来的小品《我们是一家人》,你就会明白了。

……

女:你看啊,这对父母既要照顾年迈的爸爸妈妈,又要养育年幼的女儿,还要忙着自己的工作,确实够累的啊!

男:是啊,尽管累,但是心里幸福啊?你看,父母在我们小的时候,为了养育我们吃了不少苦。当我们长大成人,有了自己的子女了,才能真正感受到做父母的不容易啊!

女:是啊。我们成长的过程就是父母老去的过程,可是即便父母年迈了,不能再为这个家作多大贡献了,可是他们依然牵挂着在自己心里不曾“长大”的子女,真是可怜天下父母心啊!

男:父母对子女的爱,是我们来到人世间感受到的第一股最温暖、最真挚的情感,所以父爱、母爱是我们一直在歌唱和颂扬的人类情感当中最重要的一类。下面,让我们一起来欣赏由××和××为大家带来的歌曲《天下父母心》。

……

女:哎,××(男主持),你看啊,两个陌生人由相识、相爱,到最终组成一个家庭,是缘分;两个陌生的家庭能够成为邻居也是缘分;许许多多个有缘的人共同相聚在一个小区,还是一种缘分。既然说是缘分让我们走到一起,所以我们应该珍惜这种缘分,对不对?

男:对,你说得太对了。你知道吗,就是偶尔拌拌嘴也是缘分注定的呢!

女:不过我觉得我们还是应该珍惜那些让我们高兴和幸福的缘分,用微笑和爱心来对待我们生活中的每一个有缘人。下面，让我们一起来欣赏由一群活泼可爱的小姑娘为大家带来的《歌声与微笑》。

……

男：尊敬的各位领导、各位来宾，今晚由××社区组织、举办的“缘分的天空”文艺晚会到此就结束了。

（背景音乐《难忘今宵》响起）

女：感谢各位领导，各位来宾和所有观众朋友们的光临。

男：朋友们，再见！

女：再见！

评析：

该主持词口语性强，不乏诙谐幽默，不仅很好地串联了前后不同的节目，而且能够很好地活跃和调动现场气氛，给人留下了深刻的印象。

4.12.3 病文修改

某某同志的追悼会主持词

一、主持人宣布追悼会开始

××同志追悼会现在开始。

尊敬的各位领导、各位来宾、各位亲朋：

欢迎大家参加某某同志的追悼会。××同志因病，于××年×月×日与世长辞，死的时候已经年满96岁。

前来吊唁和出席追悼大会的领导有：

……

祭悼并敬献花圈的单位有：

……

发来唁电的有：

……

在此，我向前来悼念的各位领导和各单位表示诚挚的谢意；向为举办××同志丧事提供了人力、物力、财力的有关单位、亲戚朋友、乐队、餐馆全体工作人员表示由哀的感谢；向××同志的孝眷表示亲切的慰问，请孝眷节哀顺变。

二、致悼词

现在，请××局局长王××同志致悼词。

……

三、默哀3分钟（奏哀乐）

向××同志遗像默哀三分钟。

默哀毕。

四、宣布追悼会结束

尊敬的各位领导、各位来宾，某某同志的追悼会马上就要结束了，最后让我们以热烈的掌声欢送领导离场。

评析：

这是一篇追悼会主持词，写出了追悼会的主要环节，不足之处在于：

①在追悼会的主要环节中第二、第三步的逻辑顺序不合理。

②语言表达没有体现出追悼会主持词应有的庄严肃穆和哀悼之情，没有切合当时的氛围的要求。如，“死的时候已经年满96岁”“以热烈的掌声欢送领导离场”等语言欠妥。

4.12.4 主持词的基本写法

主持词的写作没有固定格式，不同内容的活动、不同内容的节目，主持词所采用的形式和风格也不相同。在主持词写作中，一般应注意开场白、串联、结束语三个环节的写法。

（1）开场白

一般主持词的开场白是以问候和欢迎为主，点明本次活动主题。会议型主持词还应对重要嘉宾、与会代表进行介绍。如：“尊敬的各位领导，各位来宾，亲爱的朋友们，今天我们聚在这里，是为了一起探讨在当今形势下我们该如何实现建设和谐社区的目标。出席本次会议的有……”开场白不宜过长，只要将与会人员的情绪调动起来后，就应迅速切入主题。

比较而言，演出类主持词的开场白则比较复杂，需要在如何吸引观众的视线、如何把握观众的心理、怎样导入主题上狠下功夫。一般来说，要想写好这类开场白，要把握好吸引观众、创设情境、导入主题三个环节。一是先声夺人，通过对所有来宾的问候，将观众的注意力全部吸引过来。比如，“尊敬的各位领导，亲爱的观众朋友们：大家好！”这样的问候，可以让所有的观众都对号入座，调动起观众的参与热情并迅速投入到对节目的欣赏中去。二是对现场和当时情景加以描述，让观众感到熟悉、亲切、自然，乐于接受。比如，2006 年 7 月 9 日中国济南国际儿童广场晚会主持词的开场白：

甲：寂静的园林已笼罩着一片暮色的苍茫，远方的山峦又勾画出一个个令人喜爱的卡通形象；

乙：飞泻的霓虹早已闪烁着七彩的灯流，泉城的夏夜呀四处弥漫着花草的芬芳；

甲：风儿歇息了，鸟儿也歇息了，只有潺潺的流水拨动着爱的琴弦在轻轻歌唱。

由于当时设定的演出场地是在泉城公园中，主持词通过对特定的周边环境的描述，表现出一种优美和深幽的意蕴，让观众身临其境，容易引起感情上的共鸣。其三，观众被吸引之后，应迅速导入主题，进入节目欣赏。开场白写得再好，也不能无休止地朗诵下去，因为这里不是诗歌朗诵会。所以，将观众的情绪调动起来以后，应迅速切入主题，让观众进入第一个节目的欣赏，拉开活动、演出的帷幕。

(2)**串联**

串联通过对前面已经结束的项目进行总结，然后引出后面的节目内容。会议类主持词串联时可以先简单地总结前面发言的主要内容，然后点出后面一位发言者的主题。如：

“首先让我们以热烈的掌声感谢××的精彩发言，××同志在发言当中提到了××、××、××，使我们与会者深受启发。下面，让我们以热烈的掌声欢迎××同志就××××进行发言。”

而晚会类则对已经结束的节目进行评价和肯定，并可简短地与观众进行互动，然后再引出后面的节目。如：

“非常感谢××的精彩演出。听着××的歌声仿佛我又再次置身童年，儿时伙伴的面孔也涌现在眼前。那么就让我们一起带着这份对儿时的怀念，走进下面的节目吧，相信下面的节目也一样精彩。下面，有请××为我们演唱××，掌声欢迎！”

晚会类主持词注重调动现场的气氛和与观众的互动，因此语言较活泼，在介绍下位出场的演员时，要加上对方的背景，如“著名相声演员××”等。

丧葬类主持词正好与晚会类相反，要求语言庄严肃穆，带有哀悼之情。如：

“今天我们来到这里、是为了悼念××,××同志生前……”

(3)**结束语**

在活动结束时,需要主持人通过简短的语言对本次活动进行总结,同时对与会者或到场观众以及现场的演员等表达谢意。如:

“伴随着这美妙的歌声,我们今晚的晚会也到此结束。首先感谢××领导到场观看,感谢现场观众的参与和到来,感谢台上演员的辛苦付出,感谢电视机前的电视观众……”

竞赛类主持词在结束语当中还应说明本次活动的冠亚军等。如:

“经过激烈的角逐,本次大赛的冠、亚军已经产生,冠军被××夺得,亚军被××夺得……最后,要感谢广大观众的支持和帮助,再见!”

会议类主持词在结束语当中,主持人应当对本次会议是否取得预期成果以及达成哪些共识等作总结。如:

“在本次大会上,通过与会代表的积极发言和共同研讨、协商,我们基本上在××上达成了共识,确定了××目标。希望各位与会代表在会后认真落实本次会议精神,严格按照会议部署,开展××工作。”

4.12.5 主持词写作注意事项

①活动主题要贯穿活动始终。要想写好一篇主持词,首先应明确活动主题。不同的活动具有不同的主题,主持词只有紧扣这一主题,才能使活动主题步步深化、丝丝入扣,不断将活动推向高潮。会议主持词应注意会议的严肃性和目的性,晚会主持词应注意活动的综艺性和前后节目的连贯性,喜庆活动的主持词应将喜庆和欢乐贯穿始终,丧葬类活动的主持词应注意营造肃穆、哀悼的氛围等。

②注重临场发挥,使全场统一在同一主题下。主持词往往会因为现场气氛的变化以及演讲者演讲内容的更改等因素,要求主持人不得不临场发挥。这就要求主持人必须头脑清醒,思路清晰,反应灵活。只有如此,才不至于使活动偏离主题。

③礼貌称谓必不可少,尊重他人非常重要。主持词必须注意以礼对待每一位观众、嘉宾、演员等,对于领导要加“尊敬的”,对于观众要加“亲爱的”,对于演员则应是“著名的”,即便是名不见经传的演员出场,现场观众也应用热烈的掌声表示欢迎。

④注意对象,增强艺术表现力。首先要注意观众对象的身份、性别、年龄,尽量在他们的语境中说话。比如,为少年儿童写作的主持词,在语言的表述中应尽量采

用具有少年儿童特征的语言，以拉近与少年儿童观众的距离。在集会或联欢会开始的时候，成年人往往这样开场：

"尊敬的各位领导、各位来宾，女士们、先生们：大家好！"

假如孩子们在主持集会或联欢会时，原样照搬，就贻笑大方了。因此，可以改成：

"亲爱的爷爷、奶奶、叔叔、阿姨，老师们、同学们：大家好！"

当成年人介绍某位领导时，往往这样说：

"今天参加联欢会的有市委书记×××同志。"

如果换成孩子们介绍，可以改成：

"让我们用掌声，欢迎市委书记×××叔叔参加我们的联欢活动。"

其次，要有激情和热情。主持词的写作，必须带着创作的激情和热情，才能写出煽情、感人的主持词。第三，要巧用各种修辞手法和诗词的对仗、押韵技巧，让主持人读起来琅琅上口，听起来具有音乐的节奏美。比如：

甲：我们从西河遗址走来，身上凝聚着开拓未来的力量；

乙：我们从平陵古城走来，绽开一个个彩色的梦想；

甲：我们传承着李清照、李开先的遗风呵；

合：勤奋学习、天天向上，做一个新时代的中华小儿郎。

甲：请听童声独唱：中华小儿郎。

4.12.6 情景写作训练

结合给出的情景，写一篇会议主持词。

2010年7月17日，北京和谐社区中心要在重庆举办一场和谐社区建设研讨会。重庆物业管理协会作为承办方，向从事物业管理的知名人士发出了邀请。出席本次会议的嘉宾有北京和谐中心××主任、重庆物业管理会秘书长××、业主代表、××居委会××主任、公司经理、大学教授等。

会议大概议程。

一、主题发言。(120分钟)

1. 北京和谐中心××主任，发言内容：论和谐社区建设的必要性。

2. 重庆物业管理协会秘书长××，发言内容：重庆物业管理发展现状。

3. ××区××业主代表，发言内容：业主对物业的真实感受。

4. ××居委会××主任,发言内容:社区建设的现状。

5. ××物业管理公司××经理,发言内容:物业管理企业在和谐社区建设当中的作用。

二、自由发言。(40分钟)

自由发言主题,主要是围绕着和谐社区建设,由各位与会代表就此结合自身的职业特色和经历阐发观点,每位代表发言控制在5分钟左右。

三、会议研讨总结。(30分钟)

由××大学××院长就本次大会作总结发言。

四、会议闭幕。

模块5　经济文书

学习目标

知识目标：

- 了解经济文书的含义、种类、作用、特点等基本知识。
- 掌握物业管理中常用经济文书写作的基本格式和写作方法。
- 掌握委托书、担保书、招标书、投标书、合同等常用经济文书的适用范围、类型、特点、结构。

能力目标：

- 能说明委托书、担保书、招标书、投标书、合同等经济文书的结构。
- 能在具体工作中正确使用委托书、担保书、招标书、投标书、合同。
- 能阅读和撰写规范的委托书、担保书、招标书、投标书、合同。

重点与难点

- 经济文书的种类及规范。
- 委托书、担保书、招标书、投标书、合同的基本格式。
- 委托书、担保书、招标书、投标书、合同的写法。

知识框架

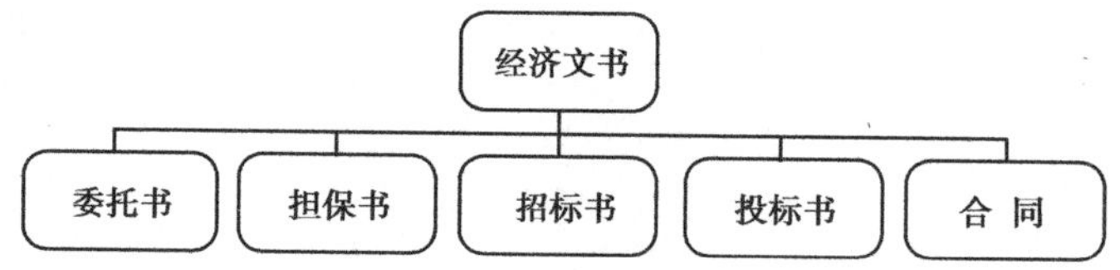

5.1 委托书

嘉华小区业主新购房屋接房日期临近，而小张还因工作出差在外，不能亲自来接房。按照合同约定，要是不能如期接房，他将负相应的责任。朋友告诉小张，可以通过委托书的形式，请他的好友小王代其前去接房，小张听从了这个建议。如果你是小张，请问，该怎样写这个委托书呢?

5.1.1 基础知识

(1)委托书的含义和特点

委托书是委托人委托被委托人，代表自己行使自己的合法权益的一种凭据或证明性法律文书，具有法律效力。它是委托人实施授权行为的标志，是产生代理权的直接根据。

委托书是委托人在行使权力时需出具的法律文书，在委托关系成立期间，委托人不得以任何理由反悔委托事项。当然，被委托人如果做出违背国家法律、严重损害国家任何权益的事情，委托人有权终止委托协议。在委托关系存在期间或委托书上的合法权益内，被委托人行使的全部职责和责任都将由委托人承担，被委托人不承担任何法律责任。因此，委托是单方行为，必须谨慎。委托书的主要特点如下:

①反映单方意愿。委托书只反映授权方的意愿，对被委托方不具法律约束力。所以，委托书中的重要条款及内容必须在授权方与被授权方双方签订的合同中明确表述。

②表述准确、清楚、具体。委托书中“被授权的事项范围”的表述须准确、具体、明确，不能含糊不清，否则可能会带来不可预计的损失。

(2)委托书的类别

委托书被广泛应用于我们的社会生活之中，所以，委托书的类别和委托关系也呈现出多样性。在这里，我们就民事代理授权委托书、诉讼代理授权委托书两种委托书进行重点学习和讲授。

1)民事代理授权委托书

民事代理授权委托是指当事人把代理权授予委托代理人的一种法律关系。民事代理授权委托书是指民事法律行为过程中,存在有授权委托的法律文书。这类委托书会以契约形成,将个人的某些权力委派于他人身上。最常见的是用于物业管理上,例如业主已移民外国,他在本地的物业,可以委派一个可信的人替他管理,也可以通过委托书要求受委托人替他将物业出租或出售。

2)诉讼代理授权委托书

诉讼代理授权委托书是在诉讼中,委托代理人取得诉讼代理资格,为被代理人进行诉讼的证明文书,其记载的内容主要包括委托事项和代理权限,并由委托人签名或盖章。

5.1.2 阅读与分析

【例文1】

委托书

委托人姓名:__________性别:__________身份证号码:__________

受托人姓名:__________性别:__________身份证号码:__________

我拥有位于__________市__________区__________路__________花园__________栋__________号的房产,现委托__________为我的代理人,代理人可以我的名义在代理期限:__________年__________月__________日至__________年__________月__________日内,代理如下事项:

一、全权办理出租上述房产有关手续,代为签署上述房产租赁合同、收取租金,代理人有权选择承租方并确定租赁价格。

二、管理上述房产,代为支付该房产有关水、电、物业管理、煤气、有线电视、电话、网络以及相关费用。

三、以上述房产为抵押办理贷款,代为签署借款合同、抵押合同等以及借款借据及其他相关文件,收取借款款项。

四、到国土部门办理上述房产的抵押登记手续。

五、全权办理提前还清上述房产贷款(即赎楼)手续,代办抵押登记注销手续、领取房地产证等产权证明,有权递件、取件,在有关文件上签字。

六、全权办理上述房产的有关转让手续,代为签署房产转让合同并收取售房款,在有关文件上签字。

七、办理上述房产的房款资金监管协议及收取资金监管协议中的房款,签署相关文件。

八、到国土部门查询上述房产产权资料、办理过户登记等手续。

九、全权办理所转让上述房产的水、电、物业管理、煤气、有线电视、电话、网络费以及其他相关过户、销户手续。

委托代理人在其权限范围及代理期限内签署的一切有关合法文件及办理的相关手续,我均予承认。

委托代理人(有/无)转委托权。

委托人(签字、按指印):

××××年×月×日

评析:

这是一篇办理房产有关业务的民事代理授权委托书,要素齐全,写法规范。委托人和被委托人相关信息详细,采用分项列款的方式明确和约定委托事项,条理清晰,内容一目了然。结尾有明确责权表态并签字、按指印,显得郑重。

【例文2】

民事诉讼代理授权委托书

委托人:××市××经济贸易有限公司

地址:××市××区××路××号

法定代表人:彭××,职务:经理

受委托人:马××,××律师事务所律师

电话:__________

现委托上述受委托人在我方与××市××运输公司因运输合同纠纷一案中,作为我方一般授权诉讼代理人。

代理人马××的代理权限为:代为调查、取证、答辩、出庭应诉。

委托人：××市××经济贸易公司

____________（盖章）

××××年×月×日

评析：

这是一篇民事诉讼代理授权委托书，要素齐全，写法规范。委托人和被委托人相关信息详细，委托代理权限具体明确。结尾签字、盖章，具有法律效力。

5.1.3 病文修改

委托书

本公司__________，因为工作的需要，因为公司业务的发展的长期合作的需要，准备特派和现委托本公司（职位）（陈______）代理本公司关于__________方面的业务工作，平时，我们的这块业务是由原来的小张代理，现在因为小张请假了，只好特派陈__________前来顶替和使用。

特此证明。

委托人：__________

评析：

这个委托书问题较多，主要是语言表达不清晰，混乱。“因为工作的需要”“因为公司业务的发展”重复，“因为公司业务的发展的长期合作的需要”表达错误，“准备特派和现委托本公司”表述不清楚，到底是已经派还是准备派，没说清楚。“平时，我们的这块业务是由原来的小张代理，现在因为小张请假了，只好特派陈______前来顶替和使用”显得多余、啰唆，“前来顶替使用”用词不当。委托的内容和时间不明确。

5.1.4 委托书的结构和写法

委托书的结构包括以下五个部分：

（1）**标题**

根据委托的具体内容，可以在标题中写明委托事项，如《委托__________银行代收费合同书》,也可以直接写“委托书”字样。

(2)委托双方

写明委托双方的详细信息,包括单位(法人代表)/个人姓名,营业执照号/身份证号码,详细地址,联系电话等。

(3)正文

正文要写明委托代理事项和权限。如果内容较多,应分条列项逐一写清楚。

(4)落款及时间

委托人与受托人双方签字(盖章),写明时间。

(5)附件

根据需要可以增加附件,例如相应的证明等。

5.1.5 委托书写作的注意事项

①写作委托书应符合有关的政策、法规,不得与国家的政策、法规相悖。要做到既从实际出发,又符合党和国家的方针、政策。

②所委托的事项,要表述得十分明确,切忌含糊费解。

③语言要通俗、易懂,即使是某些专业性很强的委托书,也应力求如此。

5.1.6 情景写作训练

请阅读资料后代张先生拟写一份委托书。

张先生在北京有一处房产。他因工作暂时调动,现在重庆工作,北京房产闲置。张先生拟请自己的好朋友王先生全权管理,主要负责租赁,代缴水、电、气、物业管理、电话、有线电视等费用。在合适的情况下,张先生拟请王先生全权办理上述房产的有关转让手续,代为签署房产转让合同并收取售房款,在有关文件上签字。

5.2 担保书

某业主装修房屋,装修工人希望装修期间在装修的房间里留宿。于是物业管理员小张要求装修工人写一份担保书,保证在装修期间遵守小区的各项管理制度。请问,小张的做法正确吗?

5.2.1 基础知识

(1)**担保书的含义和特点**

担保书是第三方(个人或单位)为被担保人做担保所开具的保证书。

担保是指法律为确保特定的债权人实现债权,以债务人或第三人的信用或者特定财产来督促债务人履行债务的制度。

担保是为了担保债权实现而采取的法律措施。从我国担保法的内容看,债的担保是指以当事人的一定财产为基础,能够用以督促债务人履行债务、保障债权实现的方法。担保法上的担保,又称"债权担保""债的担保""债务担保",是一个总括的概念,内涵丰富,外延极广。在我国的立法上,并未对此下一个明确的定义。

担保是一种承诺,是对担保人和被担保人行为的一种约束。担保一般发生在经济行为中,如被担保人到时不履行承诺,一般由担保人代被担保人先行履行承诺。担保一般有口头担保和书面担保两种,但只有书面担保才具有真正意义上的法律效力。

担保在民法上是指为保障债权实现而采取的保证、抵押等行为。如甲向银行借款,乙为甲提供担保,保证甲在规定期限内履行还款义务,一旦甲不履行义务时,由乙予以履行。我国在1995年颁布《担保法》,规定了有关事项。刑事诉讼法上的担保则是为犯罪嫌疑人或服刑犯人取保候审、保外就医等提供一定的保证。

在我们的生活中,还有一种是对一个人的人品上的担保。这种担保绝大多数是口头性质的,它的意义只是表明担保人对被担保人的一种信任和赞赏,没有太多的实际意义,有的只是担保人对被担保人的一种监督。但这种担保对双方的行为还是有一定的约束力。

还有一种比较特殊的担保是移民担保，目前多数国家都采用这一政策。移民担保多数具有上述两种担保的性质。

担保书主要有以下特点：

①平等性。在担保关系中，当事人地位平等。担保法律关系中的权利义务是双方平等协商的结果。

②自愿性（选择性）。我国《合同法》设立了担保制度，但并未规定当事人必须设立担保。

③从属性（附属性）。担保之债是从债，被担保之债是主债，主债无效或消灭，从债也随之无效或消灭。

④保障性 。保障担保事项的履行是担保的最根本的特征。

⑤补充性。担保权利人行使担保权利以主债务已届清偿期且债务未得到履行为前提。保证人对担保权利人享有先诉抗辩权。

（2）担保书的主要类型

担保书包括保证担保、抵押担保、质押担保、留置担保等多种形式。

1）保证担保

保证担保的内容包括主债权及利息、违约金、损害赔偿金和实现债权的费用。保证合同另有约定的，按照约定。当事人对保证担保的范围没有约定或者约定不明确的，保证人应当对全部债务承担保证责任。

2）抵押担保

抵押担保的内容包括主债权及利息、违约金、损害赔偿金和实现抵押权的费用。抵押合同另有约定的，按照约定。

3）质押担保

质押担保的内容包括主债权及利息、违约金、损害赔偿金、质物保管费用和实现质权的费用。质押合同另有约定的，按照约定。

4）留置担保

留置担保的内容包括主债权及利息、违约金、损害赔偿金、留置物保管费用和实现留置权的费用。留置合同另有约定的，按照约定。

5.2.2 阅读与分析

【例文1】

信用担保书

致××分行：

根据你行与××(下称“借款人”)在××××年××月××日签订的贷款合同，你行向借款人提供××的贷款。现我××(下称“担保人”)愿意担保：当借款人不论由于什么原因不能按与你行签订的贷款合同规定履行还本、付息及支付有关费用时，担保人愿承担借款人履行上述贷款合同的连带责任。

担保人在此声明和保证：

一、担保人是在××注册登记的经济实体，任何改变担保人本身性质、地位的事件、事项发生或有可能发生时，担保人保证及时通知你行。

二、本项担保金额最高额为贷款合同中规定的贷款金额，即××及由此而产生的利息和有关费用。如你行允许借款人的贷款到期后展期，只要担保金额不超过贷款合同的金额，担保人不会因此而解除或减少担保责任。

三、担保人在收到你行出具的要求担保人履行担保责任的付款通知书后，不管你行是否向借款人追索，保证按付款通知书规定的付款日、付款金额主动、一次性地向你行付清全部应付款项。你行出具的付款通知书是终结性的，对借款人和担保人均有约束力。

四、如果担保人未按你行通知规定的期限及金额付款，担保人在此授权你行从担保人开立在你行的××账户中扣收，并可加收逾期利息。

五、本担保是一项持续性的担保，只要借款人在贷款合同项下，按有关条款规定承担了任何现在的、将来的或可能发生的债务和责任，担保人就始终承担本担保项下的所有连带责任。你行给予借款人的任何宽限只要不增加担保人的担保金额，担保人在此担保书项下的责任均不会解除或减少。

六、只要不增加担保人的担保金额，本担保人不会因为借款人与你行同意对贷款合同条款的任何修改、补充、删除或因借款人与其他方面签订的任何合同而受影响或失效。

七、如果借款人将财产或权益抵押给担保人，在本担保项下的贷款金额没有全部偿还之前,担保人不会行使有关抵押书项下的权利,也不会取代你行对借款人的债权人地位。

八、如果借款人破产或与其他公司合并,或更改名称等类似情况出现,并不解除担保人在此信用担保书下的责任。

九、担保人的继承人(包括因改组合并而继承)将受本担保书的约束,并继续承担本担保项下的责任。未得到你行事先书面同意,担保人不会转让其担保义务。

十、你行如将本担保项下的贷款合同的债权转让给他人,并不影响债权人向担保人要求履行担保的责任。

十一、本担保书是无条件不可撤销的担保。担保人与任何其他方面签订的任何合同(协议或契约)均不影响本担保的真实性、有效性和合法性。

担保人地址:××
担保人名称:××
开户银行证明
日期:××××年×月×日

评析:

①这篇信用担保书内容准确,表达清楚。

②标题采用了"内容+文种"的规范式标题形式。

③从内容上看,担保的范围、职责等内容表述清晰明白,规范性很强。

【例文2】

物管公司出纳职务担保书

担保人:××

被担保人:××

被担保人现担任××市××物业管理有限公司××花园的出纳职务,因职务需要,将长期保管现金等财物。由于保管责任大及考虑到加强财物管理责任等因素,担保人为被担保人担保如下:

1.担保人在被担保人担任出纳期间所发生的过错、损失承担连带赔偿责任。如果被担保人在担任上述职务期间发生过错,但后果是在离职之后被发现的,担保人仍应当承担相应的赔偿责任。

2. 担保人自愿以位于××的财产作为担保物，在未经××市××物业管理有限公司××花园同意的前提下、担保人不得将上述财产转让，否则××市××物业管理有限公司××花园有权撤销该行为。

3. 本担保文件为不可撤销的法律文件，未经立约双方及××市××物业管理有限公司××花园书面同意，任何一方均不得单方提出撤销或终止其义务。

确认人：××

担保人：××　　　　被担保人：××

承受权益人：××市××物业管理有限公司

××××年×月×日

评析：

①这是一篇物管公司出纳职务担保书。

②标题采用了“内容＋文种”的规范式标题形式。

③从内容上看，担保人对被担保人担任物管公司出纳职务进行担保，内容清楚。

【例文3】

物业出租担保书

本人×××，为××单元的业主，现将本人所属的上述物业出租给×××等×人暂住，出租期限为××××年 ××月××日至××××年 ××月××日。本人愿意担保：所有租住人员在本花园内居住期间，一切行为均严格遵守政府法律、法规、小区《管理公约》《住户手册》及小区的其他各项管理规定。如租户在租住期间有违规行为，经贵公司书面知会仍无改善，本人愿意承担有关的任何责任及停止出租上述物业给以下租户。

租住人员姓名：×××　　身份证号码：(略)　　联系电话：(略)

×××

业主签名(担保人)：×××

日期：××××年×月×日

评析：

①这是一篇物业出租担保书。

②标题采用了“内容+文种”的规范式标题形式。

③从内容上看，担保人对被担保人在租住期间的行为进行约束担保，内容清楚。

5.2.3 病文修改

保证书

根据本担保书，×××（承包人名称）作为委托人（以下称“承包人”）和×××作为担保人，共同向债权人×××（以下称“雇主”）承担支付人民币×××元的责任，承包人和担保人均受本担保书的约束。

鉴于承包人已于××××年×月×日同雇主签署了×××的书面协议，下文中的合同，包括合同中规定的文件、图纸、规范和修改。本担保书的条件是：如果承包人迅速、忠实地履行了上述合同，本担保书的责任失效；否则将保持有效。一旦雇主提出承包人违约，而雇主又履行了自己的责任，担保人将迅速弥补违约的损失，或者迅速：

(1)根据合同要求完成合同，或××××××。

(2)按合同条件提供给雇主合格的投标书，在雇主和担保人确定了评标价最低响应性投标人后，安排投标人和雇主之间的合同。在施工过程中提供足够的资金，支付“合同价余额”以外完工所需的费用，包括担保人有责任承担的赔偿费，但总数不超过上述第一段中提到的金额。这里所说的“合同价余额”指雇主按合同应付给承包人的总额减去已合理地付给承包人的金额。

(3)按照雇主要求，付给雇主按合同条件完成合同所需的金额。

任何有关本担保的诉讼，必须是在缺陷责任证书发出后一年内提出的，方为有效。除了雇主以外，其他人也可对本担保书的责任提出履行要求。承包人和担保人的法人代表在此签字并加盖公章，以资证明。

评析：

①标题与文章内容不相符，应为《履约担保书》。

②内容部分层次序列不规范，应为“一、二、三”或“1.2.3”。

③结尾没有署名和日期，应加上。

④部分内容考虑不周全。如“本担保人不承担大于本担保书限额的责任”，但应明确责任限额；又如“除了雇主以外，其他人也可对本担保书的责任提出履行要求”，一般情况下是不允许的。

5.2.4 担保书的结构和写法

担保书一般由标题、正文和签署三部分构成。

(1)标题

标题一般采用“内容+文种”的规范形式，如“×××担保书”。

(2)正文

正文写清楚担保人、被担保人以及担保的具体事项等内容。由于担保书具有一定的法律效力，因而要求条款清楚、措辞严谨。

(3)签署

担保书中应将担保人地址、姓名(签章)一一写明，并落上签订日期。

5.2.5 担保书的写作要求

(1)平等、自愿的原则

担保书要遵循合法、平等、自愿、协商一致、公平、诚实守信等原则。

(2)熟悉相关的法律、法规及专业知识

签订担保书必须慎重，一旦订立生效后，对当事人即具有法律约束力。因此，要求写作者应熟悉相关的政策、法律、法规及专业知识。

(3)条款严密，语言准确

担保书条款要完备、严密、明确，防止造成隐患，更要防止出现欺诈行为。签订担保书必须持严肃、认真的态度，其语言应当精确、严谨、周密，明白无误，防止由于用词产生歧义、多义、含混而造成纠纷。

5.2.6 情景写作训练

某业主装修房屋，装修工人希望装修期间在装修的房间里留宿。假如你是一名物业管理人员，请你为其拟写一份装修工人留宿担保书模版，供其填写。

5.3 招标书

某县街心公园扩建项目，政府投资80万元，这在当地算不小的项目。按该省招投标实施办法，100万元以上项目才需招投标；而县政府文件规定50万元以上的，必须进行招投标。在项目实施过程中，经有关部门同意，将道路、绿化、喷水池分别直接发包给不同施工队伍，每个项目合同价都低于50万元。招投标管理部门认为业主采用肢解项目、化整为零的办法规避招标，按《招标投标法》第四十九条规定，对业主处3万元罚款。业主不服，申请行政复议，请问，复议机关是支持招投标管理部门的决定还是撤销招投标管理部门的决定？理由是什么？

5.3.1 基础知识

(1)招标书的含义

标，指用比价的方式承包工程或买卖货物时各竞争者所标出的价格。

招标书，指招标人通过公开招标的方式，征招承包者或合作者的一种告知性文书。招标书又称为招标说明书、招标通知书、招标广告、招标公告、招标启事等。招标人利用投标者之间的竞争来达到优选投标人的目的。为了公平、公正地竞争，招标人应对招标的有关事项和要求作出明确的解释和说明。

(2)招标书的作用

招标书的作用主要体现在以下四个方面：

①告知投标人递交投标书的程序。

②阐明所需招标的标的情况。

③告知投标评定准则以及订立合同的条件等。

④招标书既是投标人编制投标文件的依据，又是招标人与中标人商定合同的基础，因此它对招标机构与投标人、招标人与中标人都具有约束力，对整个招标过程的顺利进行起着重要的指导作用。

(3)**招标书的类型**

按照不同的标准,招标书可以分成不同的类型。

①按时间分,可分为长期招标书和短期招标书两种。

②按范围分,可分为国内招标书和国际招标书两种。

③按内容分,有很多类型,如工程建设招标书、企业租赁招标书、大宗商品交易招标书、选聘企业经营者招标书、企业承包招标书、劳务招标书、技术引进或转让招标书等。

下面介绍常用的三种招标书:

①工程建设招标书:是招标方就工程建设项目择优选定建筑企业承包方的文书。

②大宗商品交易招标书:是招标方就采购价廉物美的大宗商品(如各种建筑材料、大批量物品、设备安装等)项目择优选定承包方的文书。

③选聘企业经营者招标书:是招标方就企业经营承包择优选定承包方的文书。

(4)**招标书的特点**

①公开性。招标书是一种告知性文种,它像广告一样,要借助大众传播手段公开告知投标者有关招标的内容,从而利用和吸收各地及至各方的优势于一家,以达到提高经济效益的目的。

②竞争性。招标的目的就是利用投标者之间的竞争来达到优选投标人的目的。招标书充分利用了竞争机制,以竞标的方式吸引投标者加入。因此,招标书发出之后,很可能招来众多的投标者,这在客观上使投标人之间形成了激烈的竞争。业主通过招标这种激烈的竞争,优胜劣汰,从而实现优选的目的。因此,可以说竞争性是招标书最突出的特点。

③具体性。如前所述,招标书既是投标人编制投标文件的依据,又是招标人与中标人商定合同的基础,因此,招标人应对招标的有关事项和要求作出具体、明确的解释和说明。因而,它又具有具体性的特点。

④规范性。招标书是经济活动中非常重要的一个内容。要使招投标活动得以顺利进行,必须有一个规范的操作模式。我国《招投标法》对招标书的格式和内容都作了明确规定,招标人在撰写招标书时,务必做到条款严密周到、内容明确、合理合法。可见,招标书具有规范性的特点。

5.3.2 阅读与分析

【例文 1】

重庆市××植物园2008年公园绿地建设工程招标书

招标项目名称：重庆市植物园2008年公园绿地建设工程

项目批复文号：渝府采〔2008〕648号

招标人名称：重庆市植物园

招标人地址：重庆南山植物园

招标代理机构：腾飞工程管理（集团）有限公司

招标代理机构地址：重庆市渝州路38号森林大酒店505室

招标（数量）规模：绿化面积约18 000 m^2，包括种植、草坪、广场砖铺张、小品、庭园工程等

资金来源：政府投资

简要技术要求/招标项目性质：详见招标文件和图纸要求

投标人的资格条件：二级及以上园林绿化施工资质企业

投标报名时间：2008年8月10日至2008年8月15日16:00

投标报名地点：重庆市园林绿化招投标交易市场315房间（详细地址及地图见重庆园林绿化信息网 http://www.garden.com）

招标文件发售时间：2008年8月10日至2008年8月20日；每日9:00—11:00，14:00—16:00，节假日休息

招标文件发售地点：重庆市渝州路38号森林大酒店505室

招标文件售价：600元/包（售后不退）

图纸押金：1 000元/套（开标当日凭图纸和押金收据无息退还，如有损污酌情扣减图纸押金）

投标截止日时间：详见招标文件

开标时间：详见招标文件

开标地点：重庆市园林绿化招投标交易市场开标室

评标办法：综合评估法

项目联系人：张女士

联系方式:66330088

备注:1. 网员单位在网上(http://www. garden. com)报名后持"营业执照副本"原件和复印件、"资质证书副本"原件和复印件、法人委托书、受委托人身份证及复印件(法人委托书及各复印件盖企业公章)到交易市场315房间获取"投标报名确认单"。2. 报名人持"确认单"按指定时间、地点获取招标文件。

腾飞工程管理(集团)有限公司

2008年8月5日

评析:

这是腾飞工程管理(集团)有限公司发布在网上的招标书,是就重庆市××植物园2008年公园绿地建设工程这一项目举办招标活动。它的写法是运用分行形式来表达招标书的内容,正文免去了前言,开篇直入主体,结尾以项目联系人、联系方式与备注表述。对于不便于分行说明的部分,以"备注"的形式说明,以期向读者介绍清楚。对于节奏日益加快的现代经济活动来说,本文的写法是值得借鉴的。

5.3.3 病文修改

招标书

××山庄紫庭苑由台州××投资有限公司开发建设。为响应党的构建和谐社会的号召,推进物业管理服务的市场化运作,为公司创造更好、更多的经济效益和社会效益,按照我公司的规定,采用公开招标、邀标等方式选聘××山庄紫庭苑的前期物业管理企业。

招标人:××投资有限公司

标的:××山庄紫庭苑的前期物业管理

一、××山庄紫庭苑基本情况概述

本项目建造的物业类型为:住宅。

本项目位于××市××街道××北路,东至××公园,西至××北路,南至××公园,北至本项目蓝庭苑。用地面积46 755 m^2,总建筑面积132 191.2 m^2。其中地下总建筑面积29 383 m^2,地上总建筑面积102 808.2 m^2(住宅建筑面积102 143.52

m^2，非住宅建筑面积664.68 m^2）。

本项目共计8幢17层建筑，建筑结构为框剪，预估使用户约1 230户。

本项目容积率2.2；绿化率35 %；集中绿化率30 %。

本项目规划建设机动停车位770个，其中地上停车位52个，地下停车位718个。小区主次出入口共计2处：分设在××北路，××公园路；地下车库出入口3处，分别位于××北路、××公园路。

本项目已于2007年2月开工建设，计划于2008年7月竣工并交付使用。

物业专项维修基金按温岭市有关文件规定执行。

物业管理收费标准参考《温岭市物业服务收费管理实施细则》，物业管理服务要求提供2级以上服务标准。

二、主要设施设备的配置及说明

1. 本项目8幢20个单元，每单元配电梯2台，共40台电梯。

2. 小区智能化设备：车辆进出管理系统、可视对讲系统、指纹门锁系统、闭路电视监控系统等。

三、物业管理用房的配置情况（略）

四、物业管理的内容与要求（略）

（一）物业管理的内容（略）

（二）物业管理的要求（略）

五、投标文件的编制要求（略）

六、投标报价要求（略）

七、投标书送达的要求

1. 投标单位应于2007年4月25日前至台州××投资有限公司领取标书。

2. 招标人自行踏勘招标物业现场。

3. 投标单位应根据本招标文件的要求，编制投标书共5套并加盖投标企业法定代表人印章，于2007年4月30日截标前，送达招标人处。逾期送达的，后果自负。

投标人在截标前可书面通知招标人补充修改或撤回已提交的投标文件。经补充修改的内容为投标文件的组成部分。投标人在截标后送达经补充修改的投标文件，招标人有权拒收。

八、招标人及联系方式

招标人：××投资有限公司

地　址：××市××中路××公寓××××室

电　话：××××××、××××××

××投资有限公司

××××年×月×日

评析：

①标题是引人注意的关键，故而本文不能简单地以“招标书”几个字做标题，可改为“××山庄紫庭苑前期物业管理招标书”。

②物业管理维修基金、收费标准、服务等级等内容应该放到第四点“物业管理的要求”中。

③缺少“投标人的条件”。对投标人的条件可从资格、资质、管理经验等方面提出要求。

④缺少“开标的时间、地点”。开标的时间、地点一定要具体，还应介绍评标委员会成员的数量、评标陈述时间、答辩方式及时间等。

⑤前言部分写作不当。“为响应党的构建和谐社会的号召”句显得空泛，可以删去；“为公司创造更好更多的经济效益和社会效益”对公司的形象有负面影响，不妥，应删去；“按照我公司的规定”不妥，公司不能制定招投标管理办法，可改为“根据《××市前期物业管理招投标管理暂行办法》的规定”；“采用公开招标、邀标等方式选聘××山庄紫庭苑的前期物业管理企业”一句不对，公开招标和邀标是两种不同的招标方式，最好不要同时采用。

⑥“逾期送达的，后果自负”显得不友善，不妥。可改为“逾期送达的，视作为放弃投标”。

5.3.4　招标书的结构和写法

招标书的一般结构为“标题＋正文＋尾部”。

(1)**标题**

标题一般有如下四种形式。

①“招标项目名称＋文种”，如《××大厦建筑安装工程招标书》。

②“招标单位名称＋文种”，如《××物业管理有限责任公司招标书》。

③“招标单位名称 + 招标项目 + 文种”,如《重庆市菜园坝大桥工程招标书》。

④“招标单位名称 + 事由 + 文种”,如《重庆市科学技术委员会关于发布科技项目公开招标的公告》。

(2)正文

招标书的正文结构一般是:“前言 + 主体 + 结尾”。

1)前言

前言应包括以下内容:

①招标单位的基本情况。

②招标的背景、目的、根据或缘由等。如,“为了提高建筑安装工程的建设速度,提高经济效益,经市建委批准,××公司对××大厦建筑安装工程的全部工程进行招标”。这种写法就是“目的 + 根据 + 事由”。

2)主体

主体应包括以下内容:

①文件编号。

②招标项目。包括名称、地址、各项技术指标、总工程量或物资名称、数量、质量、时间要求等。

③招标范围。包括投标者应具备的条件,投标者的资格审核,中标者的义务、责任和权利等。

④招投标方法。主要有招投标的手续、标书的售价、投标步骤及要求、开标具体办法等。

⑤招标时限。主要有招投标的起止时间、发售招标文件的日期、开标时间等。

⑥招标地点。主要有发售招标文件的地点、开标地点等。

3)结尾

结尾应包括如下内容:

①招标单位的名称。

②地址。

③联系人。

④电话号码、传真等。

如果主体部分已有招标联系方式,可以免写结尾,此处以秃尾形式收束。

(3)**尾部**

尾部应包括以下内容:

①附件名称。

②落款。如果结尾部分已有招标方名称,此处就不必重复。

③成文时间。写明招标书的发布日期。

④附件原文。

5.3.5 招标书的写作注意事项

招标书写作是一种严肃的工作,要求注意以下两点:

(1)**内容要明确具体、周密严谨**

招标书不但是一种“广告“,而且,也是签订合同的依据,是一种具有法律效应的文件。因而,招标项目、招标要求、招标程序、投标须知等内容必须明确具体、周密严谨。对投标方来说,这些内容是保证投标方的目的得以实现的基础,也是投标方编制投标文件的依据。招标内容不明确、具体、周密,就会引发双方分歧,从而影响招投标工作的正常进行。

当然,要求内容明确具体、周密严谨,并不意味着招标书要长篇大论。其实,只要把所要讲的内容简要介绍、突出重点即可,切忌没完没了、没有目的地胡乱罗列、堆砌资料。

(2)**测算数据、评估款项要科学合理**

投标方将根据招标书中的各种信息资料,制订可行的投标方案、填制投标文件和拟制答辩词。因此,拟写招标书前,必须作好调查研究,掌握市场信息,使招标书中的测算数据、评估款项科学合理,以便招标方的目标得以顺利实现。

5.3.6 情景写作训练

下面是一份租赁招标书,请指出其中的错误,并进行修改。

××百货商店广告

为了深化商业体制改革,把竞争机制引入企业,发掘人才、搞活企业,根据××区人民政府××发〔2007〕125 号文件精神,对××百货商店实行租赁经营,向社会公开招标。现将有关事项公布如下：

一、企业情况

该百货商店现有职工120人；自有流动资金××××万元，固定资产××××万元；拥有营业面积5 000 m^2，仓储面积1 500 m^2。

二、租赁期限和标底

租赁期限为3年。由于该百货商店历史“包袱”较重，租赁期间将采取减亏目标办法，即2008年减亏到70万元，2009年减亏到2万元，2010年扭亏为盈。

三、中标人待遇

中标人为企业法人代表。在任期间享受本企业待遇，不改变其原来身份、户口等。中标人的经济待遇洽谈时面议。

开标时间另行公布。

公司地点：××区××三路25号三楼

联系电话：(0××)××××××××

××区××百货公司(盖章)

××××年×月×日

知识拓展：

招标文件一般包括哪些内容?

我国《招标投标法》规定，招标文件应当包括：“招标项目的技术要求、对投标人资格审查的标准、投标报价要求和评标标准等所有实质性要求和条件以及拟签订合同的主要条款”。具体来说，主要有以下内容。

1. 投标邀请书

投标邀请书与招标公告的目的大致相同。其主要内容包括：业主名称，项目名称、地点、范围，技术规范及要求的简述，招标文件的售价，投标文件的投报地点，投标截止时间，开标时间、地点等。

投标邀请书可以归入招标文件中，也可以单独寄发。如采用邀请招标方式招标，投标邀请书往往作为投标通知书单独寄发给潜在投标人，因而不属于招标文件的一部分。但如果采取公开招标方式招标，往往是先发布招标公告和资格预审通告，之后发出的投标邀请书是招标人向预审合格的潜在投标人发出的正式投标邀请，因而应作为招标文件的一部分。

2. 投标人须知

(1)投标的条件

招标文件之所以要对投标的条件进行说明和规定，其目的是为了保证投标人的合格性和投标的真实性。为了保证投标人的合格性，招标机构有必要对潜在的投标人进行投标资格预审。招标文件会在这一部分规定参加资格预审的投标人必须递交的证明资料及其格式，以便统一进行审查。为了保证投标的真实性，招标人往往还要求投标人必须交纳投标保证金，招标文件中规定了投标保证金的比例、交纳方式以及保证书的格式等。

(2)对投标文件的要求

如果说投标的条件侧重于对投标人的要求，则该部分侧重于对投标文件的要求。由于招标机构在接受投标书时，通常会检查投标书的制作和封送是否合乎程序，因此招标文件必须在这一部分中写明对投标文件编写的统一要求(通常提供统一的投标文件格式)以及对投标文件封存和递交的规定，以便于开标和评标工作。

(3)对招标程序的说明

整个招标过程应体现出公平、公正和合理的原则，而要体现出公平、公正和合理原则，重要的一条便是招标程序的公开化，以增加招标活动的透明度。招标文件这一部分的内容便是通过将开标、评标和定标的规划等招标过程的关键内容予以公开，从而体现了整个招标工作的公正与透明。

3. 合同条款

合同条款的目的在于将中标后所要签订的合同的内容规范化和公开化，这也是招标公平、公正原则的具体表现形式之一。合同的条款分为一般性条款和特殊性条款两种。拿物业管理行业的招标书为例，前者通常是物业管理招标的行业性的约定俗成，对于不同的物业管理项目均具有一般性，通常由技术条款、商务条款和法律条款组成；后者则是针对每个具体不同的物业管理项目自身的特点而度身定造的个性化条款。按照个性包括共性的道理，在合同条款中，特殊性条款也就优于一般性条款，在两者发生不一致时，合同应以特殊性条款为准。

4. 技术规范和要求

技术规范是详细说明招标项目的技术要求(如物业管理项目的服务标准、具体工作量等)的文件,当属招标文件的重点之一。技术规范通常是以技术规格一览表的形式进行说明,另外还需附上项目的工程图纸等,作为投标人计算标价时的依据。

5.4 投标书

秘书钟苗问行政经理高野说:"高经理,公司拓展项目经常需要参加招投标活动,投标书的编写非常重要。请您给我讲讲投标书怎么写,好吗?投标书写作时有哪些注意事项呢?"

5.4.1 基础知识

(1)投标书的含义

投标书是投标人为了中标而按照招标人的要求,具体地向招标人提出订立合同的建议的方案性文书。投标书也叫标函、投标申请书、投标说明书等。

投标,是组织之间比实力、比技术、比信誉、比策略、比价格的市场竞争行为。对投标者来说,投标书就是提供给招标方的备选方案。

招投标的程序大致如下:

①招标方发布招标书。

②投标者领取招标文件,按照招标方的规定进行填写,密封后送达招标方指定地点。

③招标方在指定投标结束日之后收集投标文件,组织有关专家在公证部门的监督之下当众开标、评标,选出质量最好、价格最低的投标者。

④招标、投标方签订合同。

⑤招标方发布中标书。

(2)投标书的类型

按照不同的标准,投标书可以分成不同的类型。

①按时间分,可分为长期投标书和短期投标书两种。

②按范围分,可分为国内投标书和国际投标书两种。

③按投标方人员组成情况分,可分为个人投标书、合伙投标书、集体投标书、全员投标书和企业投标书等。

④按内容分,可分为工程建设投标书、大宗商品交易投标书、企业租赁投标书、企业经营承包投标书、企业租赁投标书、劳务投标书、技术引进或转让投标书、科研项目投标书等。

下面介绍常用的三种投标书:

①工程建设投标书:是投标方对工程建设项目应招的文书。

②大宗商品交易投标书:是投标方对采购价廉物美的大宗商品(如各种建筑材料、大批量物品、设备安装等)项目应招的文书。

③企业经营承包投标书:是投标方对企业经营承包项目应招的文书。

(3)投标书的特点

①针对性。拟制投标书的目的就是争取与招标单位订立合同,因此,投标内容是针对招标项目、条件和要求而写的,具有很强的针对性。

②求实性。投标是具有很强的竞争性的市场行为,因此,要想在竞标中获胜,投标人除了必须具有强大的实力、合理的价格外,还要有极高的信誉度。而在投标书中,投标人的信誉度主要体现在内容的求实性。也就是说,投标书应对投标项目进行客观分析,实事求是地说明己方的优势和特点,实事求是地介绍己方的投标方案,以利合作。可以说,求实性是投标书最基本的特点,也是中标的生命线。

③合约性。投标书是招投标双方签订合同的基础,其中的条款虽然只是内容的框架,但是合同内容必须依据双方认可的投标书来拟写。因此,投标书一旦得到招标方的认可,就成为双方合作的"框架性协议"。从这一点来看,投标书具有合约性的特点。

5.4.2 阅读与分析

【例文1】

××花园前期物业管理投标函

(招标编号:　　)

重庆××房地产开发有限公司:

在审阅了所有集中招标文件后，我方决定按照招标文件的规定和物业管理行业的相关规定参与投标。我方保证提供的全部报价和其他资质证明文件的真实性、合法性，并愿赔偿招标代理机构因上述报价和资质证明文件的瑕疵所蒙受的全部经济损失。

如果我方中标(成交)，我方将按照招标人的要求按时接管和进场，确保合同的履行。

我方同意本投标函在招标公告规定的开标日期起15日内有效，并对我方具有约束力。我方投标在投标有效期期满前均有可能中标(成交)。

我方承诺，我方同本项目的招标代理机构没有产权关系，不会为达成此项目同招标人进行任何不正当联系，不会在竞争性投标过程中有任何违法、违规行为。

在正式合同准备好和签字前，本投标函及贵方的中标通知书将构成约束我们双方的合同。我方理解贵方不一定要接受最低报价的投标或收到的任何投标。

我方联系方式如下，如我方提供的联系方式不对，造成一切损失，由我方承担。

单位名称：重庆××物业管理有限公司

邮　　编：××××××　　地址：××××

联系人姓名：×××　　联系人手机：×××××××××××

传　　真：×××××××××　　办公电话：×××××××××

投标人(盖章)：

法定代表人或委托代理人(签字)：

出具日期：××××年×月×日

附件1：投标承诺书

附件2：投标人资格证明文件

附件3：投标单位简介

附件4：拟派现场项目经理资格声明

附件5：拟派项目主要管理人员、工程技术人员情况表

附件6：××花园前期物业管理方案

评析：

这是一份前期物业管理经营投标书。

物业管理项目繁多，如果要在主体部分说明清楚，必然花费大量的笔墨，文章就显得特别长，读者不易理清思路。因此，作者在该投标书的写作上一改常规写法，即将主体部分的内容移至附件里详细介绍，投标函只做与投标有关问题的说明及承诺，行文简洁、条理清晰。这种化整为零的写法，更易使读者一目了然，比较适用于内容繁杂的投标项目。

5.4.3 病文修改

以服务为核心，以质量求发展，促进学生食堂再上新台阶
——承包学生食堂投标书

校考评委员会、职代会：

我校食堂拟实行承包经营、引进竞争机制，这是搞活经济、深化食堂改革的需要。我作为在食堂工作15年的老职工，听到这一振奋人心的消息后，辗转反复，彻夜未眠。经过慎重的考虑和反复的测算，觉得承包学生食堂，大有利可图，因此，我决定投标参加承包学生食堂的竞选活动。现将我关于承包学生食堂的具体方案汇报如下。

一、经营方针

以服务学生为核心，靠优质的服务、不断翻新饭菜的品种和花样，赢得声誉。以实惠、卫生、可口、薄利多销为基本原则。听从校方的管理，遵守各项法律、法规和规章制度，按《食品卫生法》严格操作规程。保证让学校放心，让师生满意。

二、管理措施

1. 严把进货关。坚决杜绝来路不明的各种货源进入食堂。做到分工具体，责任明确，由专人负责定点进货。不合格的菜、肉、鱼、油、佐料等，坚决不要。

2. 严把处理关。进入食堂的蔬菜，在细加工之前，一定要摘好洗净，在干净的水池里清洗3遍以上，然后转入干净的清水中浸泡半个小时以上。在细加工时，做到生熟食品分开、容器分开、工作区分开，杜绝交叉感染。保证食品煮熟、煮烂，严格按照食品卫生规定加工食品，保证学生吃得放心、吃得舒心。

3. 保证做到不合格或霉坏变质的食品不上柜台，剩余饭菜不上柜台，加工失误

(过生或过糊)的饭菜不上柜台,天天重复的饭菜不上柜台。

4. 厨房要保持设备整齐划一。工作台、餐具、炊具、地面、墙面按时消毒,做到干净无异物。冰箱保持干净卫生,分档、分类存放食物(生熟分开,肉类、鱼类、海鲜类等分档、分类保存)。

5. 工作人员必须听从领导指挥,服从分配。尊敬学校领导和老师,爱护学生,爱岗敬业,尽职尽责。

6. 严格工作人员的劳动纪律,不迟到、不早退,对人态度和蔼。上班期间严禁干私活,严禁接朋会友,严禁带小孩,严禁脱岗串岗,严禁打闹、吃零食及其他不文明的语言和行为。严禁在公共场所乱扔杂物、烟头,随地吐痰,聚众喝酒等,不得穿着工作服上厕所。

7. 全体工作人员都应熟练掌握消防安全常识,严格执行消防安全标准,确保不出问题。要做到人走灯灭、人走水停,注重节约,珍惜食堂和学校里的一草一木。

三、人员配备

1. 面食人员:6～7人,厨师2人,蔬菜加工人员6人。

2. 所有人员持健康证上岗,并按照有关规定,对上岗者进行定期和不定期的体检。

3. 对上岗人员实行量化考核。鼓励他们创造业绩,一旦其合理化建议被采纳,则视具体情况给予物质奖励。

四、处理好各方关系

一是定期向学校汇报工作情况,征求学校领导的意见和建议。

二是定期了解师生对食堂的意见和建议。设立意见箱,接受师生监督。

三是按时向有关部门交纳承包费、水电费和其他应交的费用,不拖不欠。

四是按照招标书规定提交投标保证金。

我以我的人格担保,以上内容我绝对说到做到。我敢肯定地说,不选择我,你们一定会后悔!因此,请校考评委员会、职代会务必接受我的投标,并审核批准。

附件:投标人资格证明文件

投标人:×××

××××年×月×日

评析：

①这是一份个人投标书，结构基本齐全。

②标题采用正副标题形式，不妥。可删去正标题，直接用“承包学生食堂投标书”即可。

③前言中“我作为在食堂工作15年的老职工，听到这一振奋人心的消息后，辗转反复，彻夜未眠。经过慎重的考虑和反复的测算，觉得承包学生食堂，大有利可图，因此，我决定投标参加承包学生食堂竞选活动”一段文字有问题，第一，不应有无关的描绘性的语言；第二，“大有利可图”显示出投标人承包食堂的动机不正。

④“管理措施”中缺少卫生管理内容。

⑤“人员配备”中只说了面食人员、厨师、蔬菜加工人员，不够具体、全面。另外，全文逻辑混乱，员工体检、考核等内容应属于“管理措施”的内容。

⑥结尾的表态不当，并带有威胁、命令的口吻。

⑦缺少核心内容——报价，应在附件里补齐。

⑧有些地方还有语病和逻辑上的错误。

5.4.4 投标书的结构和写法

投标书只是投标系列文件中的一个文件，但这个文件占据了重中之重的位置。

投标书的一般结构为“标题＋正文＋尾部”。

(1)标题

投标书的标题主要有以下四种形式。

①“投标人名称＋投标项目名称＋文种”，如《××建筑工程公司承包冰箱厂移地改造工程投标书》。

②“投标人名称＋文种”，如《××建筑工程公司投标书》。

③“投标项目名称＋文种”，如《东方雅园建设工程投标书》。

④只标文种，如《投标书》。

(2)正文

投标书正文的结构一般是“送达单位＋前言(引言)＋主体＋结尾”。

1)送达单位。

即招标单位，居左顶格书写。

2)前言(引言)。

说明投标的依据、目的、指导思想、投标方名称、投标意愿等。

3)主体。

根据招标书提出的目标、要求,介绍投标企业的现状,明确投标期限及投标形式。主要包括如下方面:

①写明投标的具体指标。具体指标应明确质量承诺和应标经营措施,拟定标的,提出标价(常用表格表示),完成招标项目的时间,填写标单等。

②说明投标书的有效期限。

③说明投标方的保证。即保证按照招标书的要求提交银行担保书与履约保证金。

主体部分应充分展示投标者的实力,以引起招标方的重视。

4)结尾

①对主体进行补充说明,如再次表明态度或请求评标组织审核评议等。

②注明投标方联系方式,主要包括投标单位全称、地址、邮编、联系人、联系电话、传真、法定代表人等。

(3)尾部

尾部主要有附件名称、落款、成文日期、附件原文等内容。

5.4.5 投标书写作注意事项

①要明确招标要求,针对招标方的要求来写。

②实事求是,不弄虚作假。

③简洁明了,容易理解。

5.4.6 情景写作训练

查阅与专业领域相关的招投标文件和办法,了解本专业领域投标书写作的具体项目、规范和要求,以班级为单位,组织一次模拟招投标活动。

5.5 合 同

在物业管理中，物管公司与租客等在收益服务方面为保证双方权利与义务的切实履行，往往会使用合同或协议来巩固这一成果。请思考一下合同(协议)在这些经济交往活动中主要起什么作用？合同与协议有何区别？

5.5.1 基础知识

(1)合同的含义、作用和特点

《中华人民共和国合同法》(以下简称《合同法》)规定，合同是平等主体的自然人、法人和其他组织之间设立、变更、终止民事权利义务关系的协议。

合同的当事人可以是自然人，也可以是法人和其他组织。

签订合同是一种法律行为。其主要作用有：一是有利于维护合同当事人的合法权益和明确当事人的权利、义务；二是有利于依法管理经济，维护社会经济秩序；三是有利于社会经济的协作，促进社会经济的繁荣。

合同主要有以下特点。

①合法性。《合同法》第七条规定，"当事人订立、履行合同，应当遵守法律、行政法规，尊重社会公德，不得扰乱社会经济秩序，损害社会公共利益。"当事人订立经济合同的目的，是为了实现一定的生产经营目的或完成一定的工作任务。经济合同是商务活动组织之间明确权利与义务关系的协议，必须依法生效，否则，即使是当事人双方协商一致的经济合同，仍然没有法律效力。

②规范性。规范性具有两层含义：一是指依法成立的经济合同对各方当事人均具有法律约束力；二是指当事人双方订立的合同从形式到内容都是合乎规范的。合同的规范性能确保合同当事人各方的合法权益落到实处。

③一致性。经济合同是双方或多方的法律行为，体现当事人一致的意见。经济合同的成立必须具有两个或两个以上的当事人作出意思表示，且意思真实、一致。违背了某一方当事人意志的经济合同条款都不具有法律效力。比如，物业管理企业

订立物业管理委托合同就是开发商(业主委员会)代表全体业主,与物业管理企业双方协商一致的共同意愿表现。

(2)**合同的主要类型**

《中华人民共和国合同法》(1999 年 3 月 15 日通过)规定了 15 类合同,包括:

①买卖合同:是出卖人转移标的物的所有权于买受人,买受人支付价款的合同。

②供用电(水、气、热力)合同:是供方向用方供电(水、气、热力),用方支付费用的合同。

③赠与合同:是赠与人将自己的财产无偿给予受赠人,受赠人表示接受赠与的合同。

④借款合同:是借款人向贷款人借款,到期返还借款并支付利息的合同。

⑤租赁合同:是出租人将租赁物交付承租人使用、收益,承租人支付租金的合同。

⑥融资租赁合同:是出租人根据承租人对出卖人、租赁物的选择,向出卖人购买租赁物,提供给承租人使用,承租人支付租金的合同。

⑦承揽合同:是承揽人按照定做人的要求完成工作,交付工作成果,定做人给付报酬的合同。

⑧建设工程合同:是承包人进行工程建设,发包人支付价款的合同。

⑨运输合同:是承运人将旅客或者货物从起运地点运输到约定地点,旅客、托运人或者收货人支付票款或者运输费用的合同。

⑩技术合同:是当事人就技术开发、转让、咨询或者服务订立的确立相互之间权利和义务的合同。

⑪保管合同:是保管人保管寄存人交付的保管物,并返还该物的合同。

⑫仓储合同:是保管人储存存货人交付的仓储物,存货人支付仓储费的合同。

⑬委托合同:是委托人和受托人约定,由受托人处理委托人事务的合同。

⑭行纪合同:是行纪人以自己的名义为委托人从事贸易活动,委托人支付报酬的合同。

⑮居间合同:是居间人向委托人报告订立合同的机会或者提供订立合同的媒介服务,委托人支付报酬的合同。

(3)**物业管理合同**

物业管理合同不属于我国《合同法》分则中所列举的 15 类有名合同中的任何一

种，因而是无名合同，是一种新的合同形式。

物业管理合同有广义和狭义之分。广义的物业管理合同指在物业管理活动中，平等主体的自然人、法人和其他组织之间根据相关法律、法规，在自愿、平等、协商一致的基础上，签署的明确双方权利与义务关系的书面协议。按照内容划分，广义的物业管理合同可分为物业管理服务合同、物业管理居间服务合同、物业物资设备供求合同、物业管理咨询顾问合同、出租合同等。

狭义的物业管理合同又称为物业服务合同、物业管理服务合同、物业管理委托合同，指在物业管理活动中，开发商（业主委员会）代表全体业主与物业管理企业根据相关法律、法规，在自愿、平等、协商一致的基础上，签署的明确双方权利与义务关系的书面协议。物业服务合同分前期物业服务合同和物业服务合同两种。前者指的是物业开发商与物业管理公司签订的服务合同，也叫物业管理委托合同，是一种过渡性的物业服务合同；后者是业主大会授权业主委员会与物业管理公司签订的服务合同。为方便区别，本书将狭义的物业管理合同称为物业服务合同。

物业服务合同作为一种新的合同形式，具有其特殊的特征。

①合同主体的特定性。物业服务合同主体（即当事人）双方的主体身份是特定的。一方只能是符合规定资质条件、经公司登记注册的物业管理企业，另一方必须是具有业主身份的自然人、法人或其他组织。

②合同标的的复杂性。物业服务合同以为特定业主群体处理与物业管理服务相关的综合事务为目的，标的涉及物业综合管理行为、服务标准、服务质量、服务效果等，其管理服务的性质具有公益性。

③政府的监管性。例如，政府主管部门制定示范文本；签订后的合同应报主管部门备案；物业管理主管部门对物业服务合同关系人（业主、物业使用人、业主大会、业主委员会、建设单位、物业管理企业等）具有相当浓厚的行政管理色彩；物业服务价格采取政府指导价和市场调节价，同时采取“分等级定价”制；政府主管部门对物业专项维修资金制定了严格的筹集、使用、监管规定；对停车场的收费须经价格部门核定等。

④合同的诺成性和信任性。物业服务合同经受要约人承诺即告成立，因此是诺成性合同。物业服务合同具有强烈的人格相对性，当事人双方互相信任，是合同成立和维持的人格基础，因此具有信任性。

5.5.2 阅读与分析

【例文1】

停车场车位租赁协议书

本人/公司欲订________年一月停车车位________个,本人/公司之车辆资料如下:

车牌号码:________________登记车主姓名:________________

车型:____________________车身颜色:____________________

地址:____

联络人:__________________联络电话:__________________

本人/公司明白并遵守下列规则:

1. 使用停车场之一切责任由本人/公司自负,停车场业主及管理处不必负任何损伤、损毁及遗失之责任。

2. 如有损毁停车场之任何设施,本人/公司需照价赔偿。

3. 泊车证乃管理处所有,如有遗失及损毁,必须照价赔偿及缴交手续费计人民币______元。

4. 泊车证只限所登记之车辆使用,不得转让、涂改、伪造。

5. 泊车证须张贴于车头挡风玻璃显眼处。

6. 车位租金有效期按照认购书上所填写日期计算,每月车位租金必须于上月最后一天前缴交,否则其优先权将给予轮候者。

7. 泊车卡为专用磁卡型月票,乃管理处所有,如有遗失及损毁,赔偿及缴交手续费及工本费共计人民币______元整。

8. 泊车证及泊车卡应随车携带,进出停车场不能同时出示泊车证及磁卡,或泊车证与车身车牌不符者,将被视为临时停放车辆,必须按规定缴交停车费。

9. 由于泊车卡质量问题需要申请更换磁卡的车主,必须携带同时使用的泊车证,方可办理更换手续。

10. 车位租金的收取一律以办理手续的当天开始计租,收取全月租金共计人民币______元整。

11. 所有已缴付之车位租金,概不发还。

12. 如有更改车辆登记资料，必须携带书面通知及原车牌号之泊车证到管理处办理变更泊车证手续。

13. 管理处有保留签发泊车证之权利。

14. 倘若违反停车场之条例，可被禁止使用停车场。

15. 管理处有权保留/改变泊车位申请办法之权利。

租赁人签名(盖章)：________

出租人签名(盖章)：________　　　　认购日期________

此栏由管理处填写

兹收到××花园____幢______层__________单元业主/租户交来人民币______元作为停车场车位租金，发予泊车证壹张，编号为______。

评析：

这是一则租赁合同。随着经济的发展，拥有车辆或者使用单位车辆的业主越来越多，收费经营、规范管理停车是当前物业管理企业必须面对的事情。为此，物业管理企业遵照相关法律、法规、专门为此拟定了“停车场车位租赁协议书”。标题直接写明物业管理合同种类，清楚明了。内容结合租赁合同的基本要素，采用分条列项的方式写作，租赁方、出租方双方的权利与义务明确，条款清晰、严谨、全面，便于整个合同在物业管理中的使用。

【例文2】

物业管理委托合同

本合同双方当事人：

委托方(以下简称甲方)：____________业主管理委员会/房地产开发公司

受委托方(以下简称乙方)：____________物业管理公司

根据《中华人民共和国经济合同法》、建设部第33号令《城市新建住宅小区管理办法》《深圳经济特区住宅区物业管理条例》及其实施细则等国家、地方有关物业管理的法律、法规和政策，在平等、自愿、协商一致的基础上，就甲方委托乙方对________________(物业名称)实行专业化、一体化的物业管理订立本合同。

第一条 物业基本情况

坐落位置：______市______区________路(街道)______号；

占地面积：______平方米；

建筑面积：______平方米；其中住宅______平方米；

物业类型：__________(住宅区或组团、写字楼、商住楼、工业区、其他/低层、高层、超高层或混合)。

第二条 委托管理事项

1. 房屋建筑本体共用部位(楼盖、屋顶、梁、柱、内外墙体和基础等承重结构部位，外墙面、楼梯间、走廊通道、门厅、设备机房、____)的维修、养护和管理。

2. 房屋建筑本体共用设施设备(共用的上下水管道、落水管、垃圾道、烟囱、共用照明、天线、中央空调、暖气干线、供暖锅炉房、加压供水设备、配电系统、楼内消防设施设备、电梯、中水系统等)的维修、养护、管理和运行服务。

3. 本物业规划红线内属物业管理范围的市政公用设施(道路、室外上下水管道、化粪池、沟渠、池、井、绿化、室外泵房、路灯、自行车房棚、停车场、______)的维修、养护和管理。

4. 本物业规划红线内的附属配套服务设施(网球场、游泳池、商业网点、______)的维修、养护和管理。

5. 公共环境(包括公共场地、房屋建筑物共用部位)的清洁卫生、垃圾的收集、清运。

6. 交通、车辆行驶及停泊。

7. 配合和协助当地公安机关进行安全监控和巡视等保安工作(但不含人身、财产保险保管责任)。

8. 社区文化娱乐活动。

9. 物业及物业管理的档案、资料。

10. 法规和政策规定的由物业管理公司管理的其他事项。

第三条 合同期限

本合同期限为______年。自______年____月____日起至______年____月____日止。

第四条 甲方的权利和义务

1. 与物业管理公司议定年度管理计划、年度费用概预算、决算报告。

2. 对乙方的管理实施监督检查，每年进行一次全面考核评定，如因乙方管理不善，造成重大经济损失或管理失误，经市政府物业管理主管部门认定，有权终止合同。

3. 委托乙方对违反物业管理法规政策及业主公约的行为进行处理：包括责令停止违章行为、要求赔偿经济损失及支付违约金、对无故不缴交有关费用或拒不改正违章行为的责任人采取各种催缴、催改措施。

4. 甲方在合同生效之日起____日内按规定向乙方提供经营性商业用房________平方米，由乙方按每月每平方米________元的标准出租经营，其收入按法规、政策规定，用于补贴本物业的维护管理费用。

5. 甲方在合同生效之日起____日内按政府规定向乙方提供管理用房____平方米（其中办公用房____平方米，员工宿舍____平方米，其他用房____平方米），由乙方按下列第____项使用：

①无偿使用。

②按每月每平方米建筑面积____元的标准租用。

6. 甲方在合同生效之日起____日内按规定向乙方提供本物业所有的物业及物业管理档案、资料（工程建设竣工资料、住用户资料、____________），并在乙方管理期满时予以收回。

7. 不得干涉乙方依法或依本合同规定内容所进行的管理和经营活动。

8. 负责处理非乙方原因而产生的各种纠纷。

9. 协助乙方做好物业管理工作和宣传教育、文化活动。

10. 法规、政策规定的由甲方承担的其他责任。

第五条 乙方的权利和义务

1. 根据有关法律、法规、政策及本合同的规定，制订该物业的各项管理办法、规章制度、实施细则，自主开展各项管理经营活动。但不得损害大多数业主（住/用户）的合法权益，获取不当利益。

2. 遵照国家、地方物业管理服务收费规定，按物业管理的服务项目、服务内容、服务深度，测算物业管理服务收费标准，并向甲方提供测算依据。严格按合同规定的收费标准收取，不得擅自加价，不得只收费不服务或多收费少服务。

3. 负责编制房屋及附属设施、设备年度维修养护计划和大中修方案，经双方议定后由乙方组织实施。

4. 有权依照法规政策、本合同和业主公约的规定对违反业主公约和物业管理法规、政策的行为进行处理。

5. 有权选聘专营公司承担本物业的专项管理业务并支付费用，但不得将整体管理责任及利益转让给其他人或单位，不得将重要专项业务承包给个人。

6. 接受物业管理主管部门及有关政府部门的监督、指导，并接受甲方和业主的监督。

7. 至少每三个月向全体业主张榜公布一次管理费用收支账目。

8. 对本物业的公用设施不得擅自占用和改变使用功能，如需在本物业内改扩建、完善配套项目，须报甲方和有关部门批准后方可实施。

9. 建立本物业的物业管理档案并负责及时记载有关的变更情况。

10. 开展有效的社区文化活动和便民服务工作。

11. 本合同终止时，乙方必须向甲方移交原委托管理的全部物业及其各类管理档案、财务等资料；移交本物业的公共财产，包括用管理费、公共收入积累形成的资产；对本物业的管理财务状况进行财务审计，甲方有权指定专业审计机构。

12. 不承担对业主及非业主使用人的人身、财产的保管保险义务（另有专门合同规定除外）。

第六条 管理目标

乙方根据甲方的委托管理事项制定出本物业“管理分项标准”（各项维修、养护和管理的工作标准和考核标准），与甲方协商同意后作为本合同的必备附件。乙方承诺，在本合同生效后____年内达到________的管理标准；______年内达到__________管理标准，并获得政府主管部门颁发的证书。

第七条 管理服务费用

1. 本物业的管理服务费按下列第____项执行：

①按政府规定的标准向业主（住/用户）收取，即每月每平方米建筑面积____元；

②按双方协商的标准向业主（住/用户）收取，即每月每平方米建筑面积____元；

③由甲方按统一标准直接支付给乙方，即每年（月）每平方米建筑面积____元；支付期限：________；方式：________；

2. 管理服务费标准的调整按下列第______项执行：

①按政府规定的标准调整；

②按每年______%的幅度上调；

③按每年______%的幅度下调；

④按每年当地政府公布的物价涨跌幅度调整；

⑤按双方议定的标准调整。

3. 乙方对物业产权人、使用人的房屋自用部位、自用设备的维修、养护及其他特约服务，采取成本核算方式，按实际发生费用计收。但甲方有权对乙方的上述收费项目及标准进行审核和监督。

4. 房屋建筑（本体）的共同部位及共用设施设备的维修、养护与更新改造，由乙方提出方案，经双方议定后实施，所需经费按规定在房屋本体维修基金中支付。房屋本体维修基金的收取执行市政府物业管理主管部门的指导标准价。甲方有义务督促业主缴交上述基金并配合维护。

5. 本物业的公用设施专用基金共计________元，由甲方负责在________时间内按法规、政策的规定到位，以保障本物业的公用配套设施的更新改造及重大维护。

6. 乙方在接管本物业中发生的前期管理费用________元，按下列第______项执行：

①由甲方在本合同生效之日起____日内向乙方支付；

②由乙方承担；

③在____________________费用中支付。

7. 因甲方责任而造成的物业空置并产生的管理费用，按下列第______项执行：

①由甲方承担全部空置物业的管理成本费用，即每平方米建筑面积每月______元；

②由甲方承担上述管理成本费用的______%。

第八条 奖惩措施

1. 乙方全面完成合同规定的各项管理目标，甲方分别按下列情况，对乙方进行奖励：

①____。

②____。

2. 乙方未完成合同规定的各项管理目标，甲方分别按下列情况，对乙方进行处罚：

①____。

②____。

3. 合同期满后，乙方可参加甲方的管理招投标并在同等条件下优先获得管理权，但根据法规、政策或主管部门规定被取消投标资格或优先管理资格的除外。乙方全部完成合同责任并管理成绩优秀，多数业主反映良好，可以不参加招投标而直接续订合同。

第九条 违约责任

1. 如因甲方原因，造成乙方未完成规定管理目标或直接造成乙方经济损失的，甲方应给予乙方相应补偿；乙方有权要求甲方限期整改，并有权终止合同。

2. 如因乙方原因，造成不能完成管理目标或直接造成甲方经济损失的，乙方应给予甲方相应补偿；甲方有权要求乙方限期整改，并有权终止合同。

3. 因甲方房屋建筑或设施设备质量或安装技术等原因造成重大事故的，由甲方承担责任并负责善后处理；因乙方管理不善或操作不当等原因造成重大事故的，由乙方承担责任并负责善后处理。（产生事故的直接原因，以政府有关部门的鉴定结论为准）。

4. 甲、乙双方如有采取不正当竞争手段而取得管理权或致使对方失去管理权，或造成对方经济损失的，应当承担全部责任。

第十条 其他事项

1. 双方可对本合同的条款进行修订、更改或补充，以书面形式签订补充协议，补充协议与本合同具有同等效力。

2. 合同规定的管理期满，本合同自然终止。双方如续订合同，应在该合同期满六个月前向对方提出书面意见。

3. 本合同执行期间，如遇不可抗力，致使合同无法履行时，双方均不承担违约责任并按有关法规、政策的规定及时协商处理。

4. 本合同在履行中如发生争议，双方应协商解决；协商不成时，提请物业管理主管部门调解；调解不成的，提交深圳市仲裁委员会依法裁决。

5. 本合同之附件均为合同有效组成部分；本合同及其附件内，空格部分填写的文字与印刷文字具有同等效力。

本合同及其附件和补充协议中未规定的事项，均遵照中华人民共和国有关法律、法规和政策执行。

6. 本合同正本连同附件共______页，一式三份，甲、乙双方及物业管理主管部门（备案）各执一份，具有同等法律效力。

7.本合同自签订之日起生效。

甲方签章:________	乙方签章:________
法人代表:________	法人代表:________
××××年×月×日	××××年×月×日

附件:

1.《物业情况一览表》

2.《物业年收支测算表》

3.《物业管理分项标准与人员编制表》

4.《物业房屋本体维修基金收取及使用办法》

评析:

这是一篇规范的物业管理服务合同。随着我国物业管理事业的不断发展,为规范物业管理行为,保护合同当事人的合法权益,使物业管理合同能更全面、准确地反映物业管理全过程的内容,能更充分地表述当事人双方的意愿,建设部、国家工商行政管理局联合制订了物业管理合同的示范文本,对物业管理的实施起到了非常重要的作用。该物业管理合同依据我国经济合同和城市房地产管理的有关法律、法规和政策规定制订,其内容反映了物业管理的主要内容和环节,当事人双方责、权、利关系明确,体现了物业服务合同的特点。

【例文3】

委托投资协议书

委托人:________(以下简称甲方)

地址:__________

电话:__________

代理人:__________(以下简称乙方)

地址:__________

电话:__________

第一条　总则

鉴于甲方欲在中国国内外寻找投资项目进行投资，甲方与乙方协商同意，由甲方指定乙方为全权代表，授权乙方可根据本协议所列的条款和条件，寻找投资项目，与项目融资方洽谈投资事宜。

第二条　代理

2.1　甲方与乙方协商后，由乙方作为甲方的全权代理并代表甲方与项目融资方洽谈项目投资的相关事宜，乙方同意接受甲方的委托。

2.2　在协议有效期内，甲方不得指定其他任何人或单位为其代理人洽谈该项目投资的一切相关事宜。

2.3　根据协议，乙方作为甲方委托的全权代理，代表甲方引进开发项目。经乙方联系，项目方与甲方签订项目合作协议，甲方应予以承认乙方的代理行为并支付佣金。

第三条　甲方的职责

3.1　甲方应及时满足乙方的合理要求，向乙方提供有关业务所需的信息，便于乙方与项目方洽商有关事宜。

3.2　甲方投资意向有所变动，或有其他变更时，应及时通知乙方并提供详细资料。

3.3　甲方必须保证所提供的一切有关资金的信息都是真实的、确切的。

第四条　乙方的职责

4.1　在本协议期内，乙方必须努力与项目方洽谈，向项目方取得最好的开发项目及最优惠的条款和条件，便于甲方及时准备投资工作。

(1)应采取确实有效的办法为甲方引进开发项目并促成甲方与项目方签订投资合作协议。

(2)尽全力为甲方的投资提供最优质的服务。

4.2　在本协议有效期内，未经甲方书面同意，乙方不得：

(1)除甲方指定的全权代理人有关事项外，不得自命为甲方代理任何事项。

(2)以甲方的名义允诺或解决任何事宜，或以甲方的信用作担保，或代表甲方作出任何保证或陈述，或使甲方承担任何责任或业务。

(3)不论以任何方式从甲方处所获得的信息资料，皆属秘密，仅能为引进项目、服务于甲方所用，不得泄漏。

第五条　佣金

5.1　甲方同意支付给乙方引进项目投资总额的________%的佣金。佣金在投资协议签署之日________日内以________支付。

5.2　甲乙双方同意，在项目方与甲方签署项目投资协议条款时，甲方应根据约定的佣金比例支付佣金，同时乙方必须按照约定收取佣金。届时甲方不得以任何借口延迟，应及时支付。

第六条　协议期间

甲乙双方约定，本协议期间为______年____月____日至______年____月____日。

第七条　终止协议

7.1　甲方按照本协议规定期满或终止对乙方的委托，不论出于何种原因，均不妨碍协议各方面的权利和义务。

7.2　按协议规定，乙方促成了项目方与甲方的投资谈判，如果甲方擅自私下与项目方签署投资合作协议，将视乙方代理责任完成。

第八条　争议的解决

8.1　在执行本协议所发生或与本协议有关的一切条款的争执，首先应由甲乙双方友好协商解决。

8.2　若协商不能解决，可提交仲裁机构仲裁或提起诉讼。

第九条　附则

凡有关协议的通知、请求或其他通信往来，双方须以文字为准，可采用电子邮件、书信、电传等方式传递。本协议自双方签字日起生效，一式二份，当事人各执一份。

甲方(盖章)：________________　　乙方(盖章)：________________

法定代表人(签字)：__________　　法定代表人(签字)：__________

××××年×月×日　　××××年×月×日

签订地点：________________　　签订地点：________________

评析：

这是某机构委托另一机构全权代理，寻找投资项目的一份委托合同书。

①标题直接写明了委托事项，主题一目了然。

②当事人双方的姓名、法定代表人、地址、联系电话等信息详细。

③正文包含了委托事项、代理权限、代理期限、对代理权行使的要求与限制、委托人和受托人的权利与义务、代理费用(佣金)的计算标准和支付办法、违约责任等,委托事项具体,表述准确、明晰,便于操作。

④分条列项书写,条理清晰。

⑤落款及时间完整。

5.5.3 病文修改

合 同

甲方(售货方):××进出口公司

乙方(订货方):××贸易有限公司

合同规定:

甲方负责于今年6至12月,交付钢材××吨,保证质量并可以在工业市场上行销。按下列特定期限分批交货:8月5日以前,交××吨;10月15日以前,再交××吨;至12月底前,全数××吨全部交清。

乙方对上述钢材支付每吨××元之价格,货到立付。

如订立合同的任何一方未履行协议,根据本合同规定并经双方同意:违约一方向对方赔偿××元,作为议定之损失补偿。

甲方:____________(盖章) 乙方:________(盖章)

代表:____________(签字) 代表:________(签字)

公证人:____________(签字)

评析:

①从内容来看,这是一份订货合同,故其标题改为“订货合同”比较恰当。

②经济合同的条款应当完备、严密、明确,以避免造成纠纷,带来不必要的损失。合同正文中标的是“钢材”,但整个合同中对钢材的产地、规格、型号等并无明确描述。标的履行地点——交货地点也不明确。

③经济合同的语言上务必做到准确、严谨、周密。而合同中分批交货时间“至

12月底前，全数××吨全部交清”不准确、欠严谨，应当修改。

④合同尾部未注明签订时间。

5.5.4 合同的结构和写法

(1)合同的基本内容

根据《合同法》的规定，合同的条款应包括以下八个方面的内容：

①当事人的名称或姓名和住所。写明签订合同的当事人的基本情况。

②标的。标的是合同当事人权利与义务所共同指向的对象，是合同当事人之间法律关系的客体。任何合同都必须有标的，否则无法履行，合同也无存在的实际意义。

③数量。指的是标的物量的规定，也是经济合同的重要内容之一。合同中应明确表示出标的的数量及计量单位和方法。

④质量。质量是区别这一标的与另一标的的具体特征，是检验标的内在素质和外观形态优劣的标志。质量的技术要求和标准应力求统一化、标准化。

⑤价款或酬金。这是当事人一方取得标的物或者接受劳务后支付给对方当事人的代价，是合同价值的货币表现，也是当事人之间经济关系的标志。撰写合同时应注意写清标的价款或报酬的计算标准及总金额。

⑥履行期限、地点和方式。这是合同就标的运动的时间、空间与形式所作出的规定。当事人订立合同的目的就是为了实际履行，而具体地规定履行期限、地点和方式，有利于合同的履行。需要指出的是，履行期限不明确则可能意味着合同失去意义。

⑦违约责任。通过对不履行合同义务或履行合同义务不当的一方当事人的违约责任的追究，为合同全面、适当地履行提供了法律保障。

⑧解决争议的方法。是指合同当事人约定的解决合同纠纷的具体形式。这有利于在发生争议后能迅速、及时地解决争议，保障当事人双方的权益。条款中应标明出现纠纷时，是采用诉讼还是仲裁、诉讼或制裁的管辖机关等。

(2)合同的结构和写法

1)首部

首部包含标题和当事人的基本情况。

标题写明经济合同的名称，如买卖合同、借款合同、租赁合同等。多从经济合同的性质、内容、种类等方面冠名，结构是“事由 + 合同”，如“应用软件买卖合同”“合伙型联营合同”等。

当事人的基本情况居标题之下，正文之上。当事人的基本情况包括合同的各方应是平等主体的自然人、法人或其他组织。

2）正文

正文是合同最为重要的部分。主要包含订立合同的原因与目的、当事人各方的权利与义务、合同的内容、合同的份数和保存、说明事项等。作为核心内容部分，正文的写作务必详尽具体、意思明确，具可操作性。

3）尾部

尾部一般写明当事人单位全称和法定代表人姓名，并签名盖章；合同订立的时间、地点，时间注意采用大写形式；是否办理公证等。

当事人订立合同，可以参照各类合同的示范文本进行写作。

5.5.5 合同写作的注意事项

①应遵循合法、平等、自愿、协商一致、公平、诚实守信等原则。

②熟悉与合同相关的政策、法律、法规及专业知识。

订立合同必须慎重，一旦合同订立生效后，对当事人即具有法律约束力。因此，要求写作者应熟悉相关的政策、法律、法规及专业知识，掌握市场动态。

③条款要完备、严密、明确，防止造成隐患，更要防止出现欺诈行为。

④语言做到精确、严谨、周密，明白无误。

拟写合同务必持严肃认真的态度，其语言应当精确、严谨、周密，明白无误，防止由于措词产生歧义、多义、含混而造成纠纷。

5.5.6 情景写作训练

××物管公司为规范管理××小区，维护好该小区的建设风貌及居住环境，拟定了《××小区住户手册》。

假设你是该物管公司相应部门的一名物业管理人员，你所在的部门准备拟订一份《入住协议》，将《××小区住户手册》告知到每位业主，以期规范管理你所在的小区。请你拟订一份《入住协议》。

知识拓展：

物业管理服务合同的主要条款

物业管理涉及的内容繁杂，与其他合同的内容相比，物业管理合同在诸多方面有着自己的特殊之处，其主要条款由以下方面构成：

①当事人和物业的基本情况。主要是对双方当事人的资格认定以及对物业管理活动的标的物的基本情况作出确认和记载。

②双方的权利和义务。主要是物业所有人或使用人支付物业管理费，物业管理公司提供相应服务的条款。这是物业管理合同最为重要的条款，具体内容又因为管理事项类型的不同而呈现差异性，一般有以管理服务为主的物业管理和出租经营与委托管理并重的区分。

③物业管理服务事项和服务质量。这部分内容一般除了由当事人自行约定以外，各地的地方性规章也大都进行了底限性规定，但各地规定的情况参差不齐，可资参考的是国际健康组织（WHO）为区分所有建筑物的管理而设定的安全、健康、便利、舒适的居住环境基准，归纳起来有以下四点。①火警防范，如加强消防设备、防火设施的管理。②清洁维护，定期清除垃圾，清理水沟，外墙洗刷等。③公共设施维修，水电机械维护、公共电梯、空调设备的定期检查。④花木整理，修剪花草树木，随时更换枯死的枝叶等。这四点基准也应该是物业管理的标准要求。

④物业管理服务费的标准和收取方法。物业管理合同皆为有偿合同，因而价金和酬金条款自然是其主要条款。

⑤物业管理服务用房的使用、管理和费用分配办法。此为物业管理合同的特殊条款，主要方便物业管理单位履行管理义务。

⑥维修费用的收取和使用条款。维修费用一般与物业管理服务费独立开来，其收取方式主要由合同双方当事人约定。

⑦合同的有效期限。物业管理服务合同的终止事项及合同终止后的相关事宜主要是物业资料的移转。物业管理服务合同的终止与一般合同的终止存在差异，物业管理合同的双方当事人一般不允许随时随意解除合同。如果一方提出要在合同期限内解除合同，就必须依据合同的具体条款进行协商，协商一致或由法院、仲裁机构确认解除合同的效力。

⑧违约责任、解决纠纷的途径。物业管理关系虽然仅在物业所有人、使用人和物业管理公司之间发生效力，但由于物业管理关系存在特殊性，物业所在地居委会、城建部门和相关市政部门也对其享有一定的行政管理和监督职能，因而物业管理关系的纠纷解决及关系结束也与其他合同存有差异。

⑨当事人根据具体情况约定的其他主要条款。

模块 6　调研文书

学习目标

知识目标：

- 了解市场调研文书的含义、种类、行文基本规则等基本知识。
- 掌握市场调研文书写作的基本格式和写作方法。
- 掌握市场调研文书的适用范围、类型、特点、结构。

能力目标：

- 能在具体工作中正确使用市场调研文书。
- 能撰写比较规范的物业管理专业市场调研文书。

重点与难点

- 市场调研文书的行文规范。
- 市场调研文书写作的基本格式。
- 市场调研文书的写法。

知识框架

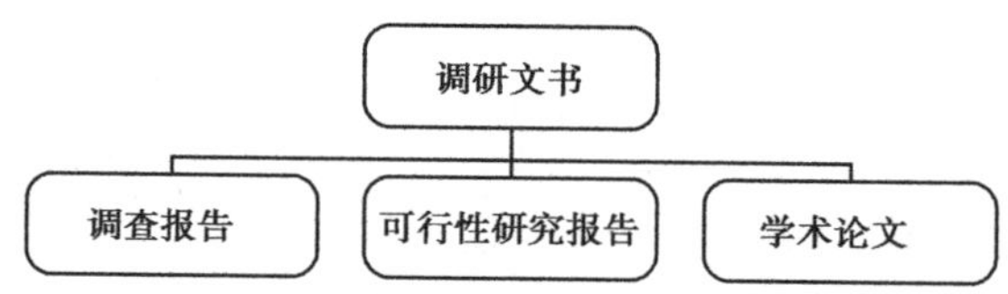

6.1 调查报告

一篇好的调查报告能够帮助我们了解市场,了解我们工作领域的新情况,发现新问题,并能以积极的态度探讨、研究并解决问题。结合自己的专业学习,谈谈调查报告的主要内容。

6.1.1 基础知识

(1)**调查报告的含义和特点**

调查报告是就社会生活中的某项工作、某个事件、某个问题,进行深入、细致的调查研究,然后把调查研究得来的情况真实地表述出来,以反映问题、揭露矛盾、揭示事物发展的规律,从而向人们提供经验教训和改进办法,为领导部门提供决策依据,为科学研究和教学部门提供研究资料和社会信息的书面报告。

调查报告是调查研究成果的承载和传递工具,是其转化为社会效益、发挥社会作用的桥梁,可为决策和贯彻、调整决策提供必要依据。

调查报告有以下几个特点:

①真实性。调查报告是在占有大量现实和历史资料的基础上,用叙述性的语言实事求是地反映某一客观事物。因此,充分了解实情和全面掌握真实可靠的素材是写好调查报告的基础。

②针对性。调查报告一般有比较明确的意向,相关的调查取证都是针对和围绕某一综合性或是专题性问题展开的,用来回答现实生活中迫切需要回答的问题并加以解决。所以,调查报告反映的问题集中而有深度。强烈的针对性是调查报告的重要特征,针对性越强,调查报告的作用就越明显。

③逻辑性。调查报告离不开确凿的事实,但又不是材料的机械堆砌,而是对核实无误的数据和事实进行严密的逻辑论证。从而探明事物发展变化的原因,预测事物发展变化的趋势,揭示本质性和规律性的东西,进一步得出科学的结论。

④指导性。指导性要求调查报告必须表现作者的态度,因此在写作方式上要求

做到叙述和议论紧密结合。但它的叙述不要求像记叙文那样把整个过程生动形象地表现出来,更不要像文字作品那样塑造人物形象,只要把事实准确、完整、清楚地表述出来即可。它的议论也不要求像议论文那样运用概念、判断、推理等逻辑方式来多方论证自己的观点,只需就事实本身得出结论,切忌大发空洞议论。

调查报告常是方针政策制定、方法措施提出的依据和参考,具有引导人们统一思想和认识的作用。因此写作失误产生的负面影响也很大,所以写作时必须慎之又慎。

(2)调查报告的种类

调查报告的种类主要有以下几种:

①情况调查报告:是比较系统地反映本地区、本单位基本情况的一种调查报告。这种调查报告是为了弄清情况,供决策者使用。

②典型经验调查报告:是通过分析典型事例,总结工作中出现的新经验,从而指导和推动某方面工作的一种调查报告。

③问题调查报告:是针对某一方面的问题,进行专项调查,澄清事实真相,判明问题的原因和性质,确定造成的危害,并提出解决问题的途径和建议,为问题的最后处理提供依据,也为其他有关方面提供参考和借鉴的一种调查报告。

6.1.2 阅读与分析

【例文】

××物业管理学校办学情况调查

2002年秋季,××物业管理学校招生空前火爆,入学人数很快达到600名,已超过学校容量的极限,只好停招,使得众多学生及家长望校兴叹,为迟到一步懊悔不已。在中等专业学校办学普遍不够景气的情况下,这所学校却异军突起,这究竟是什么原因呢?

(一)

××物业管理学校是目前国内第一所以物业管理为主干专业的中等职业学校,其前身为××市第三中等专业学校。多年以来,该校一直以工科专业(建筑、采暖、电气安装等)为主。进入20世纪90年代后期,由于中等职业教育体制的调整,取消统招统分,实行注册入学制度,毕业生一律进入市场自主择业。这样,中等专业学校曾赖以生存并一度辉煌的计划经济体制“优势”丧失殆尽，除少数专业设置尚属市场急需的学校外，相当部分的中等专业学校办学规模急剧萎缩，××市第三中等专业学校也同样陷入了办学的低谷。一时间，学校及教职员工的生存、出路都成了摆在眼前的现实问题。

（二）

××市政府及市教育主管部门从市场经济发展对中等职业教育的要求出发，及时给了学校以宽松的政策，允许他们根据市场需求自主、灵活地调整专业设置。政策有了，要生存、要发展，不能再去找市长，而必须去找市场。学校领导班子经过深入的市场调研，决定将物业管理作为学校的主干专业，校名也改为“物业管理学校”。为了抢占市场，扩大知名度，从而为今后的发展蓄势，学校将校内有关专业向物业管理方面靠拢，利用改名后的两年时间，培养出第一批物业管理中专毕业生并及时推向市场。2002 年 4 月，学校在省城内一家著名宾馆召开了颇有声势的毕业生就业洽谈会，省市各新闻单位对此密切关注，并纷纷在头版头条予以报道。众多用人单位也到会联系接收毕业生事宜，学校提供的 120 名毕业生竟不敷急需，被一抢而空，甚至出现七八家单位争要一名学生的情况。

“酒香也怕巷子深”，为进一步扩大知名度，让“物业管理”这块牌子在求学者心目中和市场上叫得更响，学校抓住 2002 年暑期本市举办国际教育展的大好时机，特设展位，强力推介，彻底摆脱了学校“养在深闺人未识”的局面，使广大应、往届初中毕业生和家长们进一步了解了“××物业管理学校”及其虎虎有生气的“物业管理专业”。

（三）

及时地调整、转向，使××物业管理学校开始走出低谷，前景看好。面对这“柳暗花明又一村”的喜人局面，学校领导班子头脑十分清醒。他们知道，在市场经济条件下，中等职业教育的办学形势，犹如逆水行舟，不进则退。他们坚持进行市场调查，以准确把握物业管理这一服务性行业随科技发展而产生的变化，确立了“办学社会化、管理企业化、教学专业化、人才培养市场化”的宗旨，在专业设置上提出了“选择空白、找准定位、超前育人”的基本办学思路，以面对市场需求。

1. 选择人才空白点。考虑到高新技术的应用，学校开办了将会出现人才短缺的专业，如学校开设的“楼宇监控与宽带网”专业。因光纤布线、宽带入户在我国发达省市较为普遍，而本市的普及率尚不足 5%，社会必将需要这方面的人才，此专业的设立具有超前性。

2. 找准专业定位，培养技术应用型人才。如当前计算机已作为一种工具被人们所掌握，学校避开“程序设计”“信息安全”等多由高等院校设置的理论较深的专业，开办了“网络规划与管理”专业，重点培养技能性较强而且社会需求量大的计算机网络规划与管理方面的中级技术人员。

3. 超前培养人才。由于社区、楼宇智能化是建筑业发展的必然趋势，决定了物业管理也将向智能化方向发展。所以，学校在专业设置上也适度超前，将原有的物业管理专业拓展为物业管理与智能控制专业。

另外，学校又提出了“四满足”，来调整培养目标，以面对家长和学生的需求。

1. 满足学生的升学需求。在保证完成专业课程教学的同时，学校抽调师资开办对口升学班，为学生毕业后能升入大学本科或专科学习创造条件。现在，学校对口升学率连续三年达100%。

2. 满足学生的就业需求。学校实行“多证制”教学，进行扎实的职业技能训练，使学生不仅能得到毕业证书，还能得到多个技能等级证书和职业资格证书，从而在劳动力市场上有较大的就业选择性和职业竞争优势。学校先后与260多家物业管理公司和房地产公司建立了联系，并与其中的100多家单位联合办学，形成了较稳定的就业基地。

3. 满足学生自主创业的需求。学校力求使学生至少学得一种足以自立门户的技能和自主经营的本领，保证学生毕业后，进可到企事业单位谋职，退可自己单干，余地充分。

4. 满足贫困学生的求学需求。学校作为国家正规办学的单位，本着服务于大众、奉献于社会的原则，实行低收费、保证高质量教学的政策，并设立奖学金，还定期向贫(特)困学生发放助学金，并在校内为这些学生设立勤工助学岗位。

××物业管理学校适应市场需求，迅速走出办学低谷；注意跟踪科技发展带来的变化，与时俱进，谱写出了令人瞩目的新篇章。其发展状况生动说明：市场不是无情物，尽管它有时严酷、冷漠，但只要你努力研究其规律，不断主动适应其需求，市场就会给予你丰厚的回报。

评析：

①这篇调查报告可谓短小精悍，文约意丰。

②标题采用了“内容＋文种”的规范式标题，是一篇介绍典型经验的调查报告。

③从内容上看，作者问题抓得准确、深刻，把“适应市场、与时俱进”这个大话题，具体到一所学校的办学情况上，大处着眼、小处落笔，使读者的感触真切而实在。

④选材方面紧扣中心、详略有致。详处，不惜笔墨，如介绍学校适应市场需求所带来的喜人变化及与时俱进的几项举措；略处，一语带过，如介绍学校处于低谷时的情况。这样的详略安排，完全符合表达的需要，恰到好处。

⑤文章在结构上也清晰地显示了独具的匠心。“文章争一起”，开头铺叙学校招生的火爆情况，随即提出一个领起全文的中心问题，可谓分量十足。主体部分虽未按照文章内容分设小标题，但是也以（一）（二）（三）的形式将主要内容分为三个部分，使得层次清楚。结尾部分自然地归纳了答案，同时紧扣文题。首尾遥相呼应，却又毫无斧凿之痕迹。

⑥写作事务文书同样需讲究文采，生动形象也是不可或缺的。这篇调查报告在这方面颇耐品味。开头一段中从成语“望洋兴叹”化出的“望校兴叹”一语，使人物神态毕现，侧面映衬出招生的火爆，从而有力地表现了主题。文中巧改俗语“酒香不怕巷子深”为“酒香也怕巷子深”，其中蕴含的道理令人首肯，又与“养在深闺人未识”的诗句相映成趣，收到了十分形象而贴切的表达效果。

6.1.3 病文修改

大学教育忧思录
——对大学毕业生的情况调查

对当代大学毕业生22项质量指标的综合评价显示，当代大学生的相对优势因素有爱国热情、进取精神、专业水平、知识结构、适应能力等，相对不足因素有计算机使用能力、处理人际关系能力、身体素质、文明修养、合作精神、敬业精神等，绝对不足因素主要是心理素质、创新能力、写作能力、科研能力、自知之明等。

从调查数据分析，高校现有人才模式的以下不足之处值得关注。

其一，在处理“成才”的关系上有失偏颇。由于以往我们一直强调大学教育是一种“成才”教育，因而往往忽视了对学生如何为人处事的“成人”教育，致使毕业生在“处理人际关系能力”“合作精神”，特别是“心理素质”和“自知之明”等方面有所欠缺。

其二,在能力培养方面未能与时代发展合拍。用人市场对当代大学生的“创造能力”“科研能力”“语言表达能力”等显现出明显的不满。

其三,忽视对“科学精神”的培育。大学传授给学生的不只是知识能力,更重要的是培养学生追求真理、追求科学的精神。

因此,有关教育专家提出,应当考虑建立高校新的人才培养模式:努力改进“成人”教育措施,大幅度增加以创新能力为核心的“特殊能力”培养,同时要加强对学生进行“科学精神”的培植。

调查显示,“敬业精神”是用人单位最为重要的素质,占了90%。敬业精神意味着对自己工作的热爱、投入和执着,员工的敬业精神也是一个单位生存与发展的基本条件。

“分析和解决问题的能力”“独立工作能力”和“实践动手能力”这些体现一名大学生实干能力的素质,也是今天企业在选择人才时特别看重的。

即使在今年这个强调能力和创新的年代里,学习成绩仍然是一项无法替代的主要指标,用人单位对此非常看重。

对社会需要“专才”还是“通才”的提问,74%的被调查单位选择通才。但是,用人单位对大学生“专业基础知识扎实”“知识适用性强”“知识自我更新能力强”普遍比较侧重。可见,过硬的专业知识功底,善于根据时代变化的需要,不断更新自己的知识结构,始终是用人单位所看重的。

通过调查分析,发现当前用人单位选用人才与实现单位工效目标有密切关系。选用人才首先考虑的是要能为单位带来效益,带有过强的功利性,由此带来的“三重三轻”值得我们警惕。

“重用人、轻育人”。用人单位看重使用人才,而轻视培养人才。中国文化传统中提倡人才“用养并重”,古代更有“养士”的做法。国外的现代著名企业都非常重视对人才的培养。相比之下,我国用人单位就显得较为“急功近利”了。

“重能力、轻品质”。即看重马上为单位带来效益的工作技能、技巧,而轻视人才内在的某些品质,如“社会责任感”“生活态度”及“社会公德”等。从表面来看,这些品质似乎并不能直接转化为单位效益,但从长远来看,这些品质却是极其重要的资源。

“重手段、轻目的”。指一些用人单位只注重通过使用人才获取效益,却轻视充分满足人才的需要。人才作为社会发展的重要手段,只有为社会作出贡献,社会才能生存和发展。但社会发展又必须以满足人才的各种需要为目的,这样人才才有奉献的动力,二者缺一不可。

评析:

①标题与文章内容不相符,标题不能统辖文章内容所涉及的范围。

②缺少前言部分,没有交代调查的目的、方法、对象、范围等基本情况,导致主体内容来得突兀。

③写法不规范,内容显得散。其实全文只涉及三个方面,即:大学生的优势与人才培养模式的不足、社会需要什么样的大学生及用人单位对人才的"三重三轻"。文章显得散的原因主要是没有用小标题把每一方面的内容明确概括出来,使层次清晰,观点与材料统一。即使不用观点句和小标题,也至少应该用序号标注出几个大部分,使文章形成三大板块。这样才符合应用文写作对内容层次安排的要求,而这样处理也符合应用文写作的文本格式和文体要求。

6.1.4 调查报告的结构和写法

调查报告的写作比较灵活,没有统一的模式,一般由标题和正文两部分组成。

(1)标题

标题可以有两种写法。

一种是规范化的标题格式,即"发文主题+文种",基本格式为"××关于×××的调查报告""关于××××的调查报告""××××调查"等。

另一种是自由式标题,包括陈述式、提问式和正副题结合式三种。陈述式如"东北师范大学硕士毕业生就业情况调查";提问式如"为什么大学毕业生择业倾向沿海和京津地区";正副标题结合式,正题陈述调查报告的主要结论或提出中心问题,副题标明调查的对象、范围、问题,这实际上类似于"发文主题+文种"的规范格式,如"高校发展重在学科建设——××××大学学科建设实践思考"等。

笔者推荐使用规范化的标题格式或自由式中的正副题结合式标题。

(2)正文

正文一般分前言、主体、结尾三部分。

1)前言

前言有下面几种写法:

①写明调查的起因或目的、时间和地点、对象或范围、经过与方法以及人员组成等调查本身的情况,从中引出中心问题或基本结论。

②写明调查对象的历史背景、大致发展经过、现实状况、主要成绩、突出问题等基本情况,进而提出中心问题或主要观点。

③开门见山,直接概括出调查的结果,如肯定做法、指出问题、提示影响、说明中心内容等。前言起到画龙点睛的作用,要精练概括,直切主题。

2)主体

这是调查报告最主要的部分。这部分详述调查研究的基本情况、做法、经验,分析从调查研究所得材料中得出的各种具体认识、观点和基本结论。在写法上有下列三种类型:

①纵式结构。按调查的先后顺序或按事物发展的过程写。

②横式结构。按调查材料的性质归类,分成几个方面写。

③纵式交错式。一般先归类几个问题,将其横向展开,然后每个问题又按时序或过程纵向展开。

无论采用何种方法安排结构,都要符合事物内在的逻辑顺序。

3)结尾

结尾部分要求简洁干脆,言尽即止,写法不拘一格。这部分可以提出解决问题的方法、对策或下一步改进工作的建议;可总结全文的主要观点,进一步深化主题;可提出问题,引发人们的进一步思考;可展望前景,鼓舞群众。当然有的调查报告没有结尾,主体部分写完,全文就自然收束。

6.1.5 物业管理调查报告的写作要求

(1)要遵循党和国家的方针政策

物业管理调查报告是用来反映执行党和国家关于物业管理方针和政策的情况的,要写好它,须具有明确的政策观点,用党和国家的方针、政策作为观察问题、分析问题的准绳。像这样写出来的物业管理调查报告,对物业管理部门才有正确、普遍的指导意义。

(2)要占有丰富的材料

要写好物业管理调查报告,须占有大量丰富的写作材料。这既要掌握间接的材料,更应掌握直接的材料;既要了解现状,又要了解历史;既要有一般材料,又要有典型材料;既要有一个个具体事例,又要有一个个准确数据。在占有丰富材料的基础上,分析研究,以定取舍。只有在占有丰富材料的基础上才能发现问题、总结经验,捕捉到规律性的东西,写出实事求是、言之有物、社会效益好的物业管理调查报告。

(3)要侧重阐述和说明

物业管理调查报告不能以议论为主,因为它不是主要靠逻辑推理来证明问题,而是靠事实来反映客观情况和说明问题的实质。因此,在写作手法上要侧重叙述和说明,用事实说话,避免空发议论。但在叙述和说明中,力戒堆砌材料、罗列现象、说明冗长,要用正确的观点来统率材料,做到主次分明、详略得当、布局合理。

6.1.6 情景写作训练

①近年来,如何让居住小区消防安全建设和管理、隐患排查整治工作迈上新台阶,着力完善居住小区安全长效管理机制,努力使居住小区安全形势总体平稳受控,成了物业管理公司和业主关心的大问题。请你以小区物业管理人员的身份,认真深入地作调查,通过大量的采访,听取业主的反馈,结合自己的实际观察,运用所学知识,形成一份调查报告。

②学生的作业是教师检验课堂教学效果的一种途径,也是教师了解学生学习情况的一种措施。但是现在很多教师布置的作业陷入了题型呆板、形式单调、内容封闭的误区,严重禁锢了学生潜能的发展,也加重了学生课业负担。应当怎样减负,成了每位师生关注和思考的问题。请你以“关于学生作业的调查报告”为题,完成一份调查报告,或许你的报告会为当今学生减轻课业负担带来实质性的变化。

6.2 可行性研究报告

深圳某物业管理公司总经理听一个朋友说重庆某社区没有物业管理,于是带了

一班人马到该社区,承接了该社区的物业管理项目。一年后,该物管公司因物管费收缴率低,物业成本上涨而被迫撤出。请问,该公司为什么失败?在开拓这一项目前应该做好哪些工作?

6.2.1 基础知识

(1)可行性研究报告的含义和特点

可行性研究报告,也叫“可行性论证报告”。它是有关企业、部门或专家组对拟办理的重大建设项目、拟出台的重要决策,经过全面系统的调查研究、分析论证,而写出的实施该项目或决策的可行性和有效性的书面报告。

经济活动是一种复杂的生产经营实践性活动。特别是在实施中外合资、合作企业,兴建重要工程,开发大中型新产品等活动过程中,存在着很多可变的游移性因素和未知因素。因此,对于那些工程庞杂、投资额度大、受制因素多的重要建设项目,在实施投资行为之前,进行充分的调查研究和分析论证,确定其是否必要、是否可行,以降低投资风险、防止造成重大经济损失,是十分必要的。

可行性研究报告主要有以下特点。

①论证性。可行性研究报告是在作出决定前,从环境条件、经济、技术、资金、市场前景、经济效益等方面对决策或项目进行综合论证,并就法律、政策、环保以及对整个社会的影响作出科学的论证和评价的书面表达形式。可行性研究必须经过全面系统的调查研究、分析论证,必要时,还需要对立项可能提出的质疑进行论辩。例如我国的三峡水利工程建设就进行了可行性研究论证,并进行了深入地论辩。

②预见性。可行性研究是在作出决定前实施的,要对市场前景、经济效益、风险程度进行系统全面的科学研究,得出的结论才具有预见性和前瞻性,才能对决策或项目的实施具有指导作用。

(2)可行性研究报告的作用

可行性研究报告是实施重大拟建项目的“通行证”,其主办企业决策,主管部门审批,与协作部门(原料、燃料、水电供应等部门)订立合同,争取银行贷款等,都要以可行性研究报告提供的事实作为依据。

1)项目投资决策的依据

可行性研究论证是主办企业项目投资决策的依据。搞好可行性研究论证,可以避免盲目投资建设引起的效益差、资源不足等诸多问题，避免各种不确定因素造成的投资风险。

2）主管部门审批的依据

可行性研究报告中的选址、总图布置、环境及生态保护方案等诸多方面的论证，都为主管部门的审批提供可靠依据。

3）与协作部门订立合同的依据

这里的协作部门包括原料、燃料、水电供应、运输、通信、工程建筑、设备购置等部门。根据可行性研究报告，主办企业项目单位方可与上述协作部门签订建设项目所必需的各种合同。

4）向银行贷款的依据

可行性研究报告中的项目财务、经济效益、贷款清偿能力等具体指标，都可成为向银行贷款的依据。银行会据此进行审查评估，以决定贷款与否。

由上述四点内容可以看出，可行性研究报告是决定拟建项目成败的关键，它起着把关的重要作用。

（3）可行性研究报告的类型

按照不同的标准，可以把可行性研究报告分成不同的类别。

①按项目大小划分：可分为小型建设项目可行性研究报告和大中型建设项目可行性研究报告。

②按性质划分：可分为肯定性可行性研究报告、否定性可行性研究报告、选择性可行性研究报告。

③按内容划分：可分为政策、改革方案可行性研究报告，建设项目可行性研究报告，引进或开发项目可行性研究报告，中外合资经营可行性研究报告等。

6.2.2 阅读与分析

【例文】

深圳××物管公司可行性报告

随着我国住宅产业的发展和人民生活水平的提高，物业管理作为国民经济的新兴产业发展方兴未艾，市场开拓空间越来越大，发展潜力巨大。深圳××物业管理公司作为一个外资企业，其创立正是为了顺应这一发展潮流，在积极总结国外物业管理先进经验和研究国内产业发展政策后，而决定投身中国物业管理产业的。

“与时俱进、开拓发展”的中国物业产业给广大企业带来了不可多得的机遇和挑战。但随着中国房地产业的迅猛发展，物业管理发展明显滞后，在如何满足人们日益增长的物业管理需求，如何提高物业管理水平和质量，如何让外国的物业管理经验与我国的物业管理现状相结合的问题上，深圳××物管公司作出了探索。在“谋求企业发展、员工进步、促进社会进步”的理念和企业发展宗旨下，为中国物业管理业的发展竭诚奉献自己的力量。

一、公司基本情况介绍（略）

二、公司投资方的情况介绍

1. 深圳××物业管理发展有限公司（略）

2. ××国际集团（香港）有限公司（略）

三、公司经营范围

公司注册经营范围有：

物业管理

1. 新办实业（具体项目实行申报）

2. 国内商业、物资供销业（不含专营、专控、专卖商品）

3. 清洁服务

4. 信息咨询（不含限制项目）

四、公司组织结构及人员组成

1. 董事会的权力及组成（略）

2. 董事会以下的经理部的构架和人员组成（略）

五、物业管理市场前景与展望（略）

六、公司近、中、远发展计划

1. 公司三年内的发展目标（略）

2. 公司三年——十年的发展目标（略）

3. 公司十年后的发展目标（规模、人员、品牌）（略）

七、公司投资预算

1. 固定资产投入

①办公场所（略）

②办公设备（略）

③过程维修设备(略)
④车辆(略)
⑤安全设备(略)
⑥清洁设备(略)
⑦林园绿化(略)
2. 流动资金投入
①保险费用(略)
②人员工资(略)
③差旅费(略)
④人员培训费用(略)
⑤物管移交费用(略)
⑥公司开办手续费用(略)
⑦人员招聘费用(略)
⑧员工奖金(略)
⑨管理费(略)
⑩水电费(略)
3. 投资成本合计(略)
八、公司经济效益分析
1. 公司经营收入测算
①假设条件预算(略)
②物业管理经营收入(略)
③房屋租售经营收入(略)
④各项代理经营收入(略)
⑤列入公司经营范围内的其他收入(略)
⑥公司年经营收入合计(略)
⑦营业税(略)
⑧税后收入(略)
2. 公司年收益测算
①公司投资总成本(略)
②公司经营税后利润(略)

③物管利润额(略)

3. 投资回报预期(略)

九、结论

由以上分析可以看出,深圳××物业管理公司的建立,是我公司对我国物业管理市场进行了充分的考察、分析、论证后的结果,其资料直接来源于物业管理生产第一线。不仅如此,公司还对国家宏观经济环境作了分析,也对国内产业政策进行了认真的研究,这些都是我们成立深圳××物业管理公司的理论依据。它的成立,将给我们提供一个向国内物业管理界同仁学习的平台。

评析:

这是一篇成立物业管理公司的可行性报告。题目开宗明义,直接进入主题。正文用了九个部分,全面地分析和论证了成立该公司的可行性,令人信服。

6.2.3 病文修改

关于编纂《物业管理博览》的可行性报告

关键词:物业管理博览　可行性报告

本报告分以下六部分:一、编纂《物业管理博览》的意义;二、编纂一部什么样的物业管理博览;三、如何编纂;四、该书与其他环境类图书的关系;五、质量评定;六、结束语。

一、编纂《物业管理博览》的意义

这是为所有参加中国环境保护工作和所有关心物业管理博览状况的人们编写的一部书。

长期以来,不论是发达国家还是发展中国家,在发展经济的同时也把关注的焦点放在了对服务的追求上。根据我国全面建设小康社会的奋斗目标,21 世纪头 20 年,我国国内生产总值将翻两番,人口接近 15 亿,城市化率达到 55%,基本实现工业化。在这种情况下,服务质量的提升和改进意义重大,如何将各类年鉴、手册、统计、研究等资料经过科学整理,选择其中最有价值、最重要的资料浓缩为一本高水平的百科全书,对于国内外读者了解中国物业管理现状、树立物业管理和服务的正确理念将具有重要的现实意义和长远的历史意义,也是中国物业管理工作的一大成果。

《博览》的编撰方式借鉴百科全书的编撰方式和资料加工手法。百科全书是具有世界通用意义和普及性良好的工具书。其简洁的表达方式、包罗万象的结构风格,为不同文化背景、不同知识背景的人们提供了简捷的阅读空间。

二、编纂一部什么样的物业管理博览

《博览》直面中国物业管理工作实际,聚焦热点难点,直抒胸臆,言简意赅,追求环境知识大众化、通俗化理念。直面矛盾,回答是什么、怎么样的问题;谨思之、慎言之、笃行之。着眼于解决问题,不赞成关在象牙塔里坐而论道,夸夸其谈。

三、如何编纂《物业管理博览》

完成这一文化工程,需要从中央到地方各级有关领导的支撑。立项以后,成立编辑委员会,编委会的主要职责是审定框架和重要条目,决定有关的重要事项,编委会下设编辑部。

编辑部在编委会领导下承担编纂的日常工作,主要由熟悉百科全书的人员组成,以保证编辑方针和总体设计得以实现。编辑部负责制定编写体例,完成最后的成书编辑工作。

环保总局有关人员作为条目的审稿人、撰稿人应确保条目内容的正确性,一些重大条目应是编辑部与撰稿人反复讨论的结果。

博览的基本资料经过作者多年搜集与整理,已初见雏形,经审稿和继续加工后可以出版。如果进行顺利,6 个月可以实现出版。

四、该书与其他环境类图书的关系

《博览》属于编撰的图书,它的编撰离不开业内各类文件和已出版的各类图书。它应易于现代人阅读和检索。

五、质量评定

质量标准坚持:

①编纂者的权威性;②资料的准确性;③有明确的编纂目的〔编辑方针〕;④有明确的编写体例;⑤全书应有目录、范例、正文、索引等组成部分;⑥书中有参见系统,以减少不必要的内容重复;⑦图文并茂,附有各种必要的图片;⑧知识表达方式灵活,具有可读性;⑨达到内容精选、文字精练、图片精美、装帧精致的要求。

六、结束语

作者是中国百科全书编撰家×××等人,曾认真研究、学习国内外有影响的百科全书。作者较为熟练地掌握了现代百科全书的编纂方法,提出了“百科全书是选不是全”“百科全书先是书〔大条目〕结合典〔小条目〕”“百科全书要突出重点、特点、亮点”“百科全书从总体到条目撰写要有高度、深度、广度、力度”，百科全书要做到“三多〔多视角、多形式、多层次〕一全〔全方位〕”等理念。在博览编撰过程中运用了多种百科全书编撰理念，完成了《博览》(初稿)，总体方案(初稿)及大部分详细内容。我们相信，在全国政协的领导及支持下，我们有能力在2005年9月前完成《物业管理博览》的编纂工作。

《物业管理博览》编纂组

评析：

①文章过渡突兀，上下文缺少必要的连贯性。

②第一部分所述的编写意义不明确，表达混乱。

③第二部分所述的编写纲要不清晰。

④第四部分所述的该书和相关书籍的关系，本书出版将对社会产生的意义没阐释清楚。

⑤全文语句不畅，严重影响了表达。

6.2.4 可行性研究报告的研究内容

由于项目的性质、规模、实施需求不同，各种可行性研究报告的内容也不尽相同。一般情况而言，要形成一份可行性研究报告，大致需要进行以下几个方面的研究。

(1) **必要性研究**

拟建一个项目，首先要考虑有无建设的必要，这是一个项目投资建设的大前提。必要性研究首先研究现在和未来的一个时期内，国内外市场对拟建项目需求量的情况。如建设一座工厂，其产品应有良好销售前景；盖一家宾馆，应有大量的客流需求。这样，才能获得最佳的经济效益，才有兴建的必要。其次就是研究拟建项目在国民经济和社会发展中作用的大小。如兴办一个项目可以提高我国某类产品的生产能力，增加产品数量；能够提高某类产品的产品质量，增强与国际市场的竞争力，创收外汇，加快社会主义建设，推动社会进步等。这样的项目才有兴办的意义。

(2)可能性研究

可能性研究就是研究拟建项目有无条件兴办。这主要是研究社会环境条件、技术条件、投资条件等。社会环境条件就是研究兴建项目拟定地点的生态和资源状况;技术条件就是研究有无相关的专业人才,有无技术难题,主办企业的员工素质,原有的技术设备状况等;投资条件就是要研究主办拟建项目的企业的自有资金状况、外汇耗费情况等。

(3)效益研究

效益研究就是根据成本、产量、销售量等环节的情况,研究分析盈亏关系、在一定时期内能获多少利润、现值的大小等,从而论证项目建成后是否有利可图。

(4)不确定因素研究

拟建项目在未正式投产、还不能看到实际经济效果以前,一切经济指标都是预测和估算的,任何精确的估测都难免会受到不确定因素的影响。因此,进行可行性研究还要研究、分析拟建项目在建设和生产过程中存在着哪些不确定因素,其变动情况对效益影响如何,以探讨拟建项目投资风险的大小。分析不确定因素常从以下几个方面着手:

①盈亏平衡分析:就是分析成本与盈余的关系,测算出盈亏平衡点,或者测算出营利的最低销售量,以考查拟建项目的盈亏情况。

②概率分析:就是分析某一个或几个不确定因素发生的可能性的大小,并测算出如果发生,其对效益影响的程度,从而预测拟建项目建设有无风险。

③敏感性分析:就是分析单因素或多因素的变动对预期效益影响的大小。如果某一因素变动很小,但对效益影响较大,那么这一因素的敏感性就较强;反之,就较弱,从而预测出拟建项目风险的大小。

6.2.5 可行性报告的结构和写法

可行性研究报告通常单独装订成册上报,它的一般格式包括:①封面;②摘要;③目录;④图表目录;⑤术语表;⑥前言;⑦正文;⑧结论和建议;⑨参考文献;⑩附件。

可行性研究报告的封面没有固定的要求,但是项目名称、报告单位、报告时间等内容不可缺少。第②③④⑤⑨⑩等项要根据报告的需要进行选择。下面,介绍第

⑥⑦⑧⑩项的写作要领。

(1)前言

可行性研究报告的前言,主要是使读者了解本报告的来龙去脉和主要内容。因此,前言部分一般包括项目的由来、目的、范围,以及本项目的承担者和报告人、可行性研究的简介等。

(2)正文

可行性研究报告的正文是结论与建议赖以产生的基础。其写作要求以经济效益为核心,围绕着影响项目的各种因素,运用数据资料进行系统分析,以论证拟建项目是否可行。也可以对各种预选项目的方案进行分析、比较、论证和预测,以得出拟建的必要性、可行性和作用等信息。

一般来说,论证要从9个方面进行:①需要预测和拟建的规模;②资源、原材料、燃料及公用设施情况;③厂址方案;④设计方案;⑤环境保护、劳动保护与安全防护;⑥企业组织、劳动定员和人员培训;⑦工程实施进度;⑧投资估算和资金筹措;⑨经济效益和社会效益。对不同项目的可行性研究报告,以上内容应均有所侧重或增减。这里以兴办企业为例,介绍各项的通常写作顺序和大致内容。

1)总说明

总说明又叫总论、基本情况,其写作内容大致包括以下几个方面:

①企业名称。写拟建企业的称谓,如××电子厂。

②企业地址。××市××街××号。

③承办单位。××有限公司(若是中外合办,还要写外方承办单位)。

④法定代表。××总经理(若是中外合办,还要写外方法定代表)。

⑤技术负责人。写新建企业的技术负责人的姓名和职称,如×××(高级工程师)。

⑥经济负责人。写整个工程收支概算负责人的姓名和职称,如×××(会计师)。

⑦可行性研究负责人。写该项目负责人的姓名和行政职务或技术职称,如××(××长)。

⑧项目背景、有关文件和可行性研究的概况、意义。背景主要写拟建项目是国民经济的有关宏观规划;或是部门或地区的有关规划,是行业发展的需要。有关文件主要写上级部门批准立项文件的名称、文号、日期、其主要意见或与外商洽谈的意

向书等。可行性研究的概况主要写有关调查研究的情况，可行性研究班子人员的构成情况和研究情况等。可行性研究的意义是写研究的目的和必要性。

2）承办企业情况

承办企业情况主要写承办企业的场地条件、技术设备、生产能力、产品销售、财务收支等状况，以说明其承办拟建项目的能力情况。如果是中外合办，还要写明外商所在国别、企业名称、所在位置、注册资本、产品在国际市场上的销售情况和竞争能力、业务信誉等。

3）市场预测和生产规模

市场预测，主要是用定性和定量预测法，分析、预测未来国内外市场对项目产品供需要求的数量，对项目产品的经济寿命期、市场竞争力等情况进行分析。生产规模，主要是写企业的用地面积、主体工程和附属工程的格局范围、每年的产量等。

4）物料供应

物料供应，主要写项目所需用的各种主要原材料的名称、数量、规格、供应渠道；所用动力、燃料的数量及其来源；物料的总费用等。

5）技术和设备方案

技术设备方案主要是写对技术指标的选择。根据国内外技术水平的现实状况和发展趋势，写明项目采用技术的先进程度，对提高产品的数量、质量、性能和经济效益的作用，对培养现代管理人才的意义。设备方案，主要写设备的选择，即设备的名称、型号、规格、性能特征、先进程度，进口国别和以国产设备代替的可能性；整个设备的费用等。

6）项目设计方案

项目设计方案主要包括土木工程方案和产品生产方案两类。土木工程方案主要写项目主体工程的设计和布局、车间的组织，附属设施、生活设施的安排等。产品生产方案主要写设备的安装、工艺流程、产品品种、数量、规格、性能、用途、先进程度等。

7）“三废”治理与安全保护

“三废”治理主要写根据“三废”的种类、成分、数量及其对环境、空气、水质、土壤、动植物、人类的污染和危害情况而提出的治理措施。安全保护主要是根据项目的具体情况，写在消防、降温、排除粉尘、降低噪声等方面所采取的措施。

8)厂址选择

厂址选择主要写厂址的地理位置,所在地域的自然条件(气候、地质、地下水位、地面结构)、社会经济条件、交通条件、公用设施条件等。另外还应包括征地费用和厂外工程费用等。

9)企业组织、劳务定员和人员培训

企业组织主要写企业的权力机构和管理部门的设置。劳动定员主要写员工的总数、工资待遇。人员培训,主要写对人员在国内外的培训计划,达到的要求和所需经费等。

10)项目实施计划

项目实施计划,主要写项目各个阶段的实施内容和实施时间表。

11)总投资的估算及资金筹措

① 固定资产投资。主要写土建工程、生产设备、场地占用及有关不动产投资等方面的资金估算。

② 流动资金支出。主要写成本资金和储备资金支出。成本资金包括原料、燃料、动力消耗设备折旧,交通运输,广告宣传,员工工资福利等方面的支出估算;储备资金包括在制品资金、原料和成品仓储资金、结算资金、货币资金等方面的支出估算。

③ 投产前的费用支出。主要写企业对在组建过程中的各种费用支出的估算,如预备性研究支出、差旅费和安装调试费支出等。

④资金筹措。主要写企业的自有资金、借贷资金数额(若是中外合办,还要写外商投入资金、中外投资比例、利润分配比例等)。

12)经济分析

①财务分析。主要写整个投资估算、产品销售收入估算、赢利额估算(如果是中外合办,还要写外汇平衡分析)。

②社会效益分析。主要从生产技术水平的提高、人才培养、创收外汇、上缴税收等方面说明对国民经济建设的意义。

最后,从资源条件、投资能力、技术水平、市场需求、经济效益等方面加以综合概述,得出该项目是否可行的结论。

(3)结论与建议

完成了上述分析之后,应对整个项目提出综合性的评价和结论,指出优缺点,提出建议。

(4) **附件**

为了说明结论，往往还需提供一些附件，如试验数据、论证材料、计算图表、附图等，以增强可行性研究报告的说明力度。

6.2.6 可行性研究报告的写作要求

(1) **论证科学合理**

实施某一拟建项目是否可行、是否合算，主要是从市场需求、经济效益、技术能力等方面的情况来考查的。因此，论证要系统全面、科学合理，既要考虑当前利益，又要用发展的眼光，全面分析和评价项目的可行性。论证是否科学合理，直接关系到项目是否能成立以及实施的成败。

(2) **格式规范，语言简洁**

不同类型的可行性研究报告有不同的编排格式，要遵照约定俗成的行业写作格式，按要求编排；同时注意语言的简洁性，表达要准确。

6.2.7 情景写作训练

以小组为单位，就某个大学生创业项目进行可行性研究报告写作讨论，拟写出可行性研究报告写作提纲。如条件允许，可进行具体的调查论证和报告的撰写。

知识拓展：

可行性研究报告的研究步骤

可行性研究是一项逐步完善项目建设方案的，由浅入深、由局部到系统的研究工作。其研究过程大致可分为三个阶段，即三大步骤。

一、机会可行性研究

机会可行性研究是可行性研究最早的研究阶段。这一阶段就是一个确定的地区或者部门，根据对其地理位置、资源条件、社会环境、市场需求的调查和预测等情况，研究某一拟建项目是否必要和可行，以寻找最相宜的投资机会。假如可行，便产生《项目建议书》。机会可行性研究是比较粗略的，各项指标都是大致的估算。其误差约为30%，研究时间为1～2个月，研究经费占投资总额的0.2%～1%。

二、初步可行性研究

初步可行性研究是在机会可行性研究的基础上进行的研究阶段。这一阶段对机会可行性研究的结论进行评价，对拟建项目的位置、规模大小、工艺技术、投资额度、市场需求、效益状况、风险程度等作进一步的研究估算，判断拟建项目是否合理、投资是否合算，并确定还有哪些问题尚待研究论证。这一阶段产生《预可行性研究报告》作为决策者初步认可项目的依据。其误差约为20%，研究时间为4～6个月，研究经费占总投资额的0.25%～1.5%。

三、最终可行性研究

最终可行性研究是对拟建项目是否可行作最后详细研究的阶段。这个阶段要全面深入地对拟建项目的地址选择、建设面积、建设周期、设备选择、原料来源、动力供应、生产或经营规模、交通运输、工艺流程、“三废”治理、人员组织、投资总额、市场需求量、经济收益、风险大小等方面进行研究论证，并对各项指标进行比较准确的分析计算，为项目决策提供较为可靠的依据。其误差约为10%，研究时间为8个月～1年，研究经费占总投资额的0.2%～1%。

上述三个阶段的研究分析，其内容大体相同，但一次比一次深入全面，各项指标一次比一次接近实际情况。如果最终可行性研究成立，就组织各方面的专家对其进行评价并提出结论性的意见上报主管部门。主管部门先进行预审，然后再组织讨论、答辩，最后形成审批意见或审查纪要下达实施。

6.3 学术论文

高等院校学生毕业前，往往要根据所学专业，有选择地进行学术研究，撰写学术性论文，我们称之为“毕业论文”。请问，毕业论文和学术论文有何异同？高校学生毕业前撰写毕业论文有何意义和作用？

6.3.1 基础知识

(1)学术论文的含义

学术论文,也叫专业论文,是专门探讨和研究某一专业领域中有学术价值或亟待解决的问题,并就此发表自己的创造性见解,表述科研成果的议论文。

物业管理学术论文,是专门探讨和研究物业管理专业领域中具有一定学术价值或亟待解决的问题,并就此发表自己的创造性见解,表述科研成果的一种议论性文章。它既是物业管理科学研究的手段,又是物业管理学术交流的一种工具。它与一般的学术论文、高等院校学生的毕业论文不同。

(2)学术论文的特点

学术论文属于议论文,除具有一般议论文的概括、以理服人等特点外,还具有以下特点:

①独创性。学术论文中的独创性是衡量其论文学术价值的基本尺度,是学术论文的生命。所谓独创性,简言之,就是作者能够提出新理论、新见解或新假说,自成一家之言,能切实以理服人。

②学术性。学术性其实就是科学性,是指学术论文所体现的专门的、系统的学问,是建立在深厚的学理和实践的基础上的理论。学术论文的学术性表现在:它可以是新的发现、发明或创造,提出新的见解和主张;可以是对已有的观点乃至定论的补充、修正,甚至否定;也可以是对前面已有的结论加以综合,形成系统的理论,或用新的方法从新的角度加以论证,得出新的结论。因此学术论文的学术性要求作者必须从客观实际出发,对物业管理客体进行认真、仔细、周密的观察和分析,以获取大量的材料作为立论的依据,从中找出规律,揭示其本质或得出符合客观实际的结论。

③客观性。客观性是学术论文取得实践的可行性、理论的可信度以及科学性的基础。在学术论文写作中,必须遵循真理的客观性,遵循事物发展的客观规律,从人类的今天去预测科学的明天,由可能的未来去推论影响现实的决策。在这一过程中,任何有悖于客观规律的观念与行为只会引出伪科学与反科学的结论。只有坚持客观性,才能确保学术论文的科学性。物业管理学术论文同样要求我们必须遵循客观性原则,尊重客观事实,做到言之有物。

④语言的专业性。语言的专业性是指学术论文大量使用本学科领域的专门性

术语，这是由学术论文的学术性所决定的。这些术语语义精确、词义单一，是准确描述科学技术现象和阐明科学研究成果不可缺少的。在论文写作时，要求专门性术语使用准确，表达清晰。

6.3.2 阅读与评析

【例文】

推行物业管理市场化之对策

××× 致远物业管理有限公司

摘要：随着我市房地产市场的日趋成熟，物业管理市场化是必然的趋势。物业管理市场化可以从政企分开、立法保障业主权益、规范物业管理市场三个方面加以推进。

关键词：物业管理；市场化；对策

随着我市房地产市场的日趋成熟，物业管理服务业正逐步走进千家万户。目前，福州市物业管理市场与物业管理市场化程度较高的其他城市相比，明显滞缓。要消除阻碍物业管理市场化进程的因素，实现物业管理市场化，即物业管理从管理无序到管理规范，从垄断经营到价格竞争，再到人才竞争、质量竞争、品牌竞争等，理性化市场的形成和发展，任重道远。当前推进物业管理市场化的主要对策有。

一、政企分开，职责明确

政府的职责就是制定和完善法律、法规，用法律、法规来规定政府、开发商、物业管理企业、业主和业主委员会的责、权、利等。规范物业管理企业的成立和运作，使物业管理企业按照市场经济规律的要求来正常运行，同时还要强化对有关立法执行情况的有效监督。

物业管理企业须转变观念、摆正位置，由业主的“领导者、管理者或支配者”转向为接受业主委托、受雇于业主，为业主收好、管好、用好物业管理服务费，同时服务好、维护好业主的物业，方可从中得到合理的报酬。

业主，即房屋所有人也要转变观念，变被动接受物业管理为主动推行物业管理，认真履行业主自治的职责。只要条件许可，就应立即选举产生业主委员会，为业主自治和有效行使业主的自治权利提供组织保障。业主委员会须是承担法律责任的独立法人或社团组织，履行业主对物业及其公共设施和公用设备维护保养的责任和义务，实现物业保值增值的目的。

二、立法保障业主权益

政府要通过立法来明确业主委员会成立、运作的纲领，对物业管理经营者的行为进行有效规范和约束，以确保业主的合法权益不受侵害。

（一）要明确业主委员会尚未成立的新开发住宅区，由政府有关主管部门本着考虑业主承担能力原则，从严核定；已成立业主委员会的住宅小区，政府有关主管部门通过发布分类收费标准的方法，引导业主委员会合理定价；未经政府有关主管部门批准，物业管理企业无权擅自调整收费标准。

（二）要明确住宅区内公共设施归全体业主共同所有，物业管理企业代管产生的收入归全体业主所有，可用于充实公共设施和公用设备维修专项基金，也可按分摊比例抵交业主的物业管理服务费。

（三）要明确物业管理代理制的含义，物业管理企业只能接受业主或业主委员会的委托，为业主收好、管好、用好物业管理服务费和利用住宅内公共设施、公用设备产生的收入，代理业主履行其对物业及其公共设施和公用设备进行维护、保养的责任和义务，实现物业保值、增值的目的。物业管理企业从中按比例收取代理服务费，并按章纳税；利用住宅区内公共设施、公用设备产生的收入，由物业管理企业代业主委员会纳税，同时明确业主各种缴费收入不属于纳税范畴。

（四）要严格规定物业管理企业的账目管理，建立健全账目审计、保管、公布制度。严格物业管理企业的银行开户管理，必须以业主委员会的名义在银行设立有利息的专户，一切代管收入须全部存入该专户。未经业主委员会许可，物业管理企业无权动用该专户资金，违者须承担法律责任。

（五）要明确加强房屋售后管理，强制建立公共设施和公用设备的专项维修基金。由业主委员会根据托管物业的管理需要，经业主大会审定后，由物业管理企业据此收集，存入以业主委员会名义开设的银行专户。未经业主委员会许可，物业管理企业不得擅自动用该项资金。

三、规范物业管理市场

首先要健全房地产二、三级市场。健全的房地产二、三级市场，能激活物业流通，促使业主关心自己物业保值，从而转变观念，接受物业管理市场化的理念，自觉履行对其所拥有的物业及附属设施设备、周围环境绿化、卫生、治安进行维护、修缮和整治的义务,确保物业的完好增值。

其次要培育能适应不同消费需求的物业管理市场,形成既可提供低档次非专业化的服务,又可提供一般房屋修缮、清洁卫生、园林绿化、安全保卫专业化服务的体系。物业市场应以住宅区为切入口,逐步向写字楼、工业区、商场、农村、学校、车站等各类物业延伸和拓展。

最后要重视引入和保护竞争机制,增加物业管理市场的活动,使业主享受到优质的服务并向物业管理企业支付合理的报酬。一方面要尽快改革现行"谁开发、谁管理"和"谁主管、谁管理"的不符合市场规律的垄断经营方式,大力推行业主委托或通过市场招标来选择物业管理企业的运作方法;另一方面积极推行物业管理企业"准入"制度,放宽企业资源管理,允许并鼓励更多的企业从事物业管理,允许跨区经营,使物业管理企业在竞争中规范自己的经营行为,实现优胜劣汰的目的。

参考文献

【1】郝寿义,周清华.论中国物业管理的市场化[J].天津社会科学,1997(1).

【2】徐刚.关于物业管理市场化的思考[J].邵阳师范高等专科学校学报,1999(6).

【3】赵旭.加强住宅小区管理委员会的建设——促进物业管理市场化进程[J].湖南城建高等专科学校学报,1999(4).

【4】马旭.市场化叩响北京物业管理的大门——记回龙观文化居住区(一期)物业管理招投标活动[J].北京房地产,1999(12).

【5】马军.物业管理市场化初探[J].北京房地产,1998(7).

评析:

这是一篇比较短小精悍的物业管理论文。文章首先提出物业管理的市场化,接着从三个方面重点论述了物业管理市场化的对策,也就是怎样才能够实现物业管理的市场化。正文分别从政府的指导、制度的保障、市场的规范进行论证。整篇文章条理清楚,说理简洁明了。

6.3.3 病文修改

物业管理随想

前天几个朋友聚会，得知原来的一个旧同事最近第二次离婚。怎么可能？他为了能与第二任妻子结婚，不惜满足第一任妻子的所有条件“净身出户”，怎么刚结婚不到两年又离婚了！朋友们都认为他应该找找自身的原因。

看到《深圳特区报》上有一篇报道，讲从广西山区来深圳的一个农村小姑娘在一个家庭做了三年保姆，从什么都不会做到被市妇联评为“优秀保姆”。很多家庭去询问取经，抱怨自己一年内换了四五个保姆也找不到一个合适的，羡慕这家主人“运气好”。可事实上，这家的“优秀保姆”到现在连可口的家常饭菜都还不会做，每天将肉菜洗净切好等主人下班后下厨。

于是，又有人说这家主人“傻气”，不会干家务的保姆还雇佣她干啥？俗语说，“金无足赤，人无完人”“没有舌头不碰牙的”“理解万岁”。夫妻也好，雇主与保姆也好，甚至任何与人打交道的事情，若想过程美好、合作愉快，都需要相互的理解、包容、支持和鼓励。以共同成长、互相受益达到“双赢”（当然，原则性错误是不能够原谅的）。

说到这里，我不禁联想到物业管理。最近有幸参加了深圳市住宅局、物业管理协会与《南方都市报》联合举办的“物业管理研讨会”。深圳市乙级以上物业管理公司负责人近100人到会。会议回顾了20年来深圳市物业管理行业的发展历程，并对目前物业管理行业所处的困境进行了深入的分析和研讨。

物业管理在我国还是一个新兴行业，深圳市的物业管理水平走在全国的前列，很多内地城市到深圳取经，也有不少深圳市的物业公司接手内地城市的住宅小区、机关、写字楼等物业的物业管理工作。物业管理行业迅猛发展，为提高城市形象、加强城市管理、维护社会稳定等作出了重大而积极的贡献，这是有目共睹的不争事实。像深圳这样一个现代化的、房地产业发达、居住人员质素较高的城市，如果没有专业而规范的物业管理是不敢想象的。可是，近一个时期以来，有关物业管理行业的负面报道越来越多。一时间，各种媒体利用多种手段和形式对此进行“监督”和“追踪报道”。于是，物业管理人与业主之间的矛盾成为了社会一大热点，有关媒体的收视率和发行量也大为提高。一些做了十几年物业管理的“老物管人”不无感慨地说：

“舆论的力量太可怕了。它可以将你捧上天堂,也可以将你打入地狱。一夜间,就可将物业管理从对城市管理和发展作出重大贡献的“白天鹅”变成引发社会矛盾的“丑小鸭”。工作越做越细,投入越来越大,管理越来越规范,可为什么反过来工作困难越来越大,利润越来越薄甚至难以继续经营(包括一些全国知名品牌的超大型物业管理公司)。”

有学者批评目前文坛上搞创作的人太少,搞文学评论的人太多。诚然,文坛需要百家争鸣,文学评论更是不可或缺。但是,搞评论的人也一定要懂得创作,否则,“外行”评“内行”只能是“误评”。物业管理作为一个行业,存在这样、那样的不完善是肯定的,出现一些问题也是正常的。但千万不要因为树叶上生了害虫,就一定要把整棵树连根拔掉,如果这样,恐怕地球上就不会存在森林了。

无论哪个行业都应欢迎社会监督,尤其是舆论监督,像物业管理这个与千家万户的老百姓生活密切相关的行业更应如此。关键是监督报道要“客观”“全面”“公平”“深入”,作出贡献的一面可以不报(此类报道影响小,还容易让人产生是花钱登出的自吹文章的误解)。出现问题,可以曝光以警示同行和他人,但一定要全面、公正,不要打着关注弱势群体的幌子(其实业主与管理人相比不一定是弱势,特别在深圳,很多业主都是社会主流阶层,甚至是可以联系和左右个别媒体的实力人物),只一味地将问题的症结归于物业管理人。一位物业公司负责人讲道,他的管理处有一位平时表现很好的保安员,因认真执行规定,在制止一个业主乱搭建时,与业主发生争吵,业主骂保安是自己花钱养的“看家狗”,并打了一耳光。保安忍无可忍,冲动之下回了一拳,结果遭到很多业主的围攻。第二天,一家媒体就刊登出某某花园保安殴打业主的消息。保安不论在什么情况下,打业主肯定是不对的,当然,他也受到了应有的处罚,而媒体曝光也是无可厚非的。关键是要全面深入,不要掺杂个人感情成分。难道买得起楼的有钱业主与为业主服务的打工仔之间在人格上不是平等的吗?这种报道对于物业管理者来讲只能是“哑巴吃黄连,有苦说不出”,你能说它报道失实吗(不深入而已)?你能说保安是正当防卫吗(人家业主只不过是辱骂你且只打了你一耳光而已)?当然,也不排除个别记者的职业道德问题。

物业管理行业管理要想健康地发展,除了有一个公正、客观的舆论环境外,政府有关部门应明确物业管理行业的法律地位。应该说,物业管理人与各业主之间是一种契约关系,即一种平等的民事法律关系,可是双方的权利、义务规定得不够明确,工作实践中甚至难以适从。对外讲,物业管理公司承担了大量的本应由政府去做的社会职能,比如小区治安管理,配合政府基层部门的人口普查,管理计划生育、调查社会情况等。再加上一些部门在人力、物力上的调派行为,使物业管理企业不堪重负。因为物业管理公司哪家的神也惹不起,否则会直接影响到小区的“达标争优”(间接影响小区的名誉及物业价值)。对内讲,一些业主认为管理处是自己花钱雇来的保姆,随便使唤。一位管理处主任说,他们小区的一位家庭主妇找到管理处,说她老公在其“二奶”家,让管理处派人把他找回来。听后我真是哭笑不得。

还有一个重要分歧就是业主委员会的权利与义务的统一问题。一个小区是几百上千个分散所有权的集合体,对任何事情都众口难调、莫衷一是。业主委员会由业主推选产生,代表广大业主行使权利履行义务,协助、监督物业管理人做好小区的物业管理工作。但政府相关部门在规定其产生程序及权利和义务方面存在诸多不够完善的地方。即使有,也是形式大于内容。特别是入伙后的第一届业主委员会,由于业主间缺乏了解,往往是谁“热心”、谁“主动”,谁就可进入其中,大部分业主乐得落个清闲,“坐享其成”。可是,“热心”“主动”性格的人往往做事“偏激”,过于感性;再加上对物业管理的各种法规也不甚了解,政府相关部门对其的管理又有名无实。他们为了取悦业主,往往“鸡蛋里面挑骨头”,和物业管理人对着干。当然,物业管理确实存在问题的另当别论。反正怎么干都是正确的,只有权利,没有义务,就算要求达不到也不损失什么,大不了不干了。

据我一位住在福田区某高尚小区的朋友讲,他的小区三年里换了三届业主委员会,每届都是大换血。现在很多业主都不相信业主委员会,更不愿加入其中,以免将来落得个“里外不是人”的下场,在小区内生活尴尬。

物业管理若要健康地发展,除了上述因素以外,物业管理行业本身的自律与规范也是必不可少的。在费用收支、安全管理、清洁管理、绿化管理、设备维护、社区文化建设、民事调解、违章处理等方面要不断加强和完善方法。更重要的是,政府要加强对行业竞争的规范管理。随着房地产业的快速发展,物业管理企业的数量如雨后春笋般快速增长,而某些企业的实力、员工素质参差不齐。个别一些没有实力,甚至是临时拼凑的所谓物管公司为了接管某一楼盘,不惜采取各种方式来“公关”,甚至答应业主的所有条件,但在达到接管目的后,又无法兑现其承诺。最后,损失的只能是小区的名誉和广大业主的利益。

总之,我相信,随着法律、法规的健全和完善,随着广大业主、购房者的理性认识、法律意识的增强,物业管理行业一定会走上健康发展的轨道。因为任何事物都是波浪式前进,螺旋式上升的。

评析:

①标题不正确,应为"××物业管理研究"之类的学术性标题。

②文章的第一部分更像是散文笔法,与学术论文的文体不合。

③没有作者名字、内容摘要、关键词、参考文献等。

④整篇文章更像是随笔,应重新立意、构思。

6.3.4 学术论文的格式

根据国家标准局发布的《科学技术报告、学位论文和学术论文的编写格式》的规定,凡是学术论文,通常应包括题名、作者姓名及其所在单位、目录和摘要、关键词、引言(序论)、正文(本论)、结论、致谢、参考文献、附录10项。目前报刊上发表的学术论文,项目大大精简,它们或删去了某些项目,或将几个项目合在一起,以缩短论文的篇幅。学术论文的写法和一般学术论文的写法一样。具体到一篇学术论文,在内容和格式上通常有以下项目和顺序:

(1)标题

学术论文的标题力求确切、具体、醒目。可运用一定的"标题格"显示其文种,如将"论""试论"等一类词语置于标题前端,将"初探""管见""刍议""辨析""我见""思考"一类的词语放在标题的后部。从内容上看,有的标题直接揭示中心论点,如"物业管理必须与国际接轨";有的标题只点明课题的研究方向、范围和角度,如"推行物业管理市场化之对策"。

(2)署名

学术论文的作者姓名应写在标题之下,空一行,放在居中或稍偏右的位置上。有的还要加上作者单位、所在地等信息。如果是多个作者合著,第一作者写在前面。署名是知识产权所有与文责自负的体现,万万不可粗心大意。

(3)摘要与关键词

摘要是文章内容的客观概括,是独立于正文之外的完整短文。摘要应具有独立性和自含性,即不阅读论文的全文,就能获得必要的信息。摘要中有数据、结论,是一篇完整的短文。它可以独立使用,也可以引用,还可以用于工艺推广。摘要的内容应包含与论文等量的主要信息,供读者确定有无必要阅读全文。摘要一般应说明研究工作目的、实验方法、结果和最终结论等,而重点是结果和结论。中文摘要一般以200—300字为宜,外文摘要不宜超过250个实词。

关键词是为了做好文献标引工作,从论文中选取出来,用以表示全文主题内容信息款目的单词或术语。每篇用3—8个词。

示例如下:

摘要:我国对外贸易环境主要表现为:①制度背景,它具有转轨经济、发展中经济和特有的思想文化背景三项典型特征;②国际环境,其中世界经济基本格局、世贸组织和发达国家对华政策的影响最为重要;③内部条件,包括国内的经济增长、技术进步、发展周期以及本币汇率变动等。它们都对我国的贸易活动产生了明显的推动和制约作用。

关键词:外贸;制度背景;国际环境;内部条件

(4)**目录**

长篇论文可以有目录,短文无需目录。目录由论文的篇、章、条、附录、题录等的序号、名称和页码组成,另页排在序之后。

(5)**正文**

论文的正文是文章的核心部分,占主要篇幅。正文可以包括调查对象、实验和观测方法、仪器设备、材料原料、实验和观测结果、计算方法和编程原理、数据资料、经过加工整理的图表、形成的论点和导出的结论等。

正文内大段落的标题居中,其余标题靠左空两格或顶格,序号可加可不加。序号层次不超过5级,即:一、(一)、1.、(1)、①。

(6)**注释**

注释也称注解或附注,它是对文章中的引文出处、语汇、内容等所作的说明。注释的形式和方法有脚注(在本页的正文页脚处加注)、篇末注(也称附注,写在全篇论文或一章一节的末尾)、夹注(写在正文中间,用圆括号括起来)。注释要准确、完全,作者、书名、出版地点、出版单位、日期、页数都应写出,注释的序码款式也应统一。

(7)**参考文献**

参考文献,指撰写或编辑论著而引用的有关图书和资料。参考文献是出版物不可缺少的重要组成部分。凡引用前人或他人的观点、数据和材料等,都要在文中出现的地方标明,并在文末或书末列出,这就是参考文献。参考文献应包括作者、书名(文章标题)、出版单位、出版地点、日期、页数。

6.3.5 学术论文写作的一般过程

(1)**选题**

①即确定“写什么”,也即确定研究的课题。选题是关系到专业论文成败的第一步,只有选择了有意义的课题,论文才会有价值。一般来说,选题应遵循选择有科研价值或科学价值的课题的原则,如,亟待解决的课题、新发现和新创造、对空白的填补、对通说的纠正、对前说的补充。

②选择有希望成功或能圆满完成论文的课题,如,自己有浓厚的研究兴趣,能解决业务专长,有充足的资料来源,大小、难易程度适中,与自己的能力相适应,有足够的时间和篇幅的长度。

选题确立的方法和途径一般有如下几种:通过查阅大量资料触发思考和灵感;查阅专业书籍和有关资料(包括各种工具书、专业书、百科全书、各类相关资料等),从大量的问题中触发思考,确定选题范围和重点;通过调查、实验印证和启发思考;发挥想象力进行思考。

(2)**编拟提纲**

论文提纲是论文设计的蓝图,是作者构思的文字记录。它使论文有了一个基本框架,明确了论文的基本层次和论述要点,使占有的材料和观点有机地联系起来,形成一种逻辑关系。学术论文的提纲一般要包括以下内容。

①文章标题。

②中心论点及提出方式。

③各分论点及其序列。

④各论点配备的论据及其使用的位置。

⑤各论点之间的衔接。

⑥考虑各层次的主次及其详略。

⑦收束每一部分及总结全文的方式。

提纲是论文的粗略形状,只能勾勒出论文的大致形式。但提纲的编拟应以详尽为好、明确为要，要进行反复推敲。

(3)**论文撰写**

1)确定标题

学术论文的标题在选题、搜集整理材料的过程中已进行了反复酝酿，正式写作时，应正式确定下来。确立标题，要努力做到确切、简明、新颖。所谓确切，就是要求文体一致、大小相当；所谓简明，即言简意赅，要求文字的简练与内容的概括做到高度统一；所谓新颖，就是要求标题新鲜、不落俗套。

2)安排结构

学术论文的结构就是论文材料的组织与安排。论文是依据事物的逻辑联系来论证问题的，而以论为主的文章，在安排结构时，必须从观点的表达要求和材料的具体情况出发，按照客观事物的内在联系和读者的认识规律来布局谋篇，做到缜密、恰当。

学术论文的篇章结构形式基本上由序论、本论、结论组成。有的论文提出几个相对独立的问题，用数码标明次序，整篇论文就不按序本论、结论的形式来划分。

①序论。又叫引论、绪论，是论文的开头。这一部分一般用来提出本文研究的论题、范围、目标，说明研究这一论题的意义，有的还提出中心论点。篇幅较长的论文，可在开头对本论部分作扼要介绍，或揭示所论述问题的结论。序论部分必须写得简明扼要，在整篇论文中只能占较少的篇幅。

②本论。又叫正论，是学术论文的主体部分。它要求详细阐述作者研究的成果，特别是提出新思想、新理论、新做法。它在层次段落之前，或使用小标题，或使用数码标明。通常采用的结构形式有以下三种。

并列式：也称横式结构，即围绕总论点并列排出几个分论点，从不同角度、不同侧面对总论点进行阐释、论证。

递进式：也称纵式结构，即由浅入深，一层一层地对总论点进行阐释、论证，后一个层次是前一个层次的深化，后一部分是前一部分的发展。

混合式：也称纵横式结构或综合式结构，即并列式与递进式同时使用。它或者大层次为并列式，而一个层次中又采用并列式结构；或者将并列式和递进式分别用在本论的不同部分。

③结论。又叫结尾，是全文的归结，一般是对本论中的论点作一个归纳，表明总的看法和意见，或者强调某些要点。此外，还可以对问题的进一步深入研究指明方

向、提出建议等。不管写什么,结论都应写得简明扼要。

序论、本论、结论这种常见的结构程序,并非每篇论文都需要完全具备。有的论文一上来就展开本论;也有的论文本论一结束,全文也就结束,不需要结论。

6.3.6 学术论文的写作要求

(1)**学术论文讲究论证的形式和方法**

学术论文的写作方法和其他学术类论文的写作方法一样,需要注重论文的思路;需要由论题、论点、论据和论证四个要素组成,要做到摆事实、讲道理。常用的论证方法有以下几种:

①例证法。又叫举例法,即运用归纳推理来进行论证的一种方法。就是用典型的事例为论据,来证明论点的方法。这是一般论文常用的论证方法。常言道:"事实胜于雄辩"。用这种方法来论证,是最富于说服力的。

②引证法。又叫引用法,即运用演绎推理来进行论证的一种方法。就是用一些权威性的理论作为论据,来证明论点的方法。必须注意的是:一要正确引用,不能违背愿意,更不能断章取义;二不要引用得太多,以别人的观点来代替自己的论述。

③反证法。又叫排他法,即不从正面而从反面来间接地证明论点的方法。就是先不说论点的正确与否,而是假设采取与这个论点相反的看法就必然会得到错误的结论,这样也就从反面证明了原来论点的正确性。在驳论中运用反证法则恰恰相反,就是说,先不批驳对方论点的错误性,而先说明与其相矛盾的论点是正确的,这也自然就证明了对方的论点是错误的。

④比较法。它是通过对事物之间的比较来证明论点的方法。这种方法又可分为类比与对比两种。类比,就是把这一事物与那一事物某些相同的方面拿来比较,以那一事物的正确或谬误,来证明这一事物的正确或谬误。对比,就是从对两种相反情况的比较中得出结论。这种比较又可分为横比和纵比两种。横比,是把发生在同一时间、不同区域的两种性质相反的或有差异的事物拿来比较,辨明其正确与错误;纵比,就是把同一事物或不同事物在不同时间、地点的情况拿来比较。

⑤喻证法。又叫比喻法,它是用容易理解的、浅显而具体的事物、道理作比喻,来说明不易理解的、深奥而抽象的事物或道理。

⑥因果法。也叫因果互证法,它是通过分析,揭示论点和论据之间的因果关系,证明论点正确的方法。它既可以用原因作论据来证明结果,也可以用结果作论据来

证明原因。

⑦归谬法。即先假定对方的论点是正确的，接着以此为前提进行推理，引出一个荒谬的结论，从而证明对方的论点错误的方法。

论证的方法还可以举出一些，比如演绎法、归纳法，它们也可以作为论证的方法。“以子之矛，攻子之盾”，也是在反驳中经常使用的一种方法。总之，要使论证充分、有力、缜密、完整，就必须运用恰当的论证方法，而且必须把各种方法结合起来，灵活地加以运用。

(2)学术论文语言必须体现科学语体的特征

学术论文运用的语言必须体现科学语体的特征。所谓科学语体，就是各种科学文献使用的，一种有别于文学语体和生活语体的语言。它的主要特点如下：

①概括、严密，有逻辑性。

②确切、简练，有条理。

③平实自然、通俗易懂。

④用语庄重、规范且富有表现力。

(3)采用规范的学术论文格式和技术处理

要严格按照国家标准局发布的《科学技术报告、学位论文和学术论文的编写格式》的规定写作，具体内容和格式见本节第四点和附录，在此不再赘述。

6.3.7 写作训练

请以“物业管理收费纠纷的行业隐患”为题，采用小组讨论方式，形成学术论文的提纲编写。

知识拓展：

文后参考文献著录格式及示例

(一)书或专著

格式：[序号]著者. 书名[M]. 版本(第1版不标注). 出版地：出版者，出版年：引文所在的起始或起止页码。

示例：[1]翟婉明. 车辆——轨道耦合动力学[M]. 北京：中国铁道出版社，1997.

74-80.

(二)期刊

规范:[序号]著者. 题(篇)名[J]. 刊名,出版年,卷号(期号):引文所在的起始或起止页码.

示例:[1]史峰,李致中. 铁路车流路径的优选算法[J]. 铁道学报,1993,15(3):70.

(三)会议录、论文集、论文汇编中的析出文献

格式:[序号]析出文献著者. 题(篇)名[A]. 见(英文用 in):原文献著者. 论文集名[C]. 出版地:出版者,出版年. 引文所在起始或起止页码.

示例:[1]张玉心. 重载货车高摩擦系数合成闸瓦的研制和应用[A]. 见:中国铁道学会编译. 国际重载运输协会制动专题讨论会论文集[C]. 北京:中国铁道学会,1988. 242.

(四)学位论文

格式:[序号]著者. 题(篇)名[D]. 保存地点:保存单位,年份. 引文所在起始或起止页码.

示例:[1]党建武. 神经网络方法求解组合优化问题的研究[D]. 成都:西南交通大学,1996. 20-25.

(五)专利文献

格式:[序号]专利所有者. 题名[P]. 专利国别:专利号,出版日期.

示例:[1]曾德超. 常速高速通用优化犁[P]. 中国专利:85203720. 1,1986-11-13.

(六)技术标准

格式:[序号]标准编号(标准顺序号-发布年),标准名称[S].

示例:[1]GBJ 111—87,铁路工程抗震设计规范[S].

(七)报纸

格式:[序号]主要责任者. 文献题名[N]. 报纸名,年-月-日(版次).

示例:[1]李四光. 中国地震的特点[N]. 人民日报,1988-08-02(4).

(八)科学技术报告

格式:[序号]著者. 报告题名[R]. 出版地:出版者,出版年. 页码.

示例:[1]朱家荷,韩调. 铁路区间通过能力计算方法的研究[R]. 北京:铁道部

科学研究院运输及经济研究所,1989.34.

(九)电子文献

格式:[序号]主要责任者.电子文献题名[电子文献及载体类型标识].电子文献的出处或可获得地址,发表或更新日期/引用日期(任选).

示例:[1]王明亮.关于中国学术期刊标准化数据库系统工程的进展[EB/OL].http://www.cajcd.edu.cn/pub/wml.txt/980810-2.html,1998-08-16/1998-10-04.

示例:[2]万锦坤.中国大学学报论文文载(1983-1993).英文版[DB/CD].北京:中国大百科全书出版社,1996.

(十)其他未定义类型的文献

格式:[序号]主要责任者.文献题名[Z].出版地:出版者,出版年.

模块7　新　闻

学习目标

知识目标：

- 了解消息、通讯的含义、类型、特点、结构与写法，了解消息的要素。
- 具备消息、通讯的写作能力，能在具体活动中采写消息、通讯。

能力目标：

- 能说明消息、通讯的类型、结构。
- 能在具体活动中采写消息、通讯。

重点与难点

- 消息、通讯的结构。
- 消息、通讯的写作。

知识框架

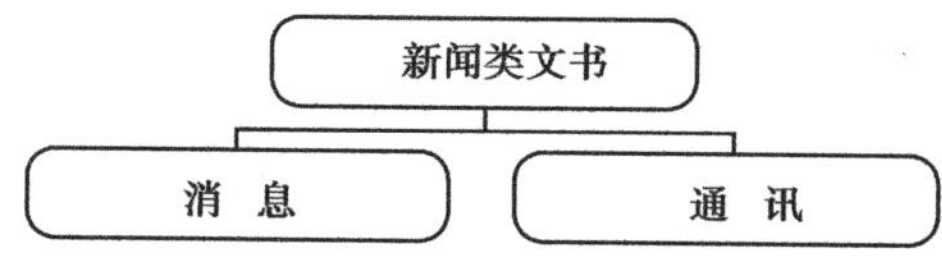

7.1 消 息

作为物业管理专业的学生,应该经常关注新闻媒体对物业管理领域的报道。能否结合你所熟悉的一则相关报道谈谈其主要内容。

7.1.1 基础知识

(1)消息的含义与种类

消息是用概括性的叙述方式,以简明扼要的文字,迅速、及时地报道新近发生的事实,是各种新闻体裁中用得最多的一种文体样式。

消息的种类较多,常见的主要有以下几种。

1)动态消息

动态消息,是关于已经发生或正在发生的新动态、新情况、新问题的报道。大到国家重大政策的颁布、重大事件的发生,小到某个地方的情况,都在其报道范围之内。这类消息大都是一事一报,文字简洁,篇幅短小,信息量大。

2)经验消息

经验消息,又称典型报道,它是对某领域中一定时期内比较突出的地区、部门、单位在工作中取得的新鲜经验的重点报道。这类消息在行文中往往要交代情况、叙述做法、反映变化、总结经验,通过一系列生动具体的事实,反映规律性的东西,供人借鉴、学习。

3)综合消息

综合消息,是从各个侧面反映较大范围内或较长时间内的综合情况的报道。这类消息,纵览全局、报道面广、声势较大,能给人以较为完整的印象。其内容以面上的概括材料为主,又穿插点上的典型事例,点面结合,既有广度又有深度。

(2)消息的特点和要素

消息是一种最讲实效的宣传形式,它一般具有内容新、事实准、报道快、篇幅短的特点。

①内容新。就是报道的是新鲜事、新人物、新动态、新风尚、新知识、新问题等。它要求尽可能报道最新出现的人、事、物。

②事实准。就是报道有根有据，确有其事。包括人物、时间、地点、数字、引语、细节都准确无误;作者对事实的分析，符合客观事物的本来面目。

③报道快。消息是对稍纵即逝的客观现象的及时记录，最讲究反应快。如果迟写慢发，新闻就会贬值或失去意义。

④篇幅短。就是用简洁、概括的文字，把事实要点表达出来。短是消息的鲜明特色，也是社会生活的需要。稿件短，传播媒介才能大量报道，读者才能了解更多的信息。

消息写作要设想并回答读者问的问题，这些问题就构成了新闻的五要素，即，When(何时)、Where(何地)、Who(何人)、What(何事)、Why(何故)。有的新闻学上补充了一个要素:How(如何)。在五个W和一个H中，最主要的是What(何事)和Who(何人)。

7.1.2 阅读与评析

【例文1】

之平管理荣获“重庆市渝北区2010年度物业服务四星企业”称号[①]

2011年2月24日，重庆市渝北区举行2010年度物业服务企业星级授牌活动。区委办、区人大办、区政府办、区政协办领导及有关职能部门负责人出席了本次活动。之平管理重庆分公司总经理毛良敏先生等人参与此次授牌会议。

本次服务企业星级评比，我市有760个物业小区参加，之平管理荣获“渝北区2010年度物业服务四星企业”称号。

创建全国文明社区，是提升重庆居住环境综合实力的重要途径。之平管理按照《渝北区物业服务星级挂牌管理考核暂行办法》，进一步规范物业行业服务，不断提升物业管理服务水平，得到了社会各界的高度评价。

之平管理重庆分公司将以此次评星为契机，再接再厉、再创佳绩，充分发挥示范带头作用。之平管理将制定新的星级目标，同时加强管理、不断提高服务水平，配合

① 由深圳市之平物业发展有限公司提供，略作增删。

相关单位，力争用 2 ~3 年时间，使物业服务工作在质上有更大的提高，共同为建设西部最佳宜居城区、国家中心城市展示区作出新的、更大的贡献。

评析：

这是一则物业管理公司动态消息，全文采用倒金字塔结构。这篇消息的标题只有一行，概括和提示消息的内容，帮助读者尽快了解消息的内容，同时起到吸引读者、先声夺人的作用。导语部分交代新闻产生的背景，指出本消息的重要内容：之平管理荣获“渝北区 2010 年度物业服务四星企业”称号。主体是紧接在导语后面，构成消息主要内容的部分。它承接导语详细地叙述事实，用具体的材料将导语所作的叙述进行充分展开。结尾部分总收全文，与导语呼应，升华了主题。

【例文 2】

“四位一体”监督　谁会管理谁管①

形成“四位一体”的监督管理长效机制，引入“谁会管、谁管理”的竞争机制……我市将 2011 年确定为“物业管理年”，就目前存在的物业管理难题，有针对性地开展一系列活动，积极引导开发商、物业、业主破解难题，共同建造宜居乐居的生活环境。

据了解，我市实行物业管理的住宅小区共有 265 个，管理面积 2 888.46 万平方米，从业人员 6 450 人，共有 1 940 人取得了全国物业管理人员岗位证书，全市取得物业管理资质证书的企业有 150 家。然而，“谁开发、谁管理”的现象在我市物业管理市场普遍存在。这种市场垄断性不利于提高物业管理水平，在发生矛盾时，导致物业管理公司往往向开发建设单位“一边倒”，业主权利较难得到合理保障，导致一些小区产生了开发建设遗留问题众多、小区管理控制性差、小区设施完好率差、物业服务水平较低、政府和社会监管缺位、物管与业主没有形成良性互动等问题。

为此，我市将 2011 年确定为“物业管理年”。记者在采访中了解到，我市有关主管部门、物业管理公司、业主委员会、街道办事处和社区将尽快形成“四位一体”的监督管理长效机制。同时，打破“谁开发、谁管理”，引入“谁会管、谁管理”的竞争机制。通过开展“管理年”“管理周”和树立标杆、典型引路等活动，加大物管力度，进

---

① 选自 2011 年 1 月 6 日《大同晚报》：关注物业管理系列报道之二，略作增删。

一步整顿、规范物管市场秩序，形成富有活力、充满竞争力的物业管理机制，不断推动和提升物业管理水平。

评析：

这是一则物业管理领域动态经验消息，采用正金字塔结构。这篇消息的标题概括和提示了消息的内容，帮助读者在最短的时间里获取所需信息。导语部分揭示消息主题，引起读者阅读兴趣。主体承接导语，详细地叙述具体内容，对导语所作的叙述进行充分展开。消息的背景材料穿插在主体之中，有助于说明事实发生的原因，揭示事实的性质和意义。

【例文3】

业主物管矛盾不断 物管症结何解①

一边是物管公司的入不敷出，一边是业主对物业服务的不满。物管公司与业主之间的矛盾，似乎是永远的痛。上周，本报物业现状调查的首篇报道见报之后，引起市民和物管行业的热烈反响。

部分市民在看到报道之后提出疑问：七成物管公司都亏损，为何却很少听到物管公司主动退出的？《重庆晨报》记者调查发现，相当一部分物管公司为保证能有相对固定的利润，就压缩服务质量和物管管理水平，而这也正是物管公司少有退出的最根本原因。

管理之痛：经费有限，质量难保

市物业管理协会曾调查统计，76%的市民表示自己对所居住的小区物管服务不满意，其中28%的业主表示对小区物管服务很不满意。仅有不到三成的市民表示对所在小区的物管服务“满意”或“很满意”。事实上，作为物业管理方的物业管理公司，则有更多说不出来的“委屈”。

“企业不是雷锋，在经费有限的情况下，只能是有多少费用做多少事。”重庆正隆物业管理公司总经理武正荣接受《重庆晨报》记者采访时表示，物业管理行业只是微

---

① 选自2011年12月16日《重庆晨报》，略作增删。

利行业。在目前各大物管公司的成本构成中,人工成本占到物业管理费总额的40%,清洁方面占到10%,工程维护占15%,园林维护、社区活动占5%,管理成本占17%,加上其他不可预计费用的3%,总成本占到了总物管费总额的95%。因此,留给物业管理公司的利润空间只有5%左右。

武正荣说,实际上管理稍不注意就要亏损。很多物业管理公司,在物业管理费用有限的前提下,便只有采取减少保洁、保安等员工的数量,从而保证相对稳定的费用。

而在小区园林绿化方面,由于费用紧张,原本一年进行四五次的园林绿地维护,很多时候也缩减至两次。

武正荣表示,从日常运营情况看,小区的物业管理,可能会因为更多琐事引发纠纷,而业主往往一遇到这种事,就拖欠物管费。如此一来,就陷入了一种怪圈。如果大面积的业主拖欠费用,而物管公司要保证正常运转,要么就缩减工人,要么干脆就直接撤出小区。前几年,这样的事例相对较多。

武正荣称,如果是按业主真正满意的服务质量,重庆可能只有龙湖等为数不多的几家大开发商不会亏钱。据了解,就是当前物业管理做得比较好的金科物业,一年也要亏损上千万元。因此,一些实力相对较弱的物管公司,前期还能获得开发商的补贴,但开发商开发完没有补贴之后,经费问题便会立马显现出来。

解决之道:增加赢利项目,透明开支

"北京、深圳等地,物管费达到3元/平方米以上的住宅小区比比皆是,高端物业能达到每平方米七八元。沿海城市不说,在西部城市中,重庆收取0.8~1元/平方米物管费的楼盘,成都至少收费标准为1.5元左右,而西安则在1.8元左右。"华宇物业管理公司的相关负责人认为,重庆物管的品质在全国仅次于上海,除去人均收入差距这一因素外,现行的重庆物管价格与服务水平并不匹配。

市物业管理协会新闻发言人聂孝伦认为,物业管理从最开始做时,因为只是开发商销售的一项附带工具,其目的只是为了更好地促销,因此当时价格普遍定得比较低,导致当前物业管理费在用于支出后所剩无几,当物管公司收取物业管理费较为困难时,立刻面临运转困难的问题。因而导致不少物管公司降低服务水准、服务质量,从而引起业主投诉,进而引起诉讼案件。

聂孝伦认为,物管公司要赢利,不能限于收取有限的物管费中,而应该广开思路,适应市场的需要,由管理物业到经营物业兼容并行。大力发展物业管理公司的综合经营,实现企业的赢利,从而走出物业管理停滞不前的圈子。而且,也只有物业管理企业赢利,才能做到不断地提高物业管理水平。

其中,与业主协商提高物业管理收费标准,是比较有效的方法之一。但除此之外,还有很多方法可以探索。比如多开辟公共收益、多增加广告位,将收入的全部或一部分拿出来填补物业管理费,便是较好的解决办法。不过,这需要得到业主大会的同意。事实上,只要财务开支透明,业主是可以理解、支持的。

此外,在日常的物业管理工作中还应加强员工的责任意识,避免不必要的资源浪费和流失。

评析:

这是一则物业管理公司的综合消息。消息的标题概括和提示了消息的内容,选择"业主物管矛盾不断"这个事实,以"物管症结何解"来吸引读者,引起读者思考。导语部分采用设问式,交代新闻产生的背景。主体承接导语,详细地叙述事实,用具体的材料对导语所作的叙述进行充分的展开。用"管理之痛:经费有限,质量难保"详细叙述了业主物管矛盾不断的原因所在,以"解决之道:增加赢利项目,透明开支"来阐释"物管症结何解"的办法。正文思路清晰、逻辑性强,既照应了标题,又使读者一目了然。

7.1.3 病文修改

新乡正隆置业到鑫苑物业参观交流①

2011 年 11 月 17 日上午,新乡正隆置业副总经理杨磊一行 9 人来到郑州鑫苑名家参观交流。鑫苑物业行政总监杜翔雁、财务总监黄波、副总经理王研博参与接待。

上午 8:30,新乡正隆置业副总经理杨磊一行 9 人在财务总监黄波、名家大区经理安广甫的统领下参观鑫苑名家社区,听取了关于小区概况、和谐社区建设等情况的介绍。参观团对社区优美的环境、超前的规划设计、完善的配套服务、规范的物业管理发出由衷的赞叹。

---

① 根据鑫苑公司新闻,略作增删。

参观结束后，大家来到国际生活俱乐部小会议室，物业公司副总经理王研博代表鑫苑物业致欢迎词。大家共同观看鑫苑物业的视频年度回放，行政总监杜翔雁就集团概况、星级物业、和谐社区、六心服务等方面进行了详细介绍。随后，双方就公司管控、物业服务细节问题进行座谈交流。下午，参观团又来到中央花园小区进行参观访问。

评析：

①标题表述不当。

②用词不当。如“来到”“统领””“参观访问”等。

③表述不当或不简洁。如鑫苑物业参与接待人员顺序。“新乡正隆置业副总经理杨磊一行9人”这样的表述可简洁。

④结构不完整。写完主体参观交流活动后，应有结尾，可写明这次活动的意义。

7.1.4 消息的结构与写法

消息的结构有倒金字塔结构、正金字塔结构、并列式结构等，具体采用哪种形式，应根据需要及消息的特点而定。这里主要介绍倒金字塔结构。

倒金字塔结构，就是把信息中最重要的内容放在消息的最前面，次要的内容放在稍后的段落，最次要的放在消息尾部，即“倒金字塔结构＝最重要内容＋次要内容＋最次要内容”。这种结构的优点，一是节省阅读时间，开头就抓住重要内容，可满足读者的好奇心；二是便于编排修改。

消息的结构比较固定、简单，大多数消息的结构都是“倒金字塔”式的。消息通常由标题、导语、结尾构成，并在文中穿插背景材料。

(1)标题

标题是消息的眉目，是消息内容的精萃所在。消息的标题应当概括和提示消息的内容，帮助读者尽快了解消息的内容和意义，同时还应起到吸引读者、先声夺人的作用。消息的标题常见的有单行标题、双行标题和多行标题三种。

①单行标题。即只有一个正题的标题。

②双行标题。双行标题有两种：一种是由正题与副题构成的双标题；另一种是由引题与正题构成的双行标题。

③三行标题。三行标题由正题、引题和副题组成。正题(又称“母题”)是标题

的主体，是一则消息中主要事实的高度概括，要求切题、醒目、鲜明、简洁。引题（又称“肩题”“眉题”）标在正题之上，用于交代背景、烘托气氛、揭示或阐发意义并引出正题。副题（又称“辅题”“子题”）标在正题之下，一般是消息主要事实或结果的提要，有时也用来说明主题的来源、依据，以补充正题的不足。

三种标题如何运用，要根据需要而定。一般来说，篇幅简短、内容单纯的消息常用单行标题；篇幅较长、内容丰富的消息常用双行标题或三行标题。

（2）导语

导语是消息的起笔，要求以极简要的文字将最重要、最能吸引人的事实或全文的中心思想概括出来，从而统领全篇、吸引读者。

导语的写法较多，从导语所能表达的内容及其体式来说，常见的有以下几种形式：

①叙述式导语。以平易、朴素的叙述方式，概述主要的新闻事实。这种写法多用于动态消息。

②描写式导语。在报道新闻事实之前，先用简明生动的语言，对新闻事件中某个最重要或最有特色的侧面或场景作一番描写，渲染气氛、烘托主题。

③提问式导语，采用设问的方式，把消息中要解决的问题或要介绍的经验一开始就提到读者面前，引起读者的思索和关注。然后再通过对新闻事实的叙述或评述，回答开头提出的问题。

④摘要式导语。开头采用摘取数据或有可比性事例的手法，突出消息的内容要点。

⑤结论式导语。首先明确报道对象的性质，点明事件的结果。即先将结论写出来，再回过头来叙述事实。

此外，常见的导语还有评论式、对比式等，写作时应灵活运用、大胆创新。

（3）主体

主体是紧接在导语后面构成消息主要内容的部分。它承接导语，详细地叙述事实，说明问题，用充足、具体、典型的材料对导语所作的叙述进行充分的展开。

消息是记叙性文体，它的叙述方式有以下两种最基本的顺序。

①时间顺序。即按照事实发生、发展、结束的先后顺序来组织材料，安排结构。采用这种写法，可使叙述的线索清楚。

②逻辑顺序。即按照事物的内在联系或是人们认识问题的逻辑顺序来组织材

料,安排结构。采用这种写法,可以不受时间顺序的限制,而根据报道对象的因果关系、主次关系、点面关系或并列关系等来确定一个合理的写作顺序。

③无论采用什么顺序组织材料、安排结构,消息的主体部分都要做到材料充实,让事实说话;语言简洁,在平实中求生动;篇幅紧凑,言简意赅。

(4)**结尾**

消息的结尾是内容发展的自然结果,在全文中起着总收全文的作用。结尾常常与导语呼应,最后升华主题。结尾的写法常见的有以下几种:

①概括性地小结消息内容,加深读者印象。

②写出新闻事实的发展趋势,引起读者关注。

③加上启发、激励式的话语,让读者思索。

篇幅简短的消息,主体部分已经叙述清楚,也可以不必另加结尾。

(5)**背景**

背景是指新闻事实产生的历史条件、环境条件以及它与其他相关材料的各种联系。交代背景,有助于说明事实发生的原因,揭示事实的性质和意义,增加消息的知识性和趣味性;有利于通过对比和衬托,深化主题。在许多消息中都有背景材料,消息中的背景材料按其性质可分为三种。

①对比性材料。它对事物进行今昔对比、正反对比、左右对比,从对比中突出事物的重要意义,深化消息的主题。

②说明性材料。它介绍新闻事实的政治背景、历史状况、地理环境、物质条件、人际关系等内容,以说明事物出现的原因、条件、环境,帮助读者更好地理解消息的内容。

③注释性材料。它对新闻事件中一些不易为某些读者理解的内容或名词概念,如人物身份、专门术语、技术问题、专业知识、新的提法等,加以适当的解释。

如何交代新闻背景,没有固定的模式。它可以穿插在主体中,也可以运用在导语中;可以一次交代完,也可以多次穿插交代;可以是一段话,也可以只是几句甚至一句话。

7.1.5 消息的写作要求

撰写消息,内容方面要求事实要准确,导向要正确,角度要新颖,报道要迅速。

形式方面，要求有引人注目的标题，概括全文的导语，用事实说话的主体，恰到好处的背景，生动有力的结尾。

7.1.6 情景写作训练

假如你是通讯员，请结合下面这则材料写一则消息。

2011 年 11 月 17 日中午，工程管理系在教学楼 F101 举行了“××杯”物业服务礼仪技能大赛，这是工程管理系开展的第一届“××杯”物业服务礼仪技能大赛。

这次大赛的评委有××物业管理公司客户主管陈×，工程管理系物业教研室的相关老师。

这次大赛有物业管理专业的六支队伍参赛。要求每支参赛队伍从礼仪与服务两方面进行展示，通过礼仪表演和情景剧的方式，表达对礼仪和服务的认识与理解。

表演之后，工程管理系余副主任和屈老师分别从实践能力和专业知识的角度对大赛进行了点评。

本次比赛共设一等奖 1 名，二等奖 2 名，三等奖 3 名。最终物管 A0901 班代表队获得一等奖，物管 A1003 班、物管 A0902 班获得二等奖，物管 A1102 班、物管 A1101 班获得三等奖。

在本次活动中，工程管理系提高了物业管理专业同学的实践能力，使其能学以致用。据现场随机采访了解，同学们对这种形式大加赞赏，认为可以加深对学习内容的理解与掌握，锻炼自己的能力，为今后走上工作岗位打下基础。同学们纷纷表示一定要认真学好专业知识，掌握好专业技能，准备参加下届比赛。

7.2 通 讯

问题思考：

物业管理领域经常出现一些典型人物或典型事件，请举出一个例子。假如你是通讯员，你将怎样来报道这些典型人物或典型事件呢？

7.2.1 基础知识

(1)通讯的含义与种类

通讯是一种以叙述、描写为主,兼用议论与抒情的表达方式;以及时、真实、具体而形象地报道生活中的典型人物、典型事件为主要内容的一种新闻文体。

物业管理通讯与消息一样,都是反映物业管理活动中新发生的重要而有意义的事实。通讯是比消息更为具体、更为生动的报道,其容量比消息要大得多,其作用也比消息更巨大、更深刻。

按报道的内容来分,通讯大致有以下几种:

1)人物通讯

人物通讯是以典型人物为报道对象的通讯。它着重反映某领域中一个人或一群人的先进事迹、高尚的思想境界,以其人物的精神面貌来感动、教育读者。

2)事件通讯

事件通讯是以报道典型事件为主的通讯。这类通讯通常是围绕着具有新闻意义的事件进行叙述,比较完整地记叙事件的发生、发展、结果,点明其典型意义。

3)工作通讯

工作通讯是报道工作情况和经验的通讯。它可以介绍工作的成功经验、政策的贯彻落实情况,也可以反映主要存在的问题。工作通讯不同于工作总结和经验总结,它必须用事实说话,要写得具体生动、有血有肉、文理并茂。

4)概貌通讯

概貌通讯是用来报道某个部门或单位的某种气象、风貌以及今昔变化等的通讯。它通过形象地描述,勾勒出该组织的基本面貌。常采用点面结合、剪影取势的手法,捕捉描述对象的某种总体印象,具有强烈的现场感,读来能使人有身临其境的感觉。

5)新闻故事

新闻故事是一种篇幅短小、情节生动、寓意深刻的小通讯。它寓新闻于故事之中,通过故事的叙述来报道新闻,反映新思想、新气象和新风尚。

(2)通讯的特点

①真实性。在报道内容的真实性上,通讯和消息完全相同。通讯要求生动形

象，是指它在写作和表现方法上的要求，但不能为追求故事性而添枝加叶、移花接木，搞“合理想象”等。

②时效性。消息和通讯都要迅速及时。同一题材的消息和通讯，有时先发消息，续发通讯；有时同时见报。因为消息和通讯各有所长，故可以互为补充。但过迟的通讯，同样会丧失新闻的时效性，成为“明日黄花”，引不起读者的兴趣。

③生动性。通讯不仅要用事实讲话，还要用形象讲话。要有活灵活现的人物活动，有生动的环境场景描写，有类似电影的特写画面。在叙述事件过程中，有波澜、有情节，讲究故事性、趣味性。

④评论性。通讯有的以描述事实为主，以事实本身感人；有的以夹叙夹议为主，在叙述中表明作者的观感、评价和倾向。

7.2.2 阅读与评析

【例文1】

耕耘十载心系物业奉真情
——记锦州市物业管理总公司碧波园管理员李静[①]

李静同志是锦州市物业管理总公司第八分公司碧波园小区的物业管理员。她始终工作在物业服务第一线，十年如一日，尽职尽责，兢兢业业，既赢得了领导和同事的赞许，也赢得了业主们的支持。她在物业服务工作中不断摸索、创新，用真情感动业主，用真心为业主服务，书写了业主与物业企业和谐共赢的新篇章。

2000年6月，锦州市物业管理总公司接管锦港开发的碧波园小区。物业管理这个概念对于锦州市这个北方的三线城市来说，还是一个未被大家理解和接受的新名词。无论是小区的开荒建设，还是构建新的服务关系，都需要一个肯于奉献、善于沟通、乐于学习的管理员，李静就是带着这样一个使命来到碧波园小区的。十年来，她把自己的汗水和热情都播洒到了小区里，每天6点钟就在小区的居民楼里巡视，在巡视中解决业主的问题。巡视结束后，她又来到小区办公室，安排管区内的保洁、维修、绿化工作。为了便于工作，她于2008年把家搬到了工作的小区里，从此也就没有了星期天和节假日这个概念，上班、下班之间的界线也就更不清晰了。今年的大

---

① 选自《锦州市物业服务人员先进事迹展播之一》，作者：刘书平/锦州市公用事业与房产局，略作增删。

年初一夜间2点40分左右，一阵手机铃声打断了李静的睡梦，原来68号楼45号业主家被楼上漏下来的水给淹了。接到电话，李静穿衣下楼，在丈夫的陪同下赶到了业主家。发现楼上没有人，她急忙到办公室查找楼上业主家的电话，及时通知业主回家关闭水源，又赶回被淹的业主家帮助扫水、擦地板。看着他们夫妻俩干得满头大汗，业主非常过意不去，连连称谢。李静的丈夫笑着说出了李静的心里话："谢啥，物业和业主早就不分家了，都是家里人的事！"

的确，现在的李静就是碧波园小区业主心中的家里人。68楼4号的张阿姨是位退休的医生，知道李静血压有点高，心脏也不太好，就隔三差五地拿着血压计到办公室里为李静量血压，还告诉她这几天应该注意什么，那几天应该注意什么。69号楼1号的孙姥姥每逢端午节，她都站在阳台上，看到李静就叫来保姆，把她亲手包的上海口味的粽子送下来。可谁又能想到，这般情景是李静不知用多少艰辛和努力才换来的。刚接管小区时，硬件建设还不十分到位，小区花坛内是回填土，花草长势特别不好，不到半年时间，很多树木和草本植物就快枯死了。李静看在眼里、急在心上，她主动找到建设方当时的交接联系人，并和建设方的领导沟通情况。在她的努力下，由建设方出资金，李静和小区的其他工作人员出力，将小区花坛内的回填土一锹锹地装上车，又把买来的土一锹锹地填到花坛内。足足用了一个星期的时间，小区内的树木花草才又恢复了往日的生机。

物业服务工作最大的难题是物业费收缴，小区业主只有对物业服务工作认可了，他们才会甘心情愿地交费。接管碧波园小区头两个月，物业费收缴率不足50%，李静很是着急。她每天工作之余，就拿着小区业主的档案挨家挨户地了解情况、熟悉业主，并耐心宣传物业管理法律、法规。这时，她听到最多的是："物业费我们先不交，你们先干着看，看看你们的工作表现和服务态度再说，服务得不好就不交。"为了把物业费收上来，李静和时任所长的于树彬同志分头走访，倾听业主的意见和建议，从人性化服务、亲情化管理入手，及时寻找解决办法。67号楼4号的王大爷，对物业服务一直有抵触情绪。在交谈中，李静了解到他的儿女都很忙，不能经常回来陪老人，老人很寂寞这一情况后，一有时间，就到他家去和二位老人唠家常。遇到停水，她就用水盆把水端到老人家；碰到雨雪天，她就按门铃告诉老人天冷地滑，不要下楼；现时还帮助老人购买生活必需品。时间长了，老人和李静也成了亲人，每天早上李静上班时，老人都要在站在阳台上与其挥手打招呼。

物业服务不只是收费、维修那么简单，在工作中要协调、解决一些看似和物业无关的问题。在十年的物业工作中，李静没少碰到这样的难题。因开发设计、施工的原因，小区内的67号13号的下水道经常堵塞，几次维修都没能彻底解决问题。13号业主急了，把整个单元的自来水阀关了，几天不回家。楼上的业主没有水吃，集体找到物业。李静和所长与其沟通，可他就是不接电话，到单位也不见面，找到领导做工作，还是不行。李静没有气馁，一连三天早上、晚上都到业主的单位门前去等，一天不答理，两天不理人，第三天业主见到她又来了"扑哧"一下先笑了。气消了，事就好办了。业主被他们的工作态度所感动，当即回到小区，把上水阀门打开，楼上业主的吃水问题得到了解决。同时，李静又设法对下水管道进行了维修，彻底解决了堵塞问题。

在成绩面前，她仍然保持清醒，这一点点的进步只是她的第一步。要让整个园区业主认可，任务还很繁重，要做的工作还很多。她要让业主们亲身感受到物业服务带来的好处，只有这样，才能得到业主的认可、理解、支持和信任。从那以后，她坚持与小区所长、维修工人一起上班(夏季早6点、冬季早7点)，清扫卫生、维修各种设备设施、整理楼道内外乱堆乱放的杂物和花坛中的杂草。通过辛勤工作，小区内的花开了、草绿了、环境优美了、面貌焕然一新。业主们看到了实实在在的变化，感受到了物业服务的好处，对他们的工作也格外认可。碧波园小区连续几年被总公司评为文明物业所、先进物业所、星级物业所，李静本人也多次当选优秀管理员、先进劳动模范、收费状元。

十年的辛勤耕耘，她奉献了自己全部的光和热，她说："为小区千家万户排忧解难就是我的职责，业主满意就是我最大的快乐。"从她的工作中，可以找到物业管理30年发展轨迹的影子，在她身上闪耀着物业人平凡、坚韧、敬业、奉献的光辉。

评析：

这是一篇人物通讯。标题采用正副标题构成的双标题形式，正标题对通讯的核心内容进行概括，副标题对主标题内容进行补充和说明。标题准确、鲜明、生动、简练，一目了然。开头照应标题，落笔即点明主题。主体部分按照横式结构，采用并列的方式组织材料、安排层次，既突出了人物报道的重心，又拓宽了报道面。结尾部分采用抒情式，照应开头，深化主题。

【例文2】

小区绿地一变再变　千余业主告市规委①

记者近日从相关方面获悉，由于小区绿地一变再变，北京欧陆经典社区千余名业主一纸诉状将市规划委员会告上法院，要求撤销违法变更规划许可。2月1日，北京市朝阳区法院正式受理了这起行政诉讼案。

欧陆经典社区有1 500多户业主。该小区在2000年开盘时，所有购买这个小区住房的居民收到的销售广告中都注明19号楼东边的一块土地是小区中心绿地和“巴黎小学”。但6年过去了，这里不仅仍是荒芜一片，开发商更于2006年11月开始在此地动工，兴建高达60余米、2 800平方米的商住楼。

对此项重要的规划变更，开发商声称曾对变更原规划设计进行过公示，但小区居民都表示从来没有看到过公示。

业主们后来了解到，在[1998]规审字(1016)号图纸上，这里的确是小学、绿地和地下停车场。时隔两年，[2000]规审字(0969)号图纸上则变更为E4号塔楼和绿地。又过了两年，[2002]规建字(1783)号图纸上又变更为空地。四年后的2006年，规建字(0385)号再次变更为E4住宅楼。

业主们认为，在对该地的三次规划变更中，开发建设单位都没有履行严格的法定程序，既没有在显著的位置进行公示，也没有征求受影响利益人的意见。而根据《北京市城市规划公示管理暂行办法》的规定，开发建设单位在变更规划审批前必须进行公示，并征求受影响利益人三分之二以上的“同意”或“弃权”的签名意见；同时，规划行政主管部门负责监督和指导。

此前曾代理北京某小区绿地缩水案的北京律师陈岳琴博士代理了此案。她表示，由于开发商太合龙脉公司，六年来一直不遵照原绿地规划实施，致使该小区绿地面积一直严重不足。根据《北京市城市绿化管理条例》第13条的明确规定，新建居住区绿化率不低于30%，并按照居住区千人指标人均应按两平方米的标准建设公共绿地。欧陆经典小区现有1 800余户居民，按每户2.8人口计算，现有居民5 000余人，应设绿地10 000余平方米，而目前小区只有一块小得可怜的中心花园。

---

① 选自2011年1月6日《大同晚报》关注物业管理系列报道之二，略作增删。

评析：

这是一篇北京欧陆经典社区千余名业主状告市规划委员会的事件通讯。标题准确、鲜明、生动、简练，一目了然。开头开门见山，照应标题，落笔即点明主题。主体部分按照事件发展的时间顺序安排材料，叙述事件的发生、发展情况，将事件的过程写得清楚明白。因为本文的主体部分已经叙述清楚，所以没有另加结尾。

【例文3】

“老子开发儿子管”之弊端①

燃气多年不通，居民用电受限，楼道垃圾遍地……2010年10月，家住小皮巷一号院小区的上千居民生活受困。

而在此前的2009年，一些老式小区，如三中家属楼的物管公司撤出小区，导致小区物业瘫痪，居民怨声载道。

“老子开发楼盘、儿子管理小区”的模式成为我市大部分小区矛盾升级的导火索。许多居民住宅小区没有改变“谁开发、谁管理”的做法，物管公司无压力，管理水平低，服务意识差，甚至只收费不管理。物业公司违反法律法规，做出侵害业主合法权益的行为，而又未得到及时制止和查处。如擅自增建商店、娱乐设施，侵占绿地和改变原公共设施用途等行为，造成业主的强烈不满和抵制。此外，一些业主对政策法规不了解、法律意识差，动辄以管理不当为由，拒交管理费。许多小区没有成立业主委员会，有了纠纷不是通过正常渠道协商解决，而是采取非正当行为，造成矛盾激化、事态僵持。

因此，有关人士建议，政府管理部门要进一步重视小区管理，加大宣传教育力度，让居民和物管公司了解《物权法》《物业管理条例》，明确自己的权利和义务，做到知法懂法。管理部门要积极引导、鼓励提倡住宅小区成立业主委员会，对业主行为进行规范，维护业主自身权益。房管部门及监察执法人员要加强对物管公司的管理，认真考核，并定期公布有资质的物业管理公司的名单。与此同时，加强日常巡查、严格执法也非常重要。对擅自变更规划、改变设施用途等违法违规行为，要及时采取措施制止，并依法处罚。对业主和物管公司间的纠纷，主管部门要及时了解情况，进行协调。达不成和解的，要促使问题通过法律等正规渠道解决，防止矛盾激化。

---

① 选自2011年1月6日《大同晚报》关注物业管理系列报道之二，略作增删。

评析：

这是一篇工作通讯，主要反映大同市物业管理行业中存在的主要问题。标题形象生动，击中要害。开头部分落笔揭示矛盾，照应标题。主体部分运用横式结构安排材料，揭示在“谁开发、谁管理”的模式下，物管公司和一些业主在许多小区存在的问题。结尾部分提出解决这些问题的主要对策。

【例文4】

“祥和家园”物管难服众①

道路没硬化，建筑垃圾没清理，绿地不绿，花池未见半株花草……“祥和家园”的业主们说起开发商遗留下来的问题和小区物管，一肚子苦水。

记者昨日来到祥和家园。在小区大门通往友谊北街的一条小路上，记者注意到，这条居民出行的必经之路，长约100米，黄土裸露、坑坑洼洼、破旧不堪。居民说，交房时开发商承诺，会将这条路硬化处理。但时隔4年这条路仍旧如故，如遇下雪、下雨，就更加泥泞不堪，无法通行。

小区居民指着一大堆垃圾说：“这是当年施工留下的建筑垃圾，已经堆放3年了，我们和物业反映了多次也无济于事。”在小区的中央位置有一个花池，现在已经裸露出黄土。居民说，这里原本是开发商承诺的花池，但是入住3年来，未种一花一草。有的居民就自己“开发”出来种蔬菜，夏天还好，到了冬天就只能看到黄土裸露、枯草烂枝东倒西歪。

此外，居民还反映，为了收取物业管理费，去年11月，小区物管站以规范小区内停车秩序为由，给有车居民办理停车卡，但看到这一办法并没有收到管理费，于是办理停车卡也没了下文。

居民赵先生说：“开发商在交房后承诺为业主办理房产证，但3年多了，房产证还没有办下来。这是我们最担心的。”刘先生说：“当初，祥和家园交付使用时，归开发商子公司——长峰物业管理，两年前换成了现在的物业公司，可换汤不换药，管理仍然没有任何改变。就因为物业管理不好，居民现在都不愿意缴纳物业管理费。”

---

① 选自2011年1月6日《大同晚报》关注物业管理系列报道之二，略作增删。

评析：

这是一篇新闻故事。标题简洁、清楚、鲜明，点明主题。开头列举现象，揭示矛盾。主体部分采用纵横式结构，以空间和时间的变换交替组织材料，揭示物管难服众的原因。由于本文是系列报道，只是罗列这样一个事实，所以没有安排故事的结尾，以待后续报道。

7.2.3 病文修改

家长找物业，孩子写作文

——原来物业有很多感动人心的事呢①

“孩子想写一篇作文，苦于找不到感人事迹，我突然想到我们物业了，物业不是有很多感人的事吗?”8月2日上午，鑫苑·碧水尚景小区一业主为孩子写作文之事向物业求教。

2日上午10点多，小区17号楼的王女士来到物业管理处，想请物业人员说说感人事迹，作为孩子的作文题材。王女士说，儿子11岁，上小学5年级，对于老师布置的作文很挠头。“我来找物业，是因为知道小区物业确实有很多感人的例子，应该让孩子知道。”

王女士还真是来对了。去年11月，5号楼1单元业主于先生家的下水道堵塞。负责维修的齐爱军经过仔细检查，发现是底端弯曲软管严重堵塞所致。经过20分钟的维修，解决了堵塞问题。今年1月21日，4号楼赵女士因急事出门，忘了关防盗门。王运杰、袁吉叶、宋和平三名保安在安全巡逻时发现此事，赶紧通知赵女士，并在门口守了一个多小时，直到其赶回家。大年三十晚上，齐爱军接到维修电话，顾不上看春节联欢晚会，第一时间赶到业主家解决了问题……

该小区业主满意度平均达到近98%。

评析：

①标题表述不当，家长找物业做什么应表述明确，本文过于含糊。

②用词不当。如“求教”“题材”“平均达到近98%”。

③表述不当。如对有关事例、数据的来源表述，应更加准确。

---

① 选自2011年8月3日《济南时报》，略作增删、调整。

④材料安排顺序不当。如讲述感人事迹时,应按一定的时间顺序进行排列。

7.2.4 通讯的结构与写法

通讯一般由标题、开头、主体、结尾四部分构成。

(1)标题

通讯的标题要求准确、鲜明、生动、简练。准确,就是标题与内容切合,题文相符;鲜明,就是不含糊,一看标题就知道通讯的主题及作者的态度;生动,就是既要有具体的形象,又要读起来顺口;简练,就是文字要简洁、凝练。

(2)开头

通讯的开头要求新颖别致,有吸引力。开头可以开门见山,落笔即揭示主题或事物矛盾;也可以从一个激动人心的场面或侧面写起,写得扣人心弦。可以设置悬念,引起读者的阅读兴趣;也可以描写景物,渲染气氛,引出报道内容。可以用抒情或议论的手法吸引读者,点明主题;也可以用成语、故事、诗词、民歌、名言等开头。

(3)主体

通讯的主体,通常是把生动的情节、现场的描述、人物的言行、外界的反应等交错组合,巧妙安排。人物通讯侧重于写"人",事件通讯侧重于写"事",工作通讯侧重于写"经验与问题",概貌通讯侧重于写"风貌",新闻故事则侧重于写"故事"。

通讯的结构形式,常见的有以下三种:

①纵式结构。通常按事物发展的时间顺序或按作者观察认识事物的逻辑顺序来组织材料,安排层次。贯穿全文的线索是时间或是作者的逻辑思维脉络。

②横式结构。通常采用空间转换的方式或采用并列的方式组织材料,安排层次。这种结构方式,既能突出重心,又能拓宽报道面。

③纵横式结构。通常以时间与空间的交替变换来组织材料,安排层次。这种结构方式,往往是以时间作经线,以空间作纬线来布局全篇。它通过纵横式地有机结合,形成一幅幅生动完整的立体画面。

(4)结尾

通讯的结尾也是多种多样的,常见的有总结式、点睛式、展望式、抒情式、照应式等。具体写作时要视通讯的内容而定,尽可能把结尾写得新一些、活一些。

7.2.5 通讯的写作要求

写作通讯,一是要选好典型,开拓主题;二是要写活人物,展现精神;三是要"评"出深意,情理相生;四是要综合运用多种表达方式。

7.2.6 情景写作训练

请结合物业管理通讯写作的有关知识,指出下面这则通讯存在的错误并改正。

××物业开展"文明用语月"工程[①]

为了全面加强企业干部员工的思想道德素质,促进精神文明建设水平的改善,切实规范文明礼貌用语,努力提升物业服务工作水平,更好地为小区居民业主提供优质、文明的服务,树立"××物业"人文明礼貌、热情服务的良好形象。近日,望京×园三区物业××××实业××物业管理部组织开展了为期一个月的"文明用语月"活动,倡议推行文明礼貌用语,要求每一名干部员工在生活的每一天、工作的每一时,都要"办文明事、说文明话、做文明人",传播新道德,倡导新风尚,把文明礼貌贯穿于每一天的生活和工作之中,促进讲文明、树新风的浓厚氛围在××物业管理部干部员工中的养成。

"文明用语月"活动开始后,××物业制定下发并颁布了《管理部员工文明用语示范文本》,要求通过班组会、个人学习等方式进行学习,并利用公告栏、员工活动室、黑板报等设施进行张贴宣传。学习内容主要针对接听电话、处理投诉、缴纳物业费等各种涉及物业管理日常服务工作时的礼貌用语规范。号召每一名干部员工行动起来,从我做起,从现在做起,从点点滴滴做起,把××物业创建成为一个文明礼貌的和谐单位,力求将物业服务做得更专业、更规范。

××物业此次要培养员工人人具有君子之风。做到在与业主/住户沟通时"有耐心、有涵养,不急不躁、不愠不火,"无论接到何种投诉,都要以"居民家中无小事"的心态去处理。用文明用语搭建起物业与业主间沟通的桥梁,用过硬的服务态度去温暖每一位业主的心!

---

① 选自中国物业教育网,略作增删、调整。

附录　日常应用文范例

日常应用文范例

一、启事

2008年××社区党务工作者招聘启事

为进一步加强社区党务工作者队伍建设，推进社区党建工作深入发展，中共××委组织部、区民政局拟向社会公开招聘社区党务工作者，建立××社区党务工作者人才库，进行社区党务干部储备，为全区社区党建工作提供坚强的人才保证。

一、报名时间：

即日起至10月31日下午5点止，拟定于2008年11月8日上午9点进行笔试。

二、报名条件：

（一）中共正式党员，热爱党建工作，热心社区事务（有党务或行政管理工作经历者优先）。

（二）45岁以下，大专以上文化（履历条件较好者适当放宽），身体健康。

（三）居住在我市主城区范围。

三、报名方法：

报名可采用网上报名和现场报名两种方式。报名咨询电话：×××××××××。

（一）直接点击“社区党务人才库”，填写报名表。

（二）现场报名者需填写《××社区党务工作者报名表》，并提供本人身份证、户口簿、毕业证书复印件。地点：××创业园（×××路8—9号），时间：周一至周五，报名电话：×××××××××。居住在××的党员也可到其所在社区居委会进行报名。

经审核后，报名者持有效证件（身份证和学历证书）和一张近期免冠一寸照片前往××委组织部登记、领取准考证。

四、录用程序：

（一）考试：报名人员经区委组织部进行资格审核后，统一参加社区党务工作者上岗资格考试,重点考察党务基础知识和社区管理知识。资格证书三年内有效。

(二)录用:考试合格者颁发社区党务工作者上岗资格证书,个人档案材料纳入××社区党务工作者人才库,并推荐给各街道党工委。

(三)上岗:各街道党工委需要补录社区党组织负责人时,必须在社区党务工作者人才库中挑选持有有效资质人员,经试用后与其签订《社区党务工作者聘用协议书》。

五、工资及福利待遇:

参照现有社工(以其实际任职为准)待遇标准执行,符合条件者可办理社会保险(包括养老、失业、工伤、生育保险等)。

中共××委组织部

××区民政局

二〇〇八年×月×日

附:××社区党务工作者上岗考试报名表(略)

二、海报

海 报

让您"早一天关注室内环境,多一分生命安全保证"。

主题:"室内环境检测与应用"专题讲座及现场咨询活动

时间:2011年6月8日15:20

地点:一会议室

主讲嘉宾:××

室内环境检测及治理专家

重庆××××环保科技有限公司总经理 高级工程师

重庆品牌学会专家会员

重庆科学技术协会会员

重庆市×××区商业联合会理事

重庆市工商联(总商会)环保商会副会长、室内环境净化专业专家委员会主任

重庆市工商联(总商会)环保商会室内环境净化专业委员会污染治理行业唯一专家

欢迎全院教职工踊跃参加。

科技处

二〇一一年六月五日

三、聘书

例文1

聘 书

×××女士：

敬聘您为我公司名誉顾问。盼指导我们的工作。

此聘

××物业管理公司

××××年×月×日

例文2

聘 书

×××先生：

兹聘请您为我公司电工,承担××小区路灯维护工作,聘期一年,自××××年×月×日至××××年×月×日。每月付聘金贰仟贰佰圆整。

此聘

××物业管理公司

××××年×月×日

例文3

聘　书

×××同志：

特聘请您为我公司第×届物业管理技能大赛裁判员。请于×月×日到我公司办公室报到。

此聘

××物业管理公司

××××年×月×日

四、请柬

联欢会请柬

请　柬

××总经理：

定于12月31日下午3时，在我公司礼堂举行“庆祝元旦”联欢会。敬请光临。

此致

敬礼！

××物业管理公司

××××年十二月二十二日

五、邀请信

邀请信

尊敬的×××教授：

我们协会决定于××××年×月×日在××宾馆召开××××年物业管理年会。恭请您就当前物业管理的现状与发展发表高见。务请拨冗出席。

顺祝

健康！

联系人：×××

××物业管理协会

××××年×月×日

六、申请书

物业管理员转正申请书

尊敬的公司领导：

您好！

我从2008年7月27日至今，在贵公司所辖××城市广场管理处从事保安工作。在此期间，我在所在岗位兢兢业业、任劳任怨、勤勤恳恳，做好本职工作。

我来自××区，将于2012年6月毕业于××学院物业管理专业。目前，拥有"重庆市物业管理从业人员岗位证书"。在此期间，还参加了全国高等教育自学考试，攻读××学院工商企业管理专业，以获取本科文凭及相关学位。

在1个月时间中，通过对白班和夜班工作的分别体验，我深刻地认识到，在物业服务过程中，服务本身是无形的，而护卫工作作为业主最能切身感受到服务质量的工作之一，其责任重大。护卫工作的主要职责有防火、防盗、防毒、防事故；控制物品外流；控制外来可疑人员等，使业主生活在安定的环境中，从而使物业达到保值增值的目的。

因此，我经过深思熟虑后，特申请成为公司的一名正式员工。

在××管理处工作的这段时间，我一直对我的专业知识念念不忘，很希望能在贵公司得到物业管理员/事务员这样专业对口的工作。这样能有机会将理论联系实际，锻炼一下，以更好地熟悉物业服务工作，更好地为业主服务，为公司创造财富。

最后，我期望能在工作中竭尽所学，发挥出专业特长，为公司创造效益。衷心祝愿公司事业发达，蒸蒸日上，早日步入一流物业服务企业的行列。

申请人：×××

二〇一一年×月×日

七、介绍信

例文1

<table>
<tr><td>

介　绍　信

×××：

　　兹介绍我公司保卫科科长×××同志(系中共预备党员)等×人,前往贵处参加××会议并联系××等事宜,请接洽为谢。

　　此致

敬礼

××物业管理公司(盖章)
××××年×月×日

(有效期七天)

</td></tr>
</table>

例文2

<table>
<tr>
<td>

介绍信(存根)

××字×号×× 等×人,前往××办理××。

××××年×月×日

(有效期　天)

</td>
<td>××字××号……盖章……</td>
<td>

介　绍　信

××字××号

兹介绍××等×位同志前往贵处办理××××等事务。请协助。

此致

敬礼

××物业管理公司(盖章)
××××年×月×日
(有效期　天)

</td>
</tr>
</table>

八、证明信

证 明 信

××大学××系：

你系××××年×月×日来信收到。根据信中要求，现将×××同志在我公司工作期间的情况介绍如下。

××同志于××××年×月起在我公司任水电工。该同志政治上要求进步，衷心拥护并坚持四项基本原则，几次口头和书面要求加入中国共产党，是我公司党支部的主要培养对象。该同志对工作认真负责、精益求精，获得公司同事、领导和住户的好评，曾多次被评为公司优秀工作者。

特此证明

中共××物业管理公司支部委员会

××××年××月××日

参考文献

[1] 中共中央办公厅,国务院办公厅. 党政机关公文处理工作条例. 北京:中共中央办公厅,2012.

[2] 国家质量监督检验检疫总局,国家标准化管理委员会. GB/T 9704—2012 党政机关公文格式[S]. 北京:中国标准出版社,2012.

[3] 劳动和社会保障部中国标准书号,中国就业培训技术指导中心. 秘书国家职业资格培训教程[M]. 北京:海潮出版社,2004.

[4] 中国标准研究中心. 科学技术报告、学位论文和学术论文的编写格式 GB/T 7713—1987. 中国标准书号[S]. 北京:中国标准出版社,1987.

[5] 中国标准研究中心. 文后参考文献著录规则. GB 7714—1987. 中国标准书号[S]. 北京:中国标准出版社,1987.

[6] 全国人民代表大会常务委员会. 中华人民共和国招标投标法. [EB/OL]. 1999[2013-02-19]. http://www. mohurd. gov. cn/zcfg/fl/200611/t20061101_159454. html.

[7] 全国人民代表大会常务委员会. 中华人民共和国合同法. [EB/OL]. 1999[2013-02-19]. http://www. gov. cn/test/2008-05/26/content_993163. htm.

[8] 林升乐. 物业管理应用文写作[M]. 重庆:重庆大学出版社,2004.

[9] 林升乐. 建筑应用文写作教程[M]. 北京:高等教育出版社,2006.

[10] 郭冬. 秘书写作[M]. 2 版. 北京:高等教育出版社,2007.

[11] 许瑞蓉. 职场应用文作训练教程[M]. 重庆:重庆大学出版社出版,2009.

[12] 郑敬东. 现代应用文导写[M]. 重庆:重庆大学出版社出版,2004.

[13] 黄安永. 物业管理招标投标[M]. 南京:东南大学出版社,2000.

[14] 杨文丰. 现代应用文书写作[M]. 北京:中国人民大学出版社,2001.

[15] 杨文丰. 实用经济文书写作[M]. 3 版. 北京:中国人民大学出版社,2006.

[16] 徐静,周渔村. 秘书实训[M]. 北京:高等教育出版社,2006.

[17] 张建. 应用写作[M]. 北京:高等教育出版社,2005.

[18] 张德实.应用写作[M].2版.北京:高等教育出版社,2003.
[19] 温儒敏.中文学科论文写作训练[M].北京:北京大学出版社,2003.
[20] 孙绍振.关于演讲稿的写作[EB/OL].2012-07-27[2013-02-19].http://gongxiangming2009.blog.hexun.com/54262484_d.html.